JN261229

秋吉正博著

日本古代養鷹の研究

思文閣出版

日本古代養鷹の研究　目次

表一覧

図一覧

序章

放鷹（鷹狩）は、鷹を飼い慣らして鳥類・小獣を捕らせる狩猟技術の一種である。日本歴史上の放鷹は、古代の大和政権・律令国家や中世・近世の武家政権など各時代の政治権力と密接に関係していたことが知られている。

放鷹についての最初の総合的な研究は、昭和六年（一九三一）刊行の宮内省式部職編『放鷹』[1]である。その内容は、「本邦放鷹史」「朝鮮放鷹史」「宮内省に於ける放鷹」「現今朝鮮に於ける放鷹」「日本の鷹類に関する科学的考察」の本編五部が全体頁数の三分の二程を占め、残る三分の一を「本邦鷹書解題」「鷹犬詞語彙」「鷹文字画引」の資料編三部に割いている。その特徴はまず「宮内省に於ける放鷹」「現今朝鮮に於ける放鷹」の部に示されているように、昭和初期の放鷹の状況を念頭に置いて叙述を展開している点であった。また、日本に関係する「本邦放鷹史」「宮内省に於ける放鷹」と比較して、朝鮮に関係する「朝鮮放鷹史」「現今朝鮮に於ける放鷹」の比重が決して小さくない点である。このように日本と朝鮮の二本立てとされている構成は、『放鷹』の成立事情を窺う上で看過することができない。『放鷹』の序文においては、日本の放鷹が「彼の異邦に於けるが如き単に狩猟を旨とするものと日を同じうして談るべからず」と記されている。「彼の異邦」とは朝鮮を指した表現であって、昭和初期の日鮮同祖論的な日本優位観を物語る。『放鷹』は、「朝鮮放鷹史」の部で放鷹関係史料を引用した歴史的叙述を展開するほか、「現今朝鮮に於ける放鷹」の部を設けており、その中で昭和六年度の朝鮮の放鷹に関する朝鮮総督府の実態調査を紹介している。このように、朝鮮の放鷹は昭和初期の関心の下で把握されていた。現今朝鮮の放鷹に比較して現今日本の放鷹すなわち宮内省の放鷹が優れている点は何かという問題関心が、『放鷹』編纂方針の基調をなしていたのである。

『放鷹』に読み取れる問題関心は、明治維新以来のものというわけではなく、維新以降の政治情勢の変動から生まれたのである。抑も宮内省の放鷹関係の職掌は明治政府の当初の組織に組み込まれていなかった。明治十四年（一八八一）以前に内務卿伊藤博文が宮内卿とともに図って鷹匠・御遊猟場の設置を建議していたが、なかなか設置に至らなかったのである[2]。明治十四年の政変後ようやく鷹匠の設置を確認できる[3]。今後この時期の事情を研究することが必要であるが、宮内省の放鷹は明治維新において作り出された天皇の「武家」化、軍人化[4]の象徴であったのかもしれない。昭和初期に入って対外情勢の緊迫化、金融恐慌の打撃、アジア各国の諸民族の民族意識の高揚の煽りを受けると、放鷹は日本民族の一文化として評価されることとなった。宮内省式部職編『放鷹』は、その時期の産物である。渡辺三男氏[5]によると、『放鷹』にまとめられた研究は有栖川宮奨学金の下賜を受けて、式部職職員を中心に組織されたグループによって行なわれたが、「本邦放鷹史」など主要部分は元外交官の宮内省御用掛林権助の推挙により有職故実にも造詣の深い国文学者福井久蔵が執筆したという。

放鷹を取り巻く社会状況は、国内外の情勢と深く結びついていたといえるのであり、第二次世界大戦の敗戦を機に衰退へと向かうことを余儀なくされた。敗戦後に軍部が解体され、戦後の新憲法は象徴天皇制、軍事力の放棄を宣言したのである。宮内省の放鷹もまた連合国総司令部の下で外交使節の接待に関与した末にまもなく形骸化した。もともと政治的な要請によって創設された宮内省の放鷹が、戦後の宮内省から宮内府へ、ついで宮内庁への機構縮小に伴って形骸化したことにより、必然的に放鷹の歴史的研究も停滞したと考えてよい。折しも昭和二十五年（一九五〇）の朝鮮戦争の特需景気を契機とした高度経済成長期には民衆に視点を定めた研究が盛んであり、支配者層の文化として知られる放鷹・遊猟に関する研究は殆ど出なかった。日本近世史において鷹場の研究が進展したが、あくまで江戸近郊の領域的百姓支配に関連して被支配者、すなわち民衆の立場に立脚した研究である。江戸幕府の将軍・大名が放鷹に何を込めて、いかに展開したかという視点から取り組んだ研究は少なかった[6]。古代の天皇の放鷹・遊猟を研究する流れもまた同様の問題を抱えていたのである。例えば、律令国家体制下で鷹を飼う官司である兵部省主鷹司の動向に関連して言及されたにすぎない。兵部省主鷹司は奈良時代に二度にわたって数年間停止され、遂に平安初期に廃止されるに至った。主鷹司廃止の要因については仏教の浸透に伴って律令国家の放鷹が衰退したことによるという見方もあるが、九世紀以降に蔵人所の鷹飼が存続し、決して仏教の浸透によって律令国家の放鷹が廃絶したわけではなかったはずである。

弓野正武氏は平安初期の主鷹司廃止以降に「御鷹飼」が存在することに注目した数少ない研究者の一人である。弓野氏は、「御鷹飼」の実態究明に手を染め、昭和五十三年（一九七八）には「平安時代の鷹狩について」[7]を発表して、平安時代の天皇・貴族の放鷹に関する歴史的研究を進めた。

弓野氏は『放鷹』や『古事類苑』遊戯部等を先行研究と位置づけ、改めて六国史・『類聚国史』等の古代史料を博捜し、第二次世界大戦後の日本古代史研究の成果を踏まえて平安初期の天皇遊猟における放鷹の存在形態を中心に論じたのである。律令国家の成立によって養鷹が厳禁され、武家社会になっても幕府法によって鷹狩が禁止されていたために、公的には天皇や一部上級貴族や武家によって行なわれる行事と見られることもあった。しかし、八世紀以来発令される養鷹や鷹狩の禁令とは裏腹に、貴族から庶民に至るまで鷹への関心の強さが窺える。また、鷹の飼育・調習には高度の、伝統的な技術を要することから遊戯的性格を強めたという大筋を提示した。鷹狩は古墳時代に始まり、近代に至って衰退するのであるが、弓野氏の論考では主に平安時代以降を研究の対象としていた。『類聚国史』の天皇遊猟記事等の分析をもとに、天皇を中心とする貴族層の遊猟の意味や、鷹狩の舞台となる猟野の実態、貴族社会における「御鷹飼」の役割などを論じた。天皇を中心とする臨時の鷹狩の形態としては、天皇遊猟や野行幸を重視する。九世紀前半の天皇遊猟は、造都・軍事の二大事業と共に律令国家体制再編期に当たって盛行する行事であるが、九世紀後半以降の野行幸は藤原基経を中心とする摂関政治への移行期に成立したという結論を出している。次に、恒例の鷹狩の形態としては天皇猟野としての禁野における鷹狩の編成を論じ、その禁野は禁野管理者の「御鷹飼」とともに室町時代まで存続したと指摘している。

弓野氏の見解は平安時代以降を対象としたために、奈良時代までの放鷹については手薄であった。奈良時代までの放鷹では兵部省主鷹司に注目しているが、主鷹司の上級官司が兵部省であることを再確認したにすぎない。弓野氏が天皇・貴族だけではなく、庶民にまで鷹への関心の強さを見出せると指摘した点は重要であり、単なる支配者層だけの文化と評価できないことを示唆している。弓野氏の論考は平安時代以降の支配者層の遊戯的な文化として放鷹を扱いながらも、「御鷹飼」という職掌に注目して、そこに民衆の存在を見出そうとしたかのようである。

弓野氏の研究以降、鷹狩を含む天皇の狩猟儀礼に関する研究が格段に進展した。折から古代史研究においては古代国家の支配構造に繋がる支配者層の文化への関心が高まり、天皇の狩猟儀礼は古代王権の権力・権威を表現する儀礼としての意義が強調されたのである。しかし、必ずしも「御鷹飼」に関する研究視点は十分に受け継がれていないのではなかろうか。

一方、弓野氏とは別の観点から、放鷹に限らない古代王権の狩猟に関する研究も進展した。現在の到達点を示した研究は、森田喜久男氏の研究である。

森田喜久男氏[8]は、石上英一氏[9]が田猟の獲物は「山野の領有権の具体化」であったと論じたこと、西本昌弘氏[10]が古代の天皇による狩猟の特質を「兵役・軍役や軍事教練としての田猟などの礼」すなわち「軍礼」であると指摘したことに注目した。そして、「王権にとって狩猟がどのような意味をもっていたのか」について、天皇の行なう狩猟は山野領有権の具体化されたものである鳥獣の贄や初尾を獲って天皇に貢進するためであり、また、行軍の編成形態をとる一種の武力的行動であったが、それを天皇等が観閲することによって位階秩序を機能させたと論を展開している。しかし、森田氏の論も天皇の狩猟一般に関してであって、天皇の狩猟の中で鷹狩が注目されるようになったという変化についてはまったくふれていない。

森田氏に限らず、総じて古代史研究においては、放鷹の意義を天皇遊猟のそれに帰納させる研究が多く、放鷹が他の狩猟技術と異ならないものであると考えられていた。そうした中にあって、古代王権の狩猟の研究では弓野氏の研究に連なるもう一つの流れが生まれたのであり、天皇遊猟の中で放鷹が注目されるようになった変化について解明する研究も現れたのである。

吉井哲氏[11]は、「狩猟という非農業的要素が、王権にどのようにかかわるかを明らかにすること」を主な課題とし、鷹狩・狩猟に対する国家的規制の変遷を辿って、八世紀後半の宝亀年間以降に私的な鷹狩が禁止されたと指摘して鷹狩への関心が高まったという変化に言及した。鷹狩は「山野支配の表象」であるため、王権が鷹狩を独占することは山野支配を完全に実現したことを意味すると述べている。八世紀後半の私的鷹狩の禁止についてはその通りであるが、石上氏のいう「山野の領有権の具体化」は鷹狩に限らない狩猟について述べたのだから、なぜ鷹狩が狩猟を代表するようになったのかを吉井氏は明らかにしておらず、従って鷹狩の独占が山野支配の実現につながるという吉井説はやや説明不足の感をまぬがれない。

吉井氏の欠を補うかのような研究を発表したのが、榎村寛之氏[12]である。榎村氏は石上・森田両氏の見解を踏まえて、同様に天皇狩猟の官僚制確認儀礼と山野占有確認儀礼という意義を認めるが、さらに両氏とは別の観点に立って、天皇狩猟の重点が八世紀後半に鹿狩から鷹狩へと変化することを指摘した。それは、「天皇狩猟をいかに効果的に見せるかという問題意識」から「八世紀後半より、鷹狩の禁止を行」ない、「天皇のみの狩猟形態を案出し」たのであり、その目的は民衆に対する天皇の披露であったと論じている。また、地方の養鷹技術に対して中央のそれの方がはるかに優れており、中央の養鷹の優秀さを見せつけるためでもあったと述べている。しかし、中央・地方の優劣関係を立証しているわけではなかった。

これらの研究において共通する問題点がいくつかある。放鷹がたとえ研究の対象となったとしても、史料の比較的豊富な、九・十世紀の放鷹遊猟を取り上げる研究が多かったという点である[13]。八世紀までと比較して九・十世紀の史料が豊富であるという特徴は何も放鷹だけに限らないのであって、日本古代史の研究全体に共通する特徴であろう。史料の多寡はそのまま多が重要で、寡が重要ではないという先入観を生み出して、それに縛られているということがありはしないであろうか。そして、本研究で扱う史料の問題とも関わるが、九・十世紀への重視が八世紀までの状況への軽視をもたらしたために、兵部省主鷹司を規定していた律令のもつ歴史的背景を無視する結果となって、現在、律令国家体制下の兵部省主鷹司に対する理解が令文に即した一面的な理解に陥っているようである。そのことは、恐らく、『放鷹』編纂の背景である対朝鮮半島的意識を全くといってよいほど読みとれなかった原因であろう。遂に、放鷹を歴史的に研究する独自の視点が希薄となってしまったともいえる。現在でも、『放鷹』を凌ぐ総合的研究への進展が見られないのは、その点に関して足踏みの段階にあるからだと思う。

また、従来の諸研究の問題点をもう一つ挙げるとすれば、王権論の視点から放鷹を研究していた点である。特に、天皇遊猟を取り上げることが多かった点であろう。放鷹とは、実際に鷹を用いて狩りを行なうことである。放鷹は鷹を養育する養鷹と一体であるが、放鷹は養鷹を前提としていることはいうまでもない。しかし、これまでの研究は、鷹を養育する養鷹から放鷹文化を見る視点が欠落していたのではなかろうか。そこで、養鷹、すなわち鷹の養育過程に注目することが重要であり、これによって放鷹文化がもつ社会的裾野の広さを見つめ直すことの重要性を強調するのが本研究のねらいの一つでもある。

本研究の主な研究対象としては、養鷹に従事する職掌である鷹飼を取り上げたい。そこで、弓野氏の「御鷹飼」研究を再検討する必要を感じるが、「御鷹飼」はあくまで天皇の所有に帰せられる「御鷹」を調養する職掌であった。しかし、当然「御鷹」以外の鷹も存在したことに十分な配慮が必要であろう。弓野氏は「平安時代の鷹狩について」の後に「古代養鷹史の一側面」[14]を発表し、地方諸国の「御鷹」調達方法を論じて「御鷹」とそれ以外の鷹との相互依存的関係を指摘した。弓野氏の研究を読んでも、「御鷹」は「御鷹飼」によって飼養されているが、「御鷹」以外の鷹は「御鷹飼」以外の鷹飼によって飼養されているのであろうか、という疑問が残る。この点は、弓野氏の研究においてさほど明確ではなかった。

古代国家の下に属する「御鷹飼」は、その成り立ちにおいて特殊な存在であったと再認識するべきではないかと思う。「御鷹飼」の特殊性は、百済王族を伝来媒介者とした『日本書紀』の放鷹伝来記事に凝縮されていると見てよい。『日本書紀』の放鷹伝来記事では、仁徳天皇の時代に百済王族から放鷹を受容して鷹飼部を置いたと主張している。ところが、これは決して自明のことではなく、実際には倭国が百済以外の諸外国とも交渉を続け、諸外国の色合いの異なる放鷹を享受していたはずであろう。むしろ日本の放鷹文化の源流としての百済への注目は、八世紀初期という『日本書紀』編纂の時期に特有の問題を抱えていたと思われる。鷹飼が古代の社会情勢と隔絶した存在であったわけではないからである。

本研究の目的は、七世紀後半から九世紀にかけての放鷹が外来文化であったという基本的認識に立ち、律令国家の放鷹諸制度と当該期の社会との関係を踏まえた養鷹の実態究明を通じて、放鷹文化の構造を解明することである。手始めに律令国家の養鷹組織の中心である兵部省主鷹司の存在形態を究明する。宮内省式部職編『放鷹』を批判的に継承して、主鷹司の成立と展開を踏まえた放鷹文化隆盛の背景が明らかになる。

本研究は、序章、第一章、第二章、第三章、終章という五章構成である。

序章では、従来の諸研究の問題点を指摘し、本研究の課題を提示した。

第一章では、まず、兵部省主鷹司鷹戸から蔵人所の鷹飼へという養鷹組織の再編が七世紀後半から九世紀にかけての長期的変容過程であったと把握する。律令国家の鷹飼の存在形態を再検討して鷹飼が二元的に構成されていた点を追究し、その点から放鷹文化の外来文化としての政治史的位置を解明する。

第二章では、七世紀後半から八世紀半ばにかけて中央の主鷹司に対応して進められた諸国国府の貢鷹制度の整備、また、中央—地方の関係に寄生していた中央貴族や国司・郡司等の養鷹を介する社会的結合の様相について究明する。ここでは、『万葉集』の越中守大伴家持の歌を主な具体的事例として、八世紀半ばにおける国司の養鷹の実態について考察を深める。

第三章では、第一章、第二章を踏まえて、八世紀後半から九世紀にかけて、すなわち奈良後期・平安初期に養鷹が統合されていく過程を明らかにしたい。まず、主鷹司に代わる蔵人所の鷹飼支配の確立が九世紀に達成された過程を検討する。次いで、養鷹組織の再編を促した要因として、養鷹の禁制に着目する。そして、それが八世紀半ばの聖武朝に初見して、八世紀後半・九世紀に集中して現れた社会的背景を追究し、さらに養鷹の禁制の中で規定されている養鷹の勅許の実態について論じる。

終章では、第一章から第三章までに論じた内容を概括しつつ、八世紀以来の養鷹の統合が九世紀に達成されたことの政治史的、文化史的意義を問うこととしたい。

(1) 宮内省式部職編『放鷹』(吉川弘文館、一九三一年十二月初版、一九八三年七月再版)。
(2) 『明治天皇紀』明治十四年四月十八日条。
(3) 『明治天皇紀』明治十四年十一月十四日条。
(4) 高橋昌明『武士の成立　武士像の創出』(東京大学出版会、一九九九年十一月)。
(5) 渡辺三男『列伝人物と門流』(蒼洋社、一九八五年十一月)二八九〜三七八頁。
(6) 近年では、根崎光男『将軍の鷹狩り』(同成社、一九九九年八月)等が支配者層・民衆の両方から江戸時代の将軍の鷹狩について論じている。
(7) 弓野正武「平安時代の鷹狩について」(『民衆史研究』一六、一九七八年五月)。
(8) 森田喜久男「日本古代の王権と狩猟」(『日本歴史』四八五、一九八八年十月)。
(9) 石上英一「律令国家財政と人民収奪」(永原慶二編『日本経済史を学ぶ』上・古代中世、有斐閣選書、有斐閣、一九八二年四月)。石上英一氏は、直木孝次郎「新嘗と大嘗のよみと意味」(『万葉』六五、一九六七年五月)、同「贄に関する二、三の考察」(竹内理三博士還暦記念会編『律令国家と貴族社会』吉川弘文館、一九六九年六月)や石母田正『日本の古代国家』(岩波書店、一九七一年一月)三〇二〜三〇四頁の贄に対する見解を踏まえて、擅興律発兵条及び職制律猪鹿強取条の日唐両文を比較して、国司・郡司が公私田猟を行なう際の部内兵士差発権と部内から贄の献上を受ける権限とを法的に認めていたと指摘した。その法制は、初物を採集し豊穣を祈って神に捧げる神事に由来するが、階級社会へ転化すると、共同体成員から首長への初物貢進儀礼になったと述べている。このような首長と成員の関係を「首長制の生産関係」から生成した「貢納・奉仕の法的関係」と規定する。この共同体内の関係を基礎に、公民から国家へ貢納する租税としての贄貢納が成立した。また、特に鳥獣の贄は「山野の領有権の具体化」されたもので、それを捕らえるための狩猟儀礼は「共同体が占地する大地に対する首長の領有権を承認する儀礼」の性格も備えるに至ったといい、「山野の領有権の具体化として、天皇は田猟の獲物を食さざるをえなかったのである」としている。石上氏のいう田猟の獲物が「山野の領有権の具体化」であったという視点は天皇狩猟研究に大きな影響を与えた。この視点は重要であり、否定するものではないが、社会経済史的な視点によって整理された論点である。政治史的、文化史的な視点でこの問題を捉えてみた時に少し異なる様相が浮かんでくるのではないかと思う。田猟の仕方や獲物の種類等は多様であり、個々の歴史的な位置づけを考えることにも意味があるだろう。

(10)　西本昌弘「畿内制の基礎的考察」(『史学雑誌』九三―一、一九八四年一月)。西本昌弘氏は、畿内制の研究に関連して、五月五日の薬猟などに畿内の兵士を供奉させた例から、古代天皇狩猟の特質を「兵役・軍役や軍事教練としての田猟などの礼」すなわち「軍礼」であると指摘した。

(11)　吉井哲「古代王権と鷹狩」(『千葉史学』一二、一九八八年五月)。

(12)　榎村寛之「野行幸の成立」(『ヒストリア』一四一、一九九三年十二月)。

(13)　以上に掲げた諸研究のほか、桓武朝の放鷹遊猟に注目した研究がある。林陸朗「桓武天皇と遊猟」(『栃木史学』創刊号、一九八七年三月)、松本政春「桓武天皇の鷹狩について」(『市史紀要』五、寝屋川市教育委員会、一九九三年三月)。

(14)　弓野正武「古代養鷹史の一側面」(竹内理三博士喜寿記念会編『律令制と古代社会』東京堂出版、一九八四年九月)。

第一章　官制的養鷹の二元性

第一節　鷹戸の百済的伝統

1　官制的養鷹の展開

兵部省主鷹司は、律令国家体制下で鷹・犬の調習を担当した官司である。

大宝令制の主鷹司の全体像については未詳であるが、養老令制の主鷹司については『令集解』巻四職員令主鷹司条に、

正一人、掌㆘調㆓習鷹犬㆒事㆖、令史一人、使部六人、直丁一人、鷹戸、（古記及釈云別記云、鷹養戸十七戸、倭・河内・津、右経㆑年毎㆑丁役、為㆓品部㆒免㆓調役㆒）

とあるように、四等官のうち次官・判官が属しておらず、長官の主鷹正一人、主典の主鷹令史一人という最小規模の構成である。正・令史の下に、使部六人、直丁一人、鷹戸が所属していた。主鷹正の職務内容の説明に見えるように、主鷹司では鷹・犬の調習を管掌したことを確認しておこう。

大宝令制の主鷹司についてはどうであろうか。松崎英一氏(1)によると、主鷹司は『続日本紀』に「放鷹司」の表記で散見するといい、淳仁朝の養老令制施行までは大宝令制施行期に当たるので、「放鷹司」は大宝令制の表記であったと指摘している。松崎氏の指摘通り、大宝令制下の「放鷹司」は主鷹司と同じく兵部省に管領されていたわけであり、養老令制の主鷹司の前身であったと見ることができるだろう。その職員構成についてもほぼ同じである。別記所見の「鷹養戸」のほか、天平十七年（七四五）四月二十一日兵部省移(2)に放鷹司の「直丁」が見えているように、大宝令施行期には鷹養戸・直丁の存在を確かめることができる。ここでは通説通り、大宝令制の

放鷹司と養老令制の主鷹司が系譜的に一続きの官司であったと把握するものである。

行論の都合上、予め放鷹司・主鷹司の沿革を年表にまとめてみる。

表1の養鷹組織の変遷を見て興味深い点は、主鷹司が⑨貞観二年（八六〇）に廃止されるまでに②養老五年～③神亀三年、⑤天平宝字八年～⑥宝亀元年と二度も停止されているという事実である。主鷹司の沿革は、天平宝字二年（七五八）の大宝令制の放鷹司から養老令制の主鷹司へという変遷だけではなく、決して無視できない変遷を経ていたといいえる。

そこで、他の国家的諸施策との関連への着目が重要となる。放鷹司・主鷹司に関する政策は、他の国家的諸施策と切り離されているわけではないのであって、最も関係の深いと思われる養鷹禁制、造籍・班田、軍団兵士制、諸衛府の変遷等の記事・項目を付加しておく。造籍、班田との関連を見ると、放鷹司・主鷹司の制度上の画期である時点①大宝二年（七〇二）の大宝令制放鷹司の開始、②養老五年（七二一）の放鷹司等の停止、③天平宝字二年（七五八）の養老令制主鷹司の開始、⑤天平宝字八年（七六四）の放鷹司の停止、⑥宝亀元年（七七〇）の主鷹司の再設置が造籍の実施と重なり、また⑩元慶七年（八八三）の蔵人所鷹飼の再設置が班田の実施と重なることに気づかされる。また、②養老五年、⑤天平宝字八年の造籍は放鷹司・主鷹司の停止にあたるのであって、鷹戸が停止されて公戸として戸籍に記載されたと考えられる。逆に、③神亀三年（七二六）、⑥宝亀元年の造籍は放鷹司・主鷹司の再設置の年次にあたるのであって、公戸の中からいくつかを選抜して鷹戸として点定したということができる。

造籍・班田と重ならないが、他に重要な画期となった時期は、⑦延暦十年（七九一）に鷹戸が廃止され、続いて⑨貞観二年に主鷹司が廃止された時期である。従来の一般的理解においては、⑨貞観二年の主鷹司の廃止は国

表1　官制的養鷹関係年表

年号	西暦	官制的養鷹の変遷	造籍	班田	主要政策・事件	諸衛府の変遷
天智天皇八年	六六九				遣唐使（河内鯨）	
天智天皇九年	六七〇		造籍		庚午年籍	
天武天皇元年	六七二				壬申の乱	
天武天皇十二年	六八三				諸国境界の画定	
持統天皇三年	六八九				浄御原令施行 兵士の差点	
持統天皇四年	六九〇		造籍		庚寅年籍	
持統天皇六年	六九二			班田		
持統天皇八年	六九四				藤原京への遷都	
持統天皇十年	六九六		造籍			
文武天皇二年	六九八			班田		
①　大宝二年	七〇二	兵部省放鷹司の開始、鷹養戸十七戸	造籍		大宝律令施行 遣唐使（粟田真人）	五衛府の開始
慶雲元年	七〇四			班田		
慶雲四年	七〇五					授刀舎人寮（第一次）設置？
和銅元年	七〇八		造籍			
和銅三年	七一〇			班田	平城京への遷都	
和銅七年	七一四		造籍			
霊亀元年	七一五				郷里制の施行（岸俊男説）	
霊亀二年	七一六			班田		
養老元年	七一七				郷里制の施行（鎌田元一説）	

養老三年	七一九				遣唐使（多治比県守） 軍団兵士削減	
② 養老五年	七二一	放鷹司等の停止、諸衛府鷹飼の設置？	造籍		隼人征討の終焉	
養老七年	七二三			班田	三世一身法	
③ 神亀三年	七二六	鷹戸十戸の設置				
神亀四年	七二七		造籍			
神亀五年	七二八				天下之人養鷹停止	中衛府の設置、授刀舎人寮改組？
天平元年	七二九			班田		
天平五年	七三三		造籍			
天平六年	七三四			班田		
天平十二年	七四〇		造籍		郷里制の廃止 軍団の削減 恭仁京への遷都	
天平十四年	七四二			班田		
天平十五年	七四三				墾田永年私財法	
天平十六年	七四四				難波京への遷都	
天平十七年	七四五				平城京への遷都	
天平十八年	七四六		造籍		軍団の復旧	授刀舎人（第二次）設置？
天平勝宝元年	七四九			班田		
天平勝宝二年	七五〇				遣唐使（藤原清河）	
天平勝宝四年	七五二		造籍			
天平勝宝七年	七五五			班田		
天平宝字元年	七五七					六衛府から軍団軍毅を任ず

④ 天平宝字二年	七五八	兵部省主鷹司の開始	造籍		養老律令の施行	
天平宝字三年	七五九				遣唐使（高元度）	授刀衛の名称が見える
天平宝字五年	七六一			班田		
⑤ 天平宝字八年	七六四	放鷹司の停止、放生司の設置	造籍			外衛府の初見
天平神護元年	七六五				加墾の禁止	授刀衛を近衛府に改組する
神護景雲元年	七六七			班田		
⑥ 宝亀元年	七七〇	主鷹司の再設置？	造籍			
宝亀三年	七七二				加墾の許可	外衛府の廃止
宝亀四年	七七三			班田	養鷹禁制	
宝亀八年	七七七				遣唐使（小野石根）	
宝亀十年	七七九				遣唐使（布勢清直）	
宝亀十一年	七八〇				軍団兵士の削減	
延暦三年	七八四				長岡京への遷都	
延暦四年	七八五				藤原種継暗殺	
延暦七年	七八八	初の五位の主鷹正	造籍			
⑦ 延暦十年	七九一	鷹戸の廃止、（諸衛府鷹飼の統合）				
延暦十一年	七九二			班田	軍団の大幅削減 健児の設置	
延暦十三年	七九四		造籍		平安京への遷都	
延暦十四年	七九五				養鷹禁制	書算巧な衛府舎人を主政帳に任ず

延暦十九年	八〇〇		造籍	班田		
延暦二十三年	八〇四				養鷹禁制 遣唐使（藤原葛野麻呂）	
大同二年	八〇七					中衛府を右近衛府、近衛府を左近衛府とする
大同三年	八〇八				養鷹禁制	衛門府廃止、門部を左右衛士府に併せる
弘仁元年	八一〇				蔵人所の設置	
弘仁二年	八一一					左右衛士府を左右衛門府と称する
弘仁六年	八一五					左右衛門府官人を検非違使に任ずる？　検非違使の初見
弘仁八年	八一七				養鷹禁制	
弘仁九年	八一八	主鷹司に『新修鷹経』を下賜する			宮城門号の唐風化	
⑧弘仁十一年	八二〇	主鷹司の鷹飼を蔵人所に分置する				
承和五年	八三八				遣唐使（藤原常嗣）	
斉衡二年	八五五				養鷹禁制	
貞観元年	八五九				養鷹禁制（諸国貢鷹の停止、国司等の養鷹の禁止）	
⑨貞観二年	八六〇	主鷹司の廃止、（蔵人所鷹飼の停止）				
貞観五年	八六三				養鷹禁制（国司等の養鷹の禁止）	

貞観八年	八六六				養鷹禁制	
貞観十七年	八七五				検非違使式の制定	
元慶三年	八七九			班田	畿内班田	
⑩ 元慶七年	八八三	蔵人所鷹飼の再設置		班田	畿内班田	

※事項の典拠は六国史、『類聚三代格』、『令集解』、『新修鷹経』等に求めている。煩雑になるため、一々明記することを避けた。
※造籍、班田の項目は、虎尾俊哉『班田収授法の研究』（吉川弘文館、一九六一年三月）、徳永春夫「奈良時代に於ける班田制の実施に就いて（上・下）」（『史学雑誌』五六―四～五、一九四五年四月～五月）等による。
※諸衛府の変遷の項目は、笹山晴生『古代国家と軍隊』（中央公論社、一九七五年七月）、井上薫『日本古代の政治と宗教』（吉川弘文館、一九六一年七月）等による。

家支配者層における仏教の浸透によるものであったと考えられていた。しかし、新井喜久夫氏[3]や弓野正武氏の諸研究によって明らかにされたように、⑦延暦十年の鷹戸廃止以降、⑨貞観二年の主鷹司廃止以降においてもそれに代わる蔵人所配下の鷹飼等が存続したのであって、鷹飼そのものが全く不要となったために鷹戸や主鷹司が廃止されたわけではなかったのである。

⑦延暦十年の鷹戸廃止以降に兵部省主鷹司が存続していたとすれば、改めて鷹戸に代わる鷹飼とは如何なる存在であるのか、それを踏まえて延暦十年の鷹戸廃止の意義を再検討する必要が生ずるであろう。延暦十年の鷹戸廃止以降だけではなく、延暦十年以前にまで遡って、鷹戸とは別種の鷹飼が存在していたのか否かという疑問もある。新井氏、弓野氏の研究によると、⑦延暦十年以降に主鷹司の鷹戸に代わる鷹飼として存在したものは諸衛府所属の官人・トネリによって兼任された鷹飼であるが、延暦十年以前に諸衛府官人・トネリが鷹飼を兼任していたのかどうかは明確に述べられていなかった。諸衛府自体が八世紀段階に複雑な変遷を辿っているため、諸衛

表2　官制的養鷹の時期区分

時期区分（丸囲数字は表1と対応）		内容
①大宝二年～②養老五年	単立	大宝令制の放鷹司の創設。
②養老五年～③神亀三年	停止	元正朝の放鷹司停止、聖武朝の鷹戸設置。
③神亀三年～④天平宝字二年	並立	放鷹司と諸衛府鷹飼の並立。
④天平宝字二年～⑤天平宝字八年	並立	養老令制への移行。放鷹司から主鷹司へ。
⑤天平宝字八年～⑥宝亀元年	停止	称徳天皇・道鏡政権による主鷹司の停止。
⑥宝亀元年～⑦延暦十年	並立	主鷹司と諸衛府鷹飼の並立。
⑦延暦十年～⑧弘仁十一年	単立	鷹戸廃止、主鷹司による諸衛府鷹飼の統合。
⑧弘仁十一年～⑨貞観二年	並立	鷹飼が主鷹司・蔵人所に分属する。
⑨貞観二年～⑩元慶七年	停止	清和朝の主鷹司廃止。陽成朝の蔵人所鷹飼設置。
⑩元慶七年～	単立	鷹飼が蔵人所専属となる。

府官人・トネリの鷹飼の実態を簡単に捕捉できないが、本研究において可能な限り明らかにしたいと思う。

試みに本研究の研究対象である放鷹司・主鷹司を中心に、放鷹関係の官制の制度的変遷を時期区分することとしたい。

表2のごとく放鷹司・主鷹司の変遷を中心に時期区分を細かく分けると、非常に複雑な過程を辿っているように思える。しかし、よく見ると鷹戸の鷹飼とそれ以外の鷹飼という二種類の鷹飼のいずれか片方が単立していた期間、及び両方が並立していた期間、両方とも停止されていた期間に分類できる。しかも単立期間、並立期間、停止期間の変則的な繰り返しである。最も問題となるのは停止期間の意義であろう。放鷹司・主鷹司の停止・再

開が造籍等と重なる時期に行なわれたことから考えて、三度の停止期間は単に天皇個人の気紛れでもなく、仏教思想の浸透に影響を受けたものでもなかったといえる。また、諸衛府官人・トネリの鷹飼が主鷹司と並立していた期間の状況については後述する。ここでは若干の見通しを述べておきたい。諸衛府官人・トネリの鷹飼は天平年間の木簡史料を根拠として早くも延暦十年以前に存在していた。主鷹司と諸衛府鷹飼の並立状態を踏まえて、⑦延暦十年の鷹戸廃止の意義を考えると、諸衛府官人・トネリの鷹飼が鷹戸に代わって主鷹司の下で統合されるに至ったということができる。このような見通しを立てることは、官制的養鷹の変遷を考える上で必要となる。

次に、兵部省主鷹司（放鷹司）の制度的変遷の意味を考察するために、主鷹司（放鷹司）の官人の補任状況を見ることとしたい。

兵部省主鷹司（放鷹司）官人補任の確かな事例は僅かであり、延暦七年（七八八）の主鷹正多治比真人屋嗣、弘仁九年（八一八）の主鷹正巨勢朝臣馬乗、主鷹令史上野公祖継という三例が知られる。

表3に掲げた三例だけで大宝二年（七〇二）から貞観二年までの主鷹司官人補任の変遷を見出すことは難しい。この三例を補うために、次の事例を加えることができる。八世紀の大宝令制施行から九世紀半ばの主鷹司停

表3　主鷹司（放鷹司）官人一覧

年代	主鷹正	主鷹令史	典拠
延暦七年	多治比真人屋嗣（補任）		『続日本紀』延暦七年七月庚午条
弘仁九年	巨勢朝臣馬乗（在任）	上野公祖継（在任）	『新修鷹経』（弘仁九年五月二十二日、主鷹司に下賜される）奥書

図1　良棟宿禰系図（抄）

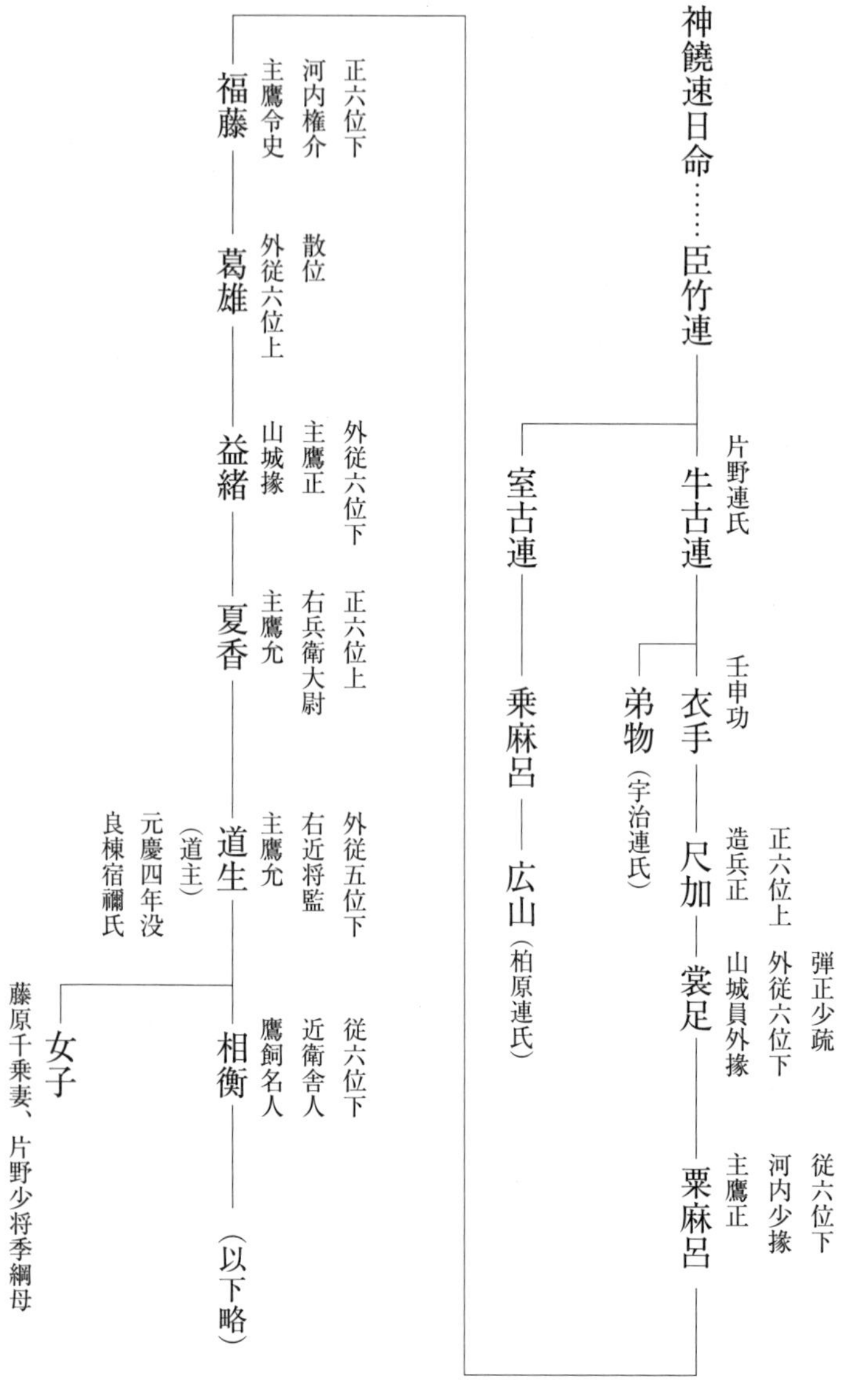
神饒速日命……臣竹連
片野連氏
牛古連
室古連
壬申功
衣手
弟物（宇治連氏）
正六位上
造兵正
尺加
弾正少疏
外従六位下
山城員外掾
裳足
従六位下
河内少掾
主鷹正
粟麻呂
乗麻呂
広山（柏原連氏）
正六位下
河内権介
主鷹令史
福藤
散位
外従六位上
葛雄
外従六位下
主鷹正
山城掾
益緒
正六位上
右兵衛大尉
主鷹允
夏香
外従五位下
右近将監
主鷹允
道生（道主）
元慶四年没
良棟宿禰氏
従六位下
近衛舎人
鷹飼名人
相衡
（以下略）
女子
藤原千乗妻、片野少将季綱母

表4　「良棟宿禰系図」の直系男子

世代	主鷹司官職	人名	備考
1世代		肩野連牛古	片野連を名乗る。
2世代		肩野連衣手	壬申の功を立てる。
3世代		肩野連尺加	正六位上　造兵正
4世代		肩野連裳足	外従六位下　弾正少疏、山城員外掾
5世代	主鷹正	肩野連粟麻呂	従六位下　河内少掾
6世代	主鷹令史	肩野連福藤	正六位下　河内権介
7世代		肩野連葛雄	外従六位上　散位
8世代	主鷹正	肩野連益緒	外従六位下　山城掾
9世代	主鷹允	肩野連夏香	正六位上　右兵衛大尉
10世代	主鷹允	肩野連道生	外従五位下　右近将監、良棟宿禰改姓
11世代		良棟宿禰相衡	従六位下　近衛舎人、鷹飼名人

止までを通じて一氏族の主鷹司（放鷹司）官人の補任事例を拾える史料として、肩野連（片野連）氏の系図がある。系図という史料の性質上、記載内容の信憑性に疑いがもたれるが、このように主鷹司（放鷹司）官人の補任を明記する系図は今のところ唯一である。肩野連氏（物部肩野連）[4]、後の良棟宿禰氏の補任事例は先の三例を補い、また、新たな視点を得るものとして貴重であろう。「良棟宿禰系図」[5]の関係部分は図1の通りである。

図1の「良棟宿禰系図」によると、数世代にわたる主鷹司の官人の補任を記している。この系図から良棟宿禰と改姓した道生に至るまでの肩野連氏の直系男子を抜き書きすると、表4のようになる。

このように、肩野連氏の氏人はほぼ六位どまりの下級官人であった。官職は造兵正・主鷹正等の兵部省被官諸司の官人、山城国・河内国の国司第二・第三等官、兵衛府・近衛府の官人・舎人に任じられている。但し、第五世代の粟麻呂の「主鷹正」、第六世代の福藤の「主鷹令史」は、大宝令制の「放鷹正」「放鷹令史」とあるべきであろうが、当系図では大宝令制・養老令制を区別していなかった。また、第九世代の夏香・第十世代の道生の「主鷹允」はいずれの令制にも存在しない官であった。「○○允」は「○○寮」系官司の第三等官を意味するはずであるが、九世紀の主鷹司に「主鷹允」が置かれたとする記載はきわめて疑わしく、「主鷹允」の記載は後世の書き入れであったと考えられる。しかし、「主鷹允」の記載は後世の書き入れであるが、それだけを以てすぐさま良棟宿禰系図自体を後世の偽作と断ずることは早計であろう。その理由は、肩野連氏が放鷹との関わりを強調するにもかかわらず、主鷹司官人に任じられた者と任じられなかった者とが見られるからである。任じられなかった者の存在は任じられなかった何らかの事情を示しているのではなかろうか。

良棟宿禰系図歴代の人物の生存年代を推定するために基準となるべき人物を拾うとするなら、肩野連氏の第二世代衣手は壬申の乱の頃の人物であり、その子尺加は造兵正であるから大宝令制初期の人物であったといえるであろう。第二世代・第三世代の生存時期を見ると、第一世代の牛古連は孝徳朝頃の人であろうか。なお、牛古連の兄弟室古連の子孫は別系統である。室古連の孫にあたる広山は尺加と同じ第三世代であり、柏原連氏を名乗る。柏原連広山は『日本書紀』持統天皇三年（六八九）七月辛未条所見の「偽兵衛河内国渋川郡人柏原広山」と同一人物であろう。そこでは、偽って兵衛と称して処罰を受けたと記されており、余りに不名誉な記事であるが、系図に敢えて載せているから、却って系図の記載に何らかの根拠があったと考えることができよう。第十世代の道生は元慶四年（八八〇）に没したが、『日本三代実録』に散見する道主に比定され、清和・陽成朝以前の人物である。[6]最初の三世代と九世紀半ばの道生の世代を基準として、いま仮に一世代を二十五年位と計算して各世代の生存時期を推定する。

肩野連氏が主鷹司（放鷹司）と最初に関係する時期は、第五世代の粟麻呂の時代であった。これは丁度、聖武朝前後に当たる。系譜冒頭のように、肩野連・宇治連・柏原連の物部系三氏は、淀川・宇治川水系の流域に点在して同族関係を結んでいる。物部氏系の連姓諸氏族は畿内の主要な水系沿いに分布して、水系沿いの山野の管理に関係していたという可能性はきわめて高いであろう。肩野連氏が聖武朝前後に至って放鷹司に関与し始めた理由を挙げると、聖武天皇の山城への遷都以外にはあるまい[7]。聖武天皇の山城遷都によって近江の琵琶湖と茅渟海（大阪湾）との間を繋いだ淀川・木津川の重要性が高まり、水系沿いの交通の要衝に分布していた肩野連・宇治連・柏原連三氏の重要性も高まったという背景を読みとれる。

逆に、肩野連氏が主鷹司（放鷹司）と関係していなかった時期に特徴があり、それは第七世代の葛雄の世代であろう。葛雄の生存時期は、桓武朝頃に当たるようである。次の第八世代の益緒が主鷹正に任用された時期は、嵯峨・淳和朝頃であろう。肩野連氏が桓武朝頃に主鷹司と関係しなかったということは、桓武朝に天武系皇統を否定して天智系皇統を強調し始めたことと無縁ではないと考えられる。肩野連氏の第二世代衣手が壬申の功を立てたと伝えている点に注意するべきであろう。桓武朝においては、天智系皇統を強調する時代であるから、肩野連氏等という壬申功臣の子孫を主鷹司の運営から意図的に除外していたといえるのではないだろうか。葛雄本人の無能力により散位であったのかもしれず、政治史的な理由ですべてを説明することは妥当ではないかもしれないが、彼のみ散位と記す点は不自然である。

さて、肩野連氏の主鷹司（放鷹司）官人任用の時期にその特徴を見出すことができるとすれば、今度は任用時期として再び第五世代の粟麻呂に注目したい。肩野連氏は、聖武朝前後の粟麻呂の時代に初めて放鷹司に関与し始めた。系譜の記載に従う限り、肩野連氏は壬申功臣の家であるが、聖武朝前後よりも前の時代に放鷹司の官人に就くことはなかったといわねばならないであろう。とすれば、放鷹司官人はごく初期に少なくとも肩野連氏以外の諸氏族を任用していたこととなるわけである。初期の兵部卿補任者に壬申功臣大伴氏等を見ることができる(8)にも拘わらず、放鷹司の官人任用においては壬申功臣大伴氏の発言権が浸透していなかったということになる。

初期の放鷹司官人に任じられた者は、壬申の乱における大海人皇子方の肩野連氏等ではなく、近江朝廷方の諸氏族であったと見なすことは可能であろう。それも、令制以前より伝統的に鷹・犬・馬の管理に関与していた氏族であったのではなかろうか。例えば、他司の主水令史・掃部令史等の令史は特定の氏族を優先的に任用していたと考えられている。(9)放鷹司官人もまた、伝統的な特定の職掌として優先的に任用されていたのではないかと思う。壬申の乱で近江朝廷方に属し、聖武朝頃にその勢力が急速に衰退したとみられる氏族の候補としては、上毛野氏を挙げることができる。上毛野氏が初期の放鷹司官人に任じられ、聖武朝に後退したとすれば、上毛野氏の放鷹への関与は律令国家体制成立以前に遡るものであった可能性は高く、律令国家体制成立以前に国家の養鷹を統轄する地位に就いていたのではなかろうか。官制的養鷹の実態を検討することによって、上毛野氏と放鷹司との関わりも明らかになると思う。

ともかくも、聖武朝における肩野連粟麻呂の放鷹司官人任用は、聖武朝前後に放鷹司の何らかの変化が起きたことを示している。聖武朝といえば、表2の時期区分でみられるところの第一次養鷹組織停止期間は注目に値する。第一次停止期間は、元正朝末期から聖武朝初期にかけての時期に当たるのであり、放鷹司それ自体の改革をおこなったとみられる時期である。その点で次の史料が注目される。『令集解』巻十七選叙令本亡主条は、本主の死亡に際して彼に仕えていた資人の処遇を規定している。その条文によると、養老令文の一節「若任㆓職事㆒

者、改入二内位一」の集解釈説において「外位記不レ可二更還一」の一例として或説を掲げ、「資人本階外少初位、任二於鷹司令史一之類者非也」と記している。この「於鷹司」の箇所は「放鷹司」の誤記と思われるが、それはともかく「放鷹司」と表記されていた大宝令制下の或る時期に放鷹司官人任用のコースにおいて資人↓放鷹司令史のコースが設定されていたようである。このコースはいつ頃に設定されたのだろうか。私はそれが聖武朝ではなかったかと考える。『続日本紀』神亀五年（七二八）四月辛卯条によれば、聖武朝に諸国が帳内資人として充てられた者以外の武人を「王公卿相之宅」へ進上することを禁じている。聖武朝に帳内資人の貢進について統制が進んで、帳内資人が諸国の武人等の出身コースとして確立したのであった。当然のことながら、武人の中には放鷹を得意とする者も含まれていたはずである。少なくとも、聖武朝前後の時代以降、資人を経て放鷹司令史に任じられることがしばしば行なわれるようになったのだろう。肩野連の人々もそのような新しい任用コースに乗るようになったということであろう。その結果、従来優先的に令史に任じられてきた諸氏族の任用機会が減少したと思われるのである。

2　百済的伝統の実態

大宝令制下の放鷹司の職員構成は放鷹司の正と令史が中心となるが、その下で実務に従事していた鷹戸とはいかなるものであったか。『令集解』巻四職員令主鷹司条では別記の記載を掲げて「鷹養戸」を解説していた。別記は、古記（天平十年〈七三八〉頃成立。大宝令注釈書）および釈説（九世紀成立の養老令注釈書）に引用されている。この別記とは大宝官員令の別記であって、若干の細則を解説し、大宝令制初期の実態を伝えている。別記によれば、「鷹養戸」十七戸が「倭・河内・津」に分布していたという。「倭」は大和国を指し、「河内」は別記成立を大宝令施行直後とする説[10]に従うと、後の和泉監・和泉国の領域を含んでいる初期の「河内」国を指しているのだろう。「津」は摂津国である。鷹戸は、山城国を除いた畿内三ケ国（霊亀二年に初期の「河内」から分割された和泉監を足せば一監三国である）に分布していた。鷹戸の使役形態は、毎年戸内の全ての丁を使役せられるものであって、品部として調役を免除されている。

養老令本文には鷹戸が品部であることを明記していないが、別記の記載を見ることによって初めて鷹戸が品部の扱いを受けていたということが分かる。鷹戸の品部としての扱われ方は、鷹戸の実態を考える上で重要であったといわねばならない。例えば、『続日本紀』養老五年（七二一）七月庚午条の詔に見えている「所レ役品部」の箇所は、鷹戸を指示していたものである。鷹戸が品部として位置づけられている。鷹戸は養老五年に放鷹司停止に伴って公戸に編入された。鷹戸の公戸編入は鷹戸の身分を公戸の身分に格上げしたわけではない。律令国家体制下において品部は雑戸と異なって公戸との通婚を許されていた。品部が身分的に公戸と異ならないという点は、鷹戸の考察の起点となるべき認識である。

養老五年～神亀三年の第一次養鷹組織停止期間の開始前年に当たる養老四年（七二〇）に、『日本書紀』が奏進された[11]。『日本書紀』における放鷹関係記事の第一は、放鷹の伝来に関する記事である。『日本書紀』仁徳天皇四十一年三月条、四十三年九月庚子及び是月条に、

卌一年春三月、遣二紀角宿禰於百済一、始分二国郡壃場一、具録二郷土所出一、是時、百済王之族酒君無レ礼、由レ是、紀角宿禰訶二責百済王一、時百済王悚之、以二鉄鎖一縛二酒君一、附二襲津彦一而進上、爰酒君来之、則逃二匿于石川錦織首許呂斯之家一、則欺之曰、天皇既赦二臣罪一、故寄レ汝而活焉、久之天皇遂赦二其罪一、

卌三年秋九月庚子朔、依網屯倉阿弭古捕二異鳥一、献二於天皇一曰、臣毎張レ網捕レ鳥、未三曽得二是鳥之類一、故奇而献之、天皇召二酒君一示レ鳥曰、是何鳥矣、酒君対言、此鳥之類多在二百済一、得レ馴而能従レ人、亦捷飛之掠二諸鳥一、百済俗号二倶知一、是今時鷹也、乃授二酒君一令二養馴一、未二幾時一而得レ馴、酒君則以二韋緡一著二其足一、以二小鈴一著二其尾一、居二腕上一献二于天皇一、是日幸二百舌野一而遊猟、時雌雉多起、乃放レ鷹令レ捕、忽獲二数十雉一、

是月、甫定二鷹甘部一、故時人号二其養鷹之処一、曰二鷹甘邑一也、

とあるように、長文である。従来、放鷹伝来記事としては、後条の四十三年九月庚子及び是月条だけを掲げることが多かった。ここでは、主要登場人物の百済王族酒君が来日する契機を記した前条の四十一年三月条と並べて掲出している。

当該記事の登場人物は、仁徳天皇、百済王、百済王族酒君のほか、紀角宿禰、葛城襲津彦、石川錦織首許呂斯、依網屯倉阿弭古である。放鷹は、五世紀の仁徳朝に百済から伝来したのであり、放鷹を伝えた人物は、仁徳天皇の使者紀角宿禰に無礼を働いた百済王族酒君であった。紀角宿禰・葛城襲津彦の二名は建内宿禰後裔諸氏族の祖であって、酒君の召喚に関与した。石川錦織首許呂斯は酒君が逃げ込んだ家の主人であって、酒君より早くに渡来した百済系の渡来氏族である[12]。その家は、「石川」すなわち河内国の石川流域に所在していた。登場人物の諸関係の特徴は、百済王族酒君が石川錦織首許呂斯に匿われているような密接な関係を結んでいること、また、酒君が放鷹を伝えた人物であるのに対して「依網屯倉阿弭古」は鷹の存在すら知らない者として描かれていることという点である。

これらの点から、『日本書紀』では放鷹が百済系渡来人を媒介として移入された文化という位置を与えられていたことが分かる。百済系の放鷹を担う「鷹甘部」は「鷹甘邑」に集住していたという。「鷹甘邑」の集落は、

何処に存在していたのであろうか。「鷹甘邑」の故地は、現在の大阪府東住吉区鷹合と伝承されている。律令国家体制下には摂津国住吉郡に含まれており、難波京の南北中軸線を南方へ延長した難波大道が磯歯津道（八尾街道）と交わる交差点の東北側に位置する。磯歯津道は、西方の住吉神社・住吉津と東方の大和とを結ぶ道路であった。『日本書紀』の放鷹伝来記事には、「鷹甘部」「鷹甘邑」と関係する場所として依網屯倉・百舌鳥野が出てくる。依網屯倉は磯歯津道の南方にあたり、律令国家体制成立以前に摂津・河内両国の境を跨る広大な位置を占めたが、両国の境を画定した際に東西分断の措置を受けて廃された。[13] また、百舌鳥野は依網屯倉の南方の和泉地域に所在する。和泉地域は、霊亀二年（七一六）に和泉監という特別行政区画として分割されるまで河内国に含まれていた。このように、「鷹甘邑」は、依網屯倉・百舌鳥野の近傍、すなわち摂津・河内・和泉三ヶ国の国境一帯を活動領域としていたのではなかろうか。『令集解』主鷹司条所引の別記によると、「鷹養戸」十七戸の所在地「倭・河内・津」の内の少なくとも「河内・津」（この場合、和泉地域を含む）所在の鷹養戸は、恐らく『日本書紀』所見の「鷹甘邑」集住の「鷹甘部」の後身であったと考えられる。

『日本書紀』所見の「鷹甘部」「鷹甘邑」関係記事は、『日本書紀』全三十巻の養老四年奏上の事実を考え合わせると、遅くとも養老四年段階まで存在していたはずの大宝令制の兵部省放鷹司鷹養戸を前提とする記事であったということができる。となれば、律令国家は翌養老五年に放鷹司を停止し、放鷹司所属の品部鷹養戸を指定解除して公戸に編入したことに注目したい。養老五年以前の放鷹司鷹養戸の内のいくつかは、『日本書紀』所見の「鷹甘部」の拠点「鷹甘邑」の場所を引き継いでいたのではなかろうか。次いで、鷹戸は別記所見の十七戸から神亀三年（七二六）の十戸へと減じられたのである。その後、延暦十年（七九一）の廃止に至るまでの戸数の増減やその実態は詳らかではないが、延暦十年廃止段階の鷹戸とその周辺を窺う手がかりを『続日本紀』の記事に得ることができる。

その記事とは、『続日本紀』の延暦十年鷹戸廃止記事の前後に頻出した諸氏族の改賜姓に関する記事である。延暦十年鷹戸廃止前後の改賜姓記事は日付毎に数えて十七例にのぼる。改姓主体毎に数えると二十五例となる。延暦九～十年の二年間に頻出しており、特に延暦九年にくらべて翌十年には激増した。表5は、延暦九～十年にかけての改賜姓の記事を年表風にまとめたものである。これは後述するように、改賜姓に与る氏族の性格から大きく次の三つの時期のグループに分けることができる。延暦九年七月辛巳から同年十二月辛酉にかけての津連・韓国連・土師宿禰・秋篠宿禰・菅原宿禰等が第一期グループ、延暦十年正月己巳から同年八月壬子にかけての忍海原連・葛井連・船連・津連・池原公・文忌寸・武生連・王希逸・藤津王他・広井造等が第二期グループ、延暦十年九月丙子から同年十二月丙申にかけての凡直・出雲臣・綾公・越智直・佐婆部首・清道造等が第三期グループである。延暦九～十年の三段階に見える諸氏族は、殆ど嵯峨朝編纂の『新撰姓氏録』に載せられており、そこでは平安京を本貫として記されている。表6の平安京を本貫とする諸氏族の中で表5の延暦九～十年の改賜姓記事の諸氏族と共通する事例は、十四例に及んでいる。延暦九～十年の改賜姓記事の諸氏族が改賜姓前後から嵯峨朝の『新撰姓氏録』編纂に至るまでに、長岡京への移住や延暦十三年（七九四）の平安遷都を経て平安京の左京・右京に移貫されたことは確かである。このことから、延暦九～十年の改賜姓の諸氏族が少なくともその時点で畿内諸国に分布する鷹戸であったということはなく、そうした考え方は殆どなりたたなくなる。尤も、延暦九～十年の改賜姓に至るまでの藤原京・平城京等の時代において、これらの氏族が京貫していたか否かは未詳であり、かつては畿内諸国に拠点を張って鷹戸として点定されていた可能性も残されている。これらの氏族がわりと早くから鷹戸ではなかったとするならば、鷹戸との関わり方は如何なるものであったのかを考えてみよう。彼ら

表5　延暦十年七月鷹戸廃止前後の改賜姓

年月日	旧姓	新姓	備考
延暦九年			
七月辛巳	津連	菅野朝臣	真道は図書頭従五位上兼東宮学士左兵衛佐伊予守。
十一月壬申	韓国連	高原連	源は外従五位下。韓国連は物部韓国連。
十二月壬辰朔	土師宿禰	大枝朝臣	桓武外祖母土師宿禰（真妹）の母家。
	菅原真仲	大枝朝臣	
	土師菅麻呂	大枝朝臣	
十二月辛酉	秋篠宿禰	秋篠朝臣	安人は外従五位下。延暦元年五月癸卯、土師宿禰→秋篠宿禰。
	菅原宿禰	菅原朝臣	道長は外従五位下。天応元年六月壬子、土師宿禰→菅原宿禰。
	土師宿禰	大枝朝臣	諸士は正六位下。毛受腹土師氏、中宮母家。
延暦十年			
正月己巳	忍海原連	朝野宿禰	魚養は典薬頭外従五位下、葛城襲津彦後裔。飛鳥浄御原朝庭辛巳年（天武天皇十年）に連姓に貶される。
正月癸酉	葛井連	葛井宿禰	道依は春宮亮正五位下。道依等八人。
	船連	宮原宿禰	今道は主税大属従六位下。今道等八人。
	津連	中科宿禰	吉道は対馬守正六位上。巨都雄は少外記。兄弟姉妹七人。
正月甲戌	大秦公忌寸	賀美能宿禰	浜刀自女は賀美能親王の乳母。
四月乙未	池原公	住吉朝臣	綱主は近衛将監従五位下兼常陸大掾。
四月戊戌	文忌寸	文宿禰	最弟は左大史正六位上。
	武生連	武生宿禰	真象は播磨少目正八位上。
五月乙亥	王希逸	江田忌寸	唐人正六位上。
七月乙卯	藤津王他	登美真人	父の正月王は少納言従五位下。男女各八人。
八月壬子	広井造	広井連	真成は摂津国百済郡人正六位上。

九月丙子	凡直	讃岐公	千継は正六位上、讃岐国寒川郡。二十一烟。敏達朝に国造となる。庚午年籍に凡直と記される。
九月丁丑	出雲臣	出雲宿禰	祖人は近衛将監正六位下。土師氏に倣う。
九月戊寅	綾公	綾朝臣	菅麻呂は正六位上、讃岐国阿野郡。文武天皇三年、朝臣となる。養老五年、公と誤る。
十二月甲午	越智直	紀臣	広川は正六位上。伊予国越智郡。広川等六人。推古朝に紀臣が伊予国に派遣されて越智直の女を娶って定着する。庚午年籍に越智直と誤る。
十二月丙申	佐婆部首	岡田臣	牛養は外従五位下。讃岐国寒川郡。牛養等二十烟。紀田鳥宿禰の後裔。その孫米多臣が仁徳朝に周防より讃岐に移住する。
	清道造	清道連	岡麻呂は外従五位下。

※典拠はすべて『続日本紀』による。

諸氏族の平安京移貫以前の時代の拠点は何処であろうかという疑問は延暦九～十年の改賜姓で現れる諸氏族をどう考えるかという問題と関わる。

『日本書紀』の放鷹伝来記事にその手がかりがある。放鷹伝来記事は、百済王族を放鷹伝来の媒介者として描いている。このことから、「鷹甘邑」所在の「鷹甘部」の氏族構成は、百済系の渡来氏族を中心としていたのではなかろうか。「鷹甘邑」が放鷹伝来記事の舞台となった百舌鳥野・依網屯倉を含む地域、すなわち摂津・河内・和泉の三国国境地帯であったと推定すれば、三国国境地帯の百済系の渡来氏族に注目する必要があろう。

百済系の渡来氏族といえば、表5の第二期グループの諸氏族である。第二期グループは十一氏を数えるが、その内の葛井連・船連・津連・池原公・文忌寸・武生連・広井造の七氏が百済系の渡来氏族であった。しかも、これらの七氏の分布は、河内国古市・丹比両郡の葛井連・船連・津連・文忌寸・武生連、摂津国住吉郡の池原公・

表6　延暦九〜十年改賜姓諸氏族と『新撰姓氏録』

『姓氏録』	氏姓	祖先伝承
左京皇別上	登美真人	用明王子来目王より出る。
左京皇別下	（上毛野朝臣） 住吉朝臣 （池原朝臣）	（豊城入彦命五世孫多奇波世君の後裔。元は田辺史氏。） 上毛野同祖。豊城入彦命五世孫多奇波世君の後裔。 （住吉同氏。多奇波世君の後裔。）
左京神別上	（越智直）	（石上同祖。）
左京神別中	出雲宿禰	天穂日命の子天夷鳥命の後裔。
左京諸蕃上	（太秦公宿禰） 文宿禰 （文忌寸） 武生宿禰	（秦始皇帝三世孫孝武王より出る。） 漢高皇帝の後裔鸞王より出る。 （文宿禰同祖。宇爾古首の後裔。） 文宿禰同祖。王仁孫阿浪古首の後裔。
右京神別下	（土師宿禰） 菅原朝臣 秋篠朝臣 大枝朝臣	（天穂日命十二世孫可美乾飯根命の後裔。「光仁天皇天応元年、改土師賜菅原氏、有勅改賜大枝朝臣姓也」。） 土師宿禰同祖。乾飯根命七世孫大保度連の後裔。 同上。 同上。
右京皇別上	（田辺史）	（豊城入彦命四世孫大荒田別命の後裔。）
右京皇別下	讃岐公 （酒部公）	大足彦忍代別天皇皇子五十香彦命、亦の名は神櫛別命の後裔。 （同皇子三世孫足彦大兄王の後裔。仁徳朝渡来伝承あり。）
右京諸蕃下	菅野朝臣 葛井宿禰	百済国都慕王十世孫貴首王より出る。 菅野朝臣同祖。塩君男味散君の後裔。

宮原宿禰	菅野朝臣同祖。塩君男智仁君の後裔。
（津宿禰）	（菅野朝臣同祖。塩君男麻侶君の後裔。）
中科宿禰	菅野朝臣同祖。塩君孫宇志君の後裔。
（船連）	（菅野朝臣同祖。大阿郎王三世孫智仁君の後裔。）
清道連	百済国人恩率納比旦止より出る。

※典拠はすべて『新撰姓氏録』による。（　）の氏族は参考。

武生連、摂津国百済郡の広井造と比定することができる[14]。七氏は、摂津・河内・和泉の三国国境地帯沿海部から内陸部の中河内にかけての地域に集中的に分布していたのであった。第二期グループの百済系の渡来氏族である葛井連・船連・津連・池原公・文忌寸・武生連・広井造の七氏は鷹戸と関わりの深かった可能性が高いといえるであろう。広井造氏を除いた六氏は、上毛野氏の先祖によって百済から日本に連れてこられたという伝承を有している[15]。文忌寸・武生連は王仁後裔氏族、葛井連・船連・津連は王辰爾後裔氏族である。井上光貞氏[16]によると、本拠地が近いのでお互いに交流していたとされている諸氏族である。残る池原公氏は、百済系の渡来氏族の田辺史氏と同祖関係にあり[17]、桓武朝下に住吉朝臣を分出した。その氏人の代表的存在である住吉朝臣綱主が[18]桓武天皇の恩寵を蒙った人物であって、放鷹・狩猟を好んだと伝わり、養鷹との関わりを見出せるのである。しかし、綱主は近衛府の舎人・官人としての経歴を重ねており、近衛府の鷹飼として天皇遊猟に供奉した経験もあったと思われる。このように、綱主個人に関しては諸衛府の鷹飼との関わりが窺えるとしても、鷹戸として点定されたという過去を窺うことはできない。とはいえ、このことは綱主以前の時代においても、あるいは綱主存命の時代においても池原公・住吉朝臣の他の氏人の中に鷹戸に点定された者があったことを否定するものでもない。

第二期グループの七氏が鷹戸と深い関わりがあったとすれば、第二期グループの残る四氏の内、消去法でいくと、大秦公（太秦公）忌寸浜刀自女は女性一人であり、神野親王の乳母であるために賜姓の対象となったと記されているので、ここでは一応除外することがゆるされるであろう。

残るは忍海原連、藤津王ら、唐人の王希逸という三氏である。

忍海原連は、延暦十年改賜姓の際に葛城襲津彦の後裔と称していた。『日本書紀』の放鷹伝来記事によると、葛城襲津彦が百済王族酒君を日本に連れてきた人物として描かれている。それに関連して、第三期グループの伊予の越智直、讃岐の佐婆部首が紀臣の後裔と称していることは興味深い。『日本書紀』の放鷹伝来記事によると、百済王族酒君の召喚に関与した有力豪族は、葛城襲津彦のほか、紀角宿禰を加えることができる。忍海原連・越智直・佐婆部首の三氏は、放鷹と何らかの形で関係した歴史を負っていたのであり、敢えて葛城氏・紀氏の後裔を自称したと考えても的はずれではないであろう。また、忍海原連は名の一部「忍海」が大和国葛城地方の地名であることから、忍海部造・忍海部との関係を推定することが妥当であろう。天武天皇の命で編纂を開始された『古事記』中巻では、忍海部造・因幡忍海部・依網之阿比古等を開化天皇皇子建豊波豆羅和気の後裔と位置づけていた。これは、天智天皇の妃を出した忍海造小龍[19]との関係を天武朝以降の『古事記』編修事業において払拭しようとした徴証であろう。忍海造の一族の鏡が恐らく壬申の乱の戦功によって天武天皇十年（六八一）に連姓を賜わったのに対して[20]、忍海原連は「飛鳥浄御原朝庭辛巳年」すなわち天武天皇十年に「貶」されて連姓を賜わった[21]。忍海原連は天智朝・近江朝廷において何らかの奉仕に関与したが、天武朝以降に後退して忍海部造・忍海部と並ぶものの、八世紀を通じて盛り返してきたという流れで把握することができる。また、忍海部造、因幡忍海部と同祖関係にあった「依網之阿比古」氏は、『日本書紀』の放鷹伝来記事において鷹の存在すら知らない「依網屯倉阿弭古」某として描かれた。このことは却って八世紀初期において「依網之阿比古」氏等と「鷹甘邑」との間に何らかの利害対立や協力関係を想像せしめ、鳥を網で捕る技術と放鷹で捕る技術との対立や連携等を思わせる。たとえば、「依網之阿比古」氏等が用いた網に鷹が掛かることがあり、その鷹を「鷹甘邑」に供給することもあったとみられる。

藤津王らは、用明天皇皇子来目王の後裔であり、延暦十年に登美真人を賜わった。藤津王らの登美は美字を用いているが、トミは鳥見とも記すのであり、その由来は神武天皇東征伝承において神武天皇の一行を導いた金鵄に基づいて名づけられたという「鵄邑」であった。「鵄邑」は大和国添下郡登美郷に比定されている。この氏族はその名に猛禽類の鵄を称しているが、放鷹と関係するかは未詳である。登美真人藤津は、左大舎人助、少納言、治部大輔、兵部大輔、越中守等に任じられた実務的な官人であった。後年弘仁元年（八一〇）九月に越前介に任じられ、越前に赴任した際に、平城太上天皇の伊勢国脱出を聞きつけ挙兵した越前介の前任者阿倍朝臣清継、越前権少掾百済王愛筌等によって監禁された。政変終息後に解放されたのだろう。また、藤津は法隆寺の檀越であり、四天王寺・法隆寺の安居講師に天台宗僧尼を採用するべく太政官に申請して天長二年（八二五）に勅許を得ることができた。その頃の延暦寺俗別当は伴宿禰国道であった。藤津は国道の要請を受けて太政官に働きかけたといわれている。藤津の子直名も実務的官人であり、父から法隆寺檀越を受け継いでいたが、承和十三年（八四六）に法隆寺僧善愷から檀越の特権を悪用して寺物を売却し直銭を不当に多く得たと訴えられ、遠流の断罪が下された。この時、伴宿禰国道の子善男が弁官の一人として審理にあたったが、訴訟の受理・審理手続の違法を主張して弁官の同僚たちを罷免に追い込んだ。これは、善愷訴訟事件として著名である。伴宿禰国道は延暦四年藤原種継暗殺事件の首謀者の一人大伴宿禰継人の子であった。登美真人藤津・直名父子が伴国道・善男父子と親交を持っていたことは平安初期の政治史・宗教史を考える上で興味深く、それよりも前の世代から親交を続けていたと見なしてよいかもしれない。勿論、それだけではなく、延暦十年の鷹戸停止を考える上でもきわめて興味深い事実である。その点は後述するが、延暦年間の鷹戸停止、難波宮廃止、長岡遷都等の諸政策をめぐって抵抗していた諸勢力の矢面に大伴氏等がいたと考えているのであり、そうすると登美真人藤津・直名等が大伴氏に近い立場の氏族であった可能性が大きいのである。登美真人氏は鷹戸であったといえないかもしれないが、桓武朝の鷹戸停止に対して心よく思わない人々に近い存在であったと考えられる。

このように、第二期グループの百済系の渡来氏族の七氏以外の忍海原連、藤津王らは、いずれも鷹戸との関わりを直接的に示す史料を見出せない。確かにそのすべてが鷹戸であったか、鷹戸支配と深い関わりがあったというのは難しいとしても、あるいは渡来氏族の七氏をはじめとして他氏もわずかながら鷹戸や放鷹に関係していた可能性があると考えられる。第二期グループ以外の諸氏族を考慮に入れなければならないだろう。第一、第三各期グループの諸豪族が鷹戸に点定されたのか、あるいは鷹戸や放鷹に関与していたのかについてその蓋然性を見てみたい。

第一期グループは、津連、韓国連、土師氏系の諸氏である。津連は第二期グループにも見えるように河内国を拠点とした百済系の渡来氏族である。韓国連は、吉田晶氏[28]によると、物部韓国連とも称し、和泉国日根郡を拠点としていた。七世紀末には役行者の弟子外従五位下韓国連広足が知られ、呪術を用いたと伝えられる[29]。外来文化への関心が高い氏族であった。延暦九年の改姓申請者の韓国連源は遣唐使録事に任じられたことがあり[30]、入唐者として唐の文物を実見したのだろう。残る土師氏系の諸氏を見ると、菅原氏・秋篠氏は大和国等、大枝氏は山城国乙訓郡大枝村を拠点としていた[31]。後者の大枝氏は毛受腹の土師氏の分かれ[32]であって、和泉国大鳥郡の百舌鳥野を拠点とした氏族であろう。第一期グループの諸氏族は和泉国及び大和国等を拠点としており、いうまでもなく和泉国及び大和国は第二期グループの南摂津・中河内の百済系渡来氏族の分布地の周辺地域に位置していた。

第三期グループは、讃岐・伊予の諸氏である。(33)讃岐・伊予両国は南海道諸国であり、瀬戸内海の南岸に隣り合って位置した。第一期グループの和泉北部、第二期グループの南摂津は、茅渟海（大阪湾）を介して南海道の讃岐・淡路・阿波に面していた。なお、凡直・綾公・佐婆部首がいずれも讃岐国に分布していること、讃岐国の佐婆部首、伊予国の越智直が紀氏の後裔を称しているということには相互に関係の深い諸氏族であることが窺えるのであり、その点で注目される。

以上全三時期の諸氏族の地理的な関係を述べると、第二期グループの百済系の渡来氏族が南摂津・中河内を拠点として、その周辺に第一期グループの大和北部・和泉北部の諸豪族、第三期グループの讃岐・伊予の諸豪族が取り巻いているという形であった。このように、第一、第二、第三の各期グループの諸豪族は、各期毎に地理的なまとまりを以て分布していた。これは、全くの偶然とは思われない。第一期・第三期グループの諸氏族が延暦十年の鷹戸廃止時点で鷹戸ではなかったとしても、鷹戸支配と関わりがあり、おそらくは第二期グループの百済系渡来氏族と何らかの関係が続いていたと考えられる。

問題は、第三期グループの諸豪族である。第三期グループの諸豪族は第一期グループと異なって第二期グループの諸豪族の拠点から海を隔てて離れているのであり、他の二グループとの関係性について証明を要するのである。大宝官員令別記にいう「鷹養戸十七戸」が「倭、河内、津」に分布していたことから、大宝令制下において第三期グループの諸豪族が「鷹養戸十七戸」の内に含まれていたとはいえない。

第三期グループに見える讃岐国阿野郡の綾朝臣を例に取り上げよう。綾朝臣は、讃岐国中央部に分布した綾君

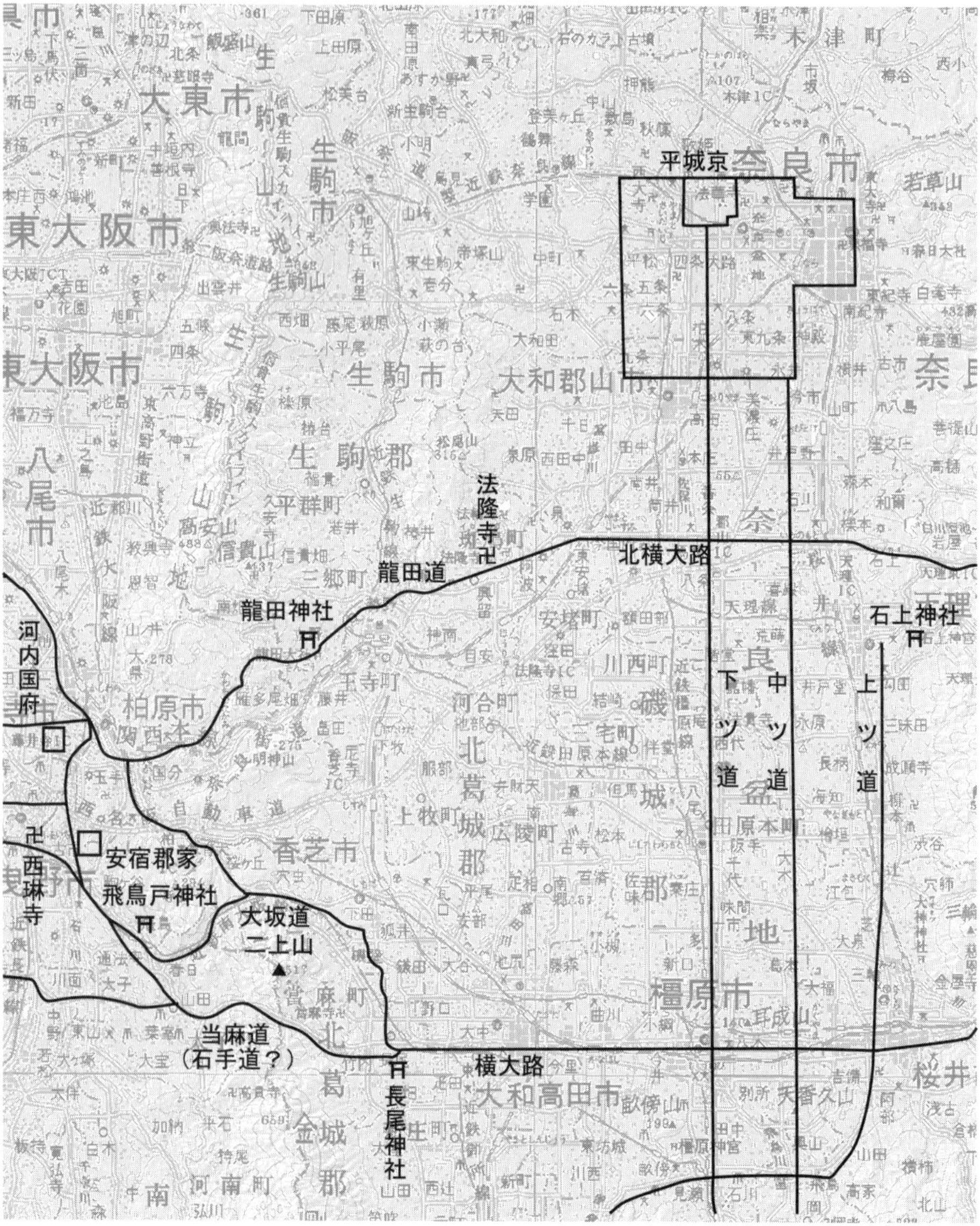

（加藤謙吉『大和政権とフミヒト制』116〜117頁の図を参考に作成）

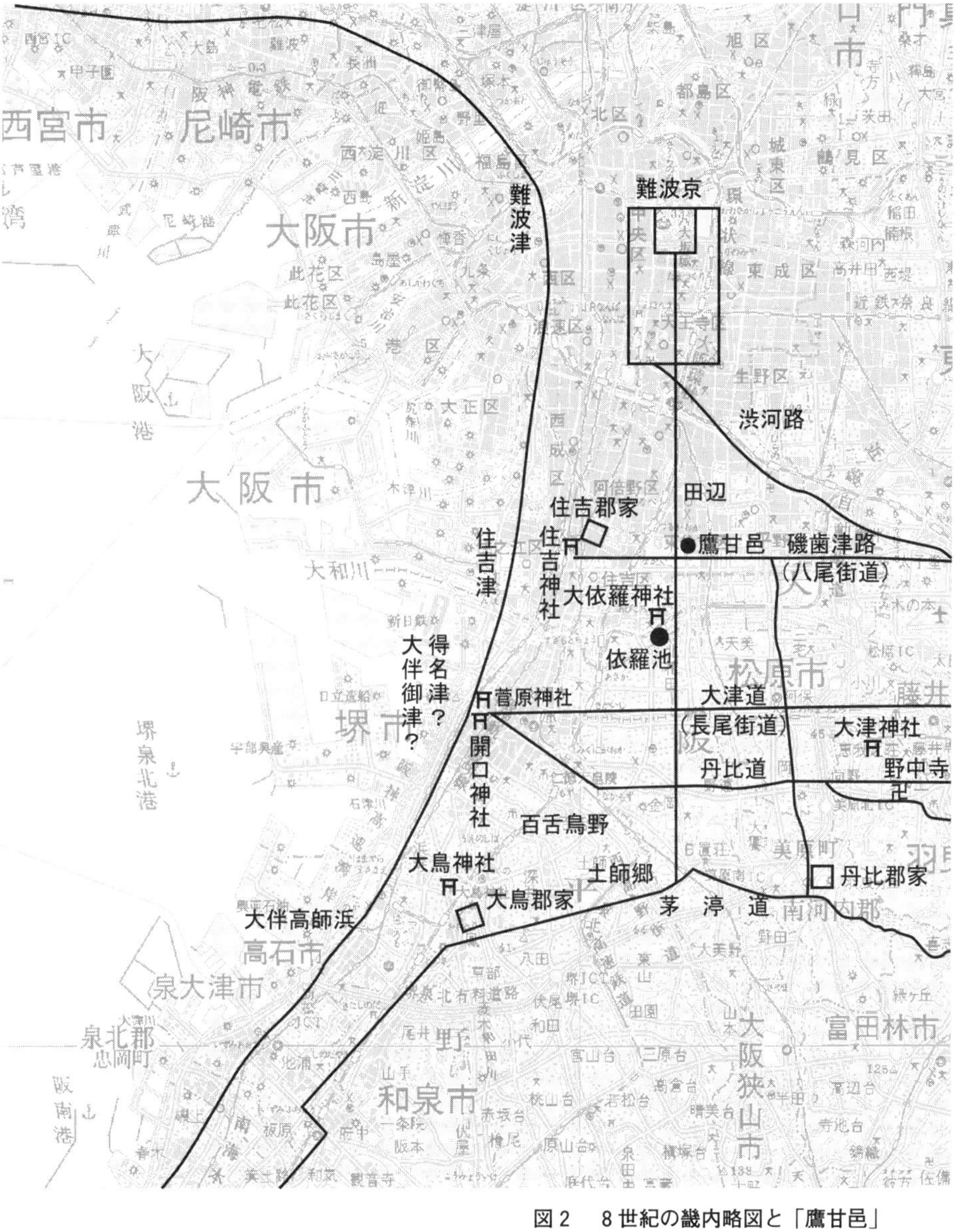

図２　８世紀の畿内略図と「鷹甘邑」

氏のことであり、その名通り絹織物生産に関与していたとされ、同国に同じく分布する秦氏系諸集団を駆使して生産にあたっていたと考えられている。綾氏が鷹戸や放鷹に関わったとするならば、この秦氏との関わりから考えてみたい。『日本書紀』の放鷹伝来記事において放鷹伝来媒介者とされる百済王族酒君は他の記事、他の史料にみえない人物であり、この名は『日本書紀』に見える秦氏の先祖の一人秦酒公[34]を彷彿とさせる名前であることは興味深い。百済王族酒君を助けた「石川錦織首許呂斯」が「錦織」すなわち絹織物生産に関与したとみられる名前であることも、「鷹甘部」、秦氏、錦織首氏等とのつながりを示唆する。このようなことを考え合わせると、百済王族酒君は秦氏と百済王族酒君後裔氏族との間でどちらか一方が他方を参照して造型した伝説的人物であったのではないかと思われる。また、秦氏の始祖弓月君は百済から渡来したが、配下の民は新羅の妨害により加羅（伽耶）に留め置かれ、民を召喚した倭国の使者が葛城襲津彦であった[35]。祖先伝承の構造としては第二期グループの百済系渡来氏族に通じるところがあり、なおかつ葛城襲津彦を介して第二期グループの忍海原連氏との関連が気に掛かるところである。

それでは、綾氏は延暦十年までに鷹戸であったか、鷹戸支配に関係していたのだろうか。綾朝臣は、延暦十年の改姓申請に際して養老五年の造籍で公（君）と誤記されたと述べている。綾朝臣が公（君）と誤記された養老五年の造籍は、同年七月の放鷹司の停止および鷹戸の公戸編入[36]と関係していたと考えられる。養老五年の鷹戸の公戸編入は年代的に養老五年の造籍年と符合するだけではなく、戸籍の記載の改変を伴うものである。要するに養老五年の放鷹司の停止と鷹戸の公戸編入という諸々の措置は、養老五年の造籍を前提として計画的に押し進められたのであろう。綾朝臣の動向は養老五年の造籍を背景として想像するに、鷹戸として養老五年に至るまで出仕していたか（これは大宝官員令別記によるとあり得ないが）、控え目にいっても鷹戸支配に関与していたのだろうが、養老五年の造籍に際して鷹戸との関わりを断ち切られ、その役割を奪われたのではなかろうか。

畿内以外の、例えば畿内近国にも品部や雑戸を点定していたことは、織部司被管の染戸のうち藍染三十三戸の内訳「倭国廿九戸、近江国四戸[37]」や内蔵寮被管の雑戸である紀伊国在の百済戸四戸[38]があったこと等に窺えるのであり、かつて讃岐国で鷹戸を点定していたと類推することもできる。あるいは綾氏は養老五年を遡ること遙か以前に鷹戸に点定されていたが、早くに鷹戸の指定を失い公戸に編入された可能性もあると考えられる。綾氏以外の例として、『日本書紀』の放鷹伝来記事に登場する放鷹伝来者の百済王族酒君の末裔を名乗る百済公（百済君）氏の例がある。百済公氏は「河内国大鳥郡」（和泉立国後には和泉国大鳥郡）を拠点としていたが、「乙未年」（持統天皇九年、六九五）に「加賀国江沼郡」（当時は越前国江沼郡）に移貫されたという[39]。百舌鳥野のある大鳥郡を拠点とし、百済王族酒君（『新撰姓氏録』では「百済国酒王」とある）の後裔を称することから、浄御原令制下においては百済公氏が鷹戸であったか、鷹戸を統轄する立場にあった可能性は非常に高く、畿内から北陸地方へ移住することによって、その際に鷹戸との直接的な関係を失ったのだろう。

或る氏族が鷹戸の指定を失うということは、鷹戸であることの束縛から解放されたと考えるだけではなく、放鷹司の庇護を喪失したことを意味することもあったと考える配慮が必要である。或る鷹戸が養老五年に鷹戸でなくなり、その鷹戸と関わりのあった綾朝臣が朝臣姓から公（君）姓に「貶」されたという理解はさほど無理のないものであろう。綾朝臣等の第三期グループの諸豪族が何らかの形で鷹戸と関わりがあったとすれば、養老五年の造籍で綾氏等と関わる鷹戸が公戸に編入されて放鷹司の庇護を喪失した後、神亀三年の鷹戸十戸設定に際して十戸のうちに入れなかったとしても、その後の造籍に際して再び鷹戸に点定されることもあったのではないかと思う。そうでなければ、延暦十年の改賜姓の諸事例に第三期グループの諸氏族が加えられていることの意義が分からない。第三期グループの諸氏族が延暦十年の鷹戸廃止前後に第一期、第二期グループの諸氏族に続いて、改賜姓に預かっているのはその証左であろう。第一期、第二期グループの諸氏族と第三期グループの諸氏族との間には官制的な養鷹の職務を介して繋がりがあり、その繋がりは養鷹の職務以外のことでさまざまに形を変えながら延暦十年に至るまで継続していたと考えられる。

鷹戸の戸数は大宝令制初期に十七戸、神亀三年に十戸と減少の一途を辿っていた。当然のことであるが、延暦十年の鷹戸廃止に至る間に、鷹戸に点定された氏族の顔触れは少なからず変遷したと考えられる。或る時点で鷹戸に点定されなかった氏族が次の時点で点定されるということもあり得るし、その逆もまたあり得るであろう。表5の延暦九〜十年改賜姓で一つ不審な点を挙げると、⑩の王希逸は唐人であり、他の養鷹関係諸氏族よりも比較的後代に渡来したとみられる。王希逸は遣唐使に随行して渡日したと推定するのが妥当であろう。唐人の王希逸もまた養鷹に関与していたのではないかと考えられる。というのは、たとえば、工人集団の中に唐人等の新来の渡来人を迎え入れて工人集団の技術革新を図ることがあった[40]。養鷹・放鷹もまた鷹飼によって実現される技術である。工人集団の技術革新と同様に、王希逸は旧来の渡来氏族等に唐風の放鷹文化を実践的に教えて鷹戸全体の技術向上を依頼されていたのではあるまいか。王希逸をこのように考えると、鷹戸であったというより、鷹戸の技術向上に関与していたという方がよいかもしれない。唐人王希逸が鷹戸に関与する時期以前に、別の唐人等の外国人が鷹戸等の養鷹技術向上に関与していたと想定することも可能である。勿論、はっきりとした証拠はないが、渡来した唐人だけではなく、旧来の氏族で遣唐使に随行した人々の中にも養鷹を身につけた者があったと思われる。

以上、大宝令制の放鷹司、養老令制の主鷹司という養鷹組織の変遷を軸に整理して、律令国家体制下の養鷹の百済的伝統を指摘した。放鷹司・主鷹司の現業的基盤であった鷹戸の百済的伝統は鷹戸の中心であったか、鷹戸支配と関わりのあったと思われる百済系の渡来氏族に由来していたのである。そして、それは八世紀初期の放鷹司改編によって惹起された鷹戸点定諸集団や鷹戸支配に関わる諸集団の伝統意識に支えられていたという背景を明らかにした。

第二節　鷹飼の二元的構成

1　奈良初期の鷹戸削減

前節の中で「良棟宿禰系図」の直系男子が聖武朝前後から放鷹司官人に任用されるようになったことを指摘した。その事例に呼応する動向として、聖武朝に諸国の武人が出身するコースの一つとして資人↓放鷹司令史のコースを設定したのではないかと推定した。また、延暦九〜十年の鷹戸関係諸氏族の改賜姓の事例の内、養老五年の造籍において綾朝臣氏が姓を「貶」されたという記事は注意を引いた。養老五年七月の放鷹司停止にやや詳しい検討を加えることによって、それ以前の時代に鷹戸との関連が推定される綾氏の姓が「貶」されたという養老五年造籍との関連とは何か、養老五年〜神亀三年の第一次養鷹組織停止期間が一体何のために設けられたのかという点について考えてみたい。

放鷹司停止は、『続日本紀』養老五年七月庚午条に、

詔曰、凡膺二霊図一、君二臨宇内一、仁及二動植一、恩蒙二羽毛一、故周孔之風、尤先二仁愛一、李釈之教、深禁二殺生一、

宜㆘其放鷹司鷹狗、大膳職鸕鷀、諸国鶏猪、悉放㆓本処㆒、令㆖㆑遂㆓其性㆒、従㆑今而後、如有㆑応㆑須、先奏㆓其状㆒、待㆑勅、其放鷹司官人并職長上等且停㆑之、所㆑役品部並同㆓公戸㆒、

とあるように、殺生を禁じて放生を命じた詔の中で指示されている。元正天皇の詔は仏教の不殺生戒・儒教の徳目等にその根拠を求めると、まず放鷹司の飼う鷹・狗、大膳職の飼う鸕鷀、諸国の飼う鶏・猪を放棄して野生に戻すという措置、また、放鷹司の官人と大膳職の長上等を停止して彼らの下で役使されていた品部を公戸に編入するという措置を命じていた。

ここには、鷹・狗（犬）・鸕鷀（鵜）・鶏・猪の動物名が見えている。しかし、動物それぞれの用途は異なっていた。鶏・猪は食肉用動物であるが、鷹・狗・鸕鷀は狩猟用使役動物であろう。鷹・狗・鸕鷀は、放鷹司や大膳職が律令国家の所用に応えるために調習されているものであって、その位置を鶏・猪と異にしていたのである。

詔の趣旨は何だろうか。君主が霊図を引き受けて領土内に臨むと、君主の仁・恩を生き物に及ぼすという。それ故に「周孔之風、尤先㆓仁愛㆒」すなわち孔子は仁愛を先んじ、また、「李釈之教、深禁㆓殺生㆒」すなわち釈迦は禁殺生を教えているのだと説いている。この詔の中心は「膺㆓霊図㆒、君㆓臨宇内㆒、仁及㆓動植㆒、恩蒙㆓羽毛㆒」の部分、すなわち君主たるものが動植物に至るまで「仁」「恩」を及ぼさねばならない、という趣旨であった。要するに、君主の「仁」「恩」の具体化はこの場合鷹・狗（犬）・鸕鷀（鵜）・鶏・猪の放棄であったということができる。

しかし、詔に「周孔之風」（儒教）・「李釈之教」（仏教）を並べて記しているように、宗教思想に由来するというのではなく、宗教思想を利用して論じている。詔をそのままに解するのではなく、前後の状況を考慮して位置づけるということが必要であろう。例えば、大山誠一氏[41]によれば、養老五年の鳥獣の放棄は、元正天皇・長屋王

派と東宮首皇子・藤原武智麻呂派との対立の構図において捉えられている。その説は、元明太上天皇の不予に際して東宮首皇子・藤原武智麻呂派の勢力が伸長し、それに危機を感じた長屋王が元明の病気平癒を願って養老五年七月庚午詔を出したという理解であった。また、菅原征子氏[42]によれば、『続日本紀』は、養老五年七月庚午詔を養老五年征隼人軍帰還記事の直後に配列していたことから、養老五年七月庚午詔は隼人征討と関係しているのであって、殺戮された隼人の鎮魂のための放生を意味したといわれている。本研究では二つの説のような見方はとらない。

ここで、養老五年の征隼人軍帰還の記事を掲げておこう。その記事は『続日本紀』養老五年七月壬子条に、

征隼人副将軍従五位下笠朝臣御室、従五位下巨勢朝臣真人等還帰、斬首獲虜合千四百余人、

とあるように、斬首獲虜が合計千四百人余りにのぼる、非常に大規模な征討であったことを伝えている。ここで注意するべき点は、斬首獲虜の内の獲虜であり、これらの獲虜の行く末が養老五年七月庚午詔と関係しているのではなかろうか。先行研究では、何故、養老五年七月庚午詔と征隼人軍帰還の両記事が関係するのか、という疑問には明確に答えていない。養老五年七月庚午詔が隼人と関わるものならば、詔の文言の問題は、放った生き物が『金光明最勝王経』流水長者品に所見する魚介類ではなく、鷹・狗・鵜・鶏・猪という鳥獣類を指定したことであろう。これらの鳥獣は、養老五年の時点で特別な意味をもっていたのではなかろうか。鷹・狗・鵜・鶏・猪の間の共通点は、律令国家体制成立以前に飼部によって飼育されていたという点であるが、諸々の飼部は大宝・養老令制の官司組織に殆ど組み込まれていなかった。

養老五年七月庚午詔の鷹・狗・鵜・鶏・猪を飼部ごとに分類して、隼人との関係を窺わせる点を挙げると、

○放鷹司の鷹・狗

鷹飼部　……隼人との関係は明らかではない。

犬飼部　……安曇犬養連・海犬養連氏、若犬養連氏、県犬養連氏を上級伴造としてそれぞれの下に分属させられ、諸宮・クラ等を守衛した(43)。他には、阿多御手犬養氏がある(44)。阿多の名称は、薩摩国の地名で阿多隼人と関係している。

○大膳職の鸕鷀

鵜飼部　……阿太養鸕部は、神武東征神話に始祖の苞苴担が登場する(45)が、武力を兼ね備えた狩猟者集団である。阿太は大和国の地名であるが、南九州（特に薩摩国阿多郡）から大和国に移住させられた阿多隼人にちなむと見られている(46)。

和泉国の鵜甘部首（『新撰姓氏録』和泉国諸蕃）は、鵜甘部の下級伴造である。

○諸国の鶏・猪

鳥飼部　……垂仁朝の鳥養部、鳥取部の設置伝承が著名である(47)。但し、隼人との関係を明瞭に示すものではない。

雄略朝に筑紫の水間君によって献じられた養鳥人(48)は、鳥飼部の一例であろう。

猪飼部　……仁徳朝に日向肥人朝戸君が播磨国賀茂郡に移住して猪飼となったと伝えられている(49)。

山代之猪甘が潜伏中の安康・顕宗を支えていた(50)。

とあるように、諸々の飼部はその一部に隼人・肥人を取り込んで構成されていた。律令国家体制成立以前に鷹・狗・鵜・鶏・猪は、大隅・薩摩の隼人、肥前・肥後・日向の肥人等によっても飼養されていたということは、養老五年七月庚午詔と同年の隼人征討終了との関係を検討する上で看過できない。

隼人の場合、特に阿多隼人が注目されるであろう。阿多隼人は、阿多御手犬養氏、阿太養鸕部等の飼部に編成されていたということが知られている。隼人・肥人や諸々の飼部は、忽ち武力集団に転化する存在であった。律令国家体制成立以前に天皇・皇族・豪族が隼人を近侍させ、その武力を恃んでいた[51]。それに加えて、隼人の存在自体は、例えば行幸の犬吠等という呪力的要素に彩られていたのである。隼人等を編成して設定された部民は、飼部だけではない。境部・刑部も隼人等を含むものであった。境部[52]は、律令国家体制成立以前に渡来氏族・隼人を編成したものである。また、刑部[53]は元々名代の押坂部・忍坂部であって、推古朝に刑部として割き取られた部民であった。加藤謙吉氏は、刑部の居住地が畿内・畿内近国の各地に分布し、隼人居住地と近接していたと指摘されている。単に近接するばかりではなく、境部のように刑部の中には隼人を含んでいたものも存在していたのではなかろうか。しかし、境部・刑部は、伴部等として大宝・養老令制に継承されなかった。畿内の隼人[54]だけは、大宝・養老令制の衛門府隼人司の下に出仕しており、行幸の犬吠等の職務を果たした。隼人の犬吠こそは、境部の職掌を引き継いでいた証拠である。

境部・刑部等と同じく、諸々の飼部は、隼人・肥人を取り込んで構成されていた。飼部は、阿多隼人等を多く含んでおり、いったん何か事が起これば武力に転化する諸集団であったのだろう。例えば、犬飼部・鵜飼部の一部を構成した阿多隼人は、大和国のほかに近江・山城にも分布しており、天智朝・近江朝廷の経済的・軍事的基盤を支えていたのである。

養老五年七月の旧飼部の生業停止を見る限り、七世紀段階に部民制が解体されて律令国家体制下に飼部を含む旧部民が百姓・品部に編成されたとしても、依然、旧飼部の生業は百姓・品部の生業として引き継がれたものも少なくなかったことが分かる。そして、旧飼部の生業を引き継ぐ百姓・品部等が律令国家や諸豪族によって組織されていたのであり、さらに律令国家や諸豪族は隼人征討をおこなう度に捕虜の隼人を畿内に連行して旧飼部の生業に従事せしめていたのであろう。律令国家や諸豪族は、八世紀初期に至るまで隼人の労働力・武力への期待を脱していなかったわけである。隼人征討に参加した諸氏族が新たに隼人の獲虜を動物飼育に従事せしめ、また武力として組織しようとしたであろうことは自然の流れであったといえる。

養老の隼人征討の軍事指揮官は征隼人将軍大伴宿禰旅人の下に征隼人副将軍の従五位下笠朝臣御室、従五位下巨勢朝臣真人の二名を置いた。和田萃氏[55]によると、大伴氏・巨勢氏関係の諸氏族は、五世紀代に朝鮮半島に征軍するために拓かれていた紀路ルート沿いに分布している。笠氏は吉備地域の豪族であって、紀路ルート・瀬戸内海経由の対朝鮮半島政策に関与していた。大伴氏・巨勢氏・笠氏等は、五世紀初めに渡来した朝鮮半島南部系の渡来氏族や大和政権に服属した隼人・肥人と関係の深い豪族であった。

軍事指揮官の彼らは渡来氏族を含めた数多くの畿内および畿内近国の諸豪族を隼人征討に従軍させて隼人の組織化を推し進めたと考えられる。律令国家は、放鷹司鷹戸・大膳職鵜飼等という旧飼部の生業を停止して、畿内・近国の諸豪族による隼人等の組織化を否定した。養老五年の旧飼部の生業停止は宗教的儀式を契機として演出され、畿内・近国の諸豪族と支配従属関係の歴史をもつ動物飼育に従事する諸集団内部の雑居性を否定しようとしたものであった。畿内・近国の諸豪族による隼人等の組織編成の実態は如何なるものであって、養鷹と如何に関係しているのであろうか。

その事例として、近江国志賀郡の漢人系諸氏族を挙げよう。天平十四年（七四二）の「近江国志何郡古市郷計帳手実[56]」所見の大友但波史族広麻呂の戸は、寄口として数多くの零細な家族を包摂していたが、その中に阿多隼人の一家族が混入していたことを確認できる。

『大日本古文書』一・二に収められた「近江国志何郡古市郷計帳」と題した九通の文書がある。「近江国志何郡古市郷計帳」九通は紙背に書かれた造石山寺所関係文書として正倉院に保存されていたものであるが、神亀元年(七二四)・同二年・天平元年(七二九)・同二年・同三年・同五年・同六年・同十四年の各年に分けて収載されている。これら一連の文書は近江国志何郡古市郷の大友但波史族広麻呂・吉備麻呂に関する戸の計帳手実であった。

この文書については、石母田正氏、岸俊男氏の研究がある。石母田正氏[57]は、九通の文書を「古代家族の年代記」と名づけて、古代家族研究の史料として用いた。岸俊男氏[58]は、九通の計帳手実の伝来について考察した。九通はいずれにも名前の見える大友但波史族吉備麻呂を対象として一括され、吉備麻呂が石山寺増築工事に関係したために直接造石山寺所に入った。そして、造石山寺所で天平宝字六年(七六二)七月末ごろに反故紙として利用されたことを明らかにした。

石母田氏・岸氏の研究を参照しながら、神亀・天平年間の大友但波史族氏の推移の要点を紹介すると、大友但波史族吉備麻呂が神亀元年に兄の広麻呂の戸口であったが、神亀二年に房戸として記され、天平元年に郷戸主として一戸を構成し、寄口の二家族を含んでいた。この構成は天平六年まで殆ど変化しないが、天平十四年に至ると、吉備麻呂は二人の娘を連れて再び某戸の戸口となった。戸主の弟と記されているので、兄の広麻呂の戸に入ったと考えられている。

ここで問題としている寄口の阿多隼人の記載は、天平十四年より前の志何郡計帳手実に見られなかったが、天平十四年より前に遡る時代においても、すでに阿多隼人が大友但波史族広麻呂の戸と密接な関係を有していたのではなかろうか。大友但波史族氏には阿多隼人等を寄口として抱える余裕があったことは確かである。水野正好氏[59]によると、大友但波史族氏は、漢人系の渡来氏族の一つであるが、もともと丹波国の但波史であって、後に近江国に移った。最初は志賀郡大友郷に居住して、大友史・大友曰佐等と同じく近江国志賀郡大友郷の「大友」を冠し、次いで志賀郡古市郷に移住したと推定されている。天智天皇は、大友史等の財力をたのんで大友郷に近江大津宮を造営し、また、天智の後継者大友皇子がその名通り大友史等を養育氏族としているように、天智朝・近江朝廷の経済的基盤は、大友史等の漢人系の渡来氏族に置いていたと論じている。

近江国の漢人系の渡来氏族は天皇・皇族によって経済的にも軍事的にも期待されていたが、中央貴族によっても期待されていた。岸俊男氏[60]によると、「近江国志何郡古市郷計帳手実」に見える近江の大友但波史族氏は、近江守に任じられた藤原武智麻呂・仲麻呂父子と関係する渡来氏族であったという。吉備麻呂は近江国の健児、兄の広麻呂は武智麻呂の職分資人として任用されている。特に、吉備麻呂の任じられた健児は、淳仁朝の藤原仲麻呂政権下において騎馬の能力に達した武人であると位置づけられていた[61]。広麻呂・吉備麻呂の兄弟は、武人としての性格を受け継いでいたようであって、騎馬による放鷹に長じていたのであろう。

大友但波史族氏の戸に阿多隼人等の多くの寄口が編入された理由は何だろうか。天平六年から同十四年の空白期間で重大な出来事は天然痘の大流行である。寄口の編入はこれと関わるのであり、天平九年の天然痘流行により多数の死者が出て零細な構成となった家族を救済するためであったのではないか。但波史族氏が寄口を抱えるだけの財力をもっており、寄口を家内労働力として駆使していたと思われる。但波史族氏の場合は騎馬で弓矢を扱う戦闘行為に長じていたとみられることからして、戦闘に類似する弓矢の狩猟、そして放鷹に関係する事柄も含まれたと思う。阿多隼人系の氏族である阿多御手犬養氏が平安京の京貫氏族として見えているのは、格好の材料であろう[62]。阿多御手犬養氏と同様に、史料は九世紀に下るが、阿多隼人の山城国居住が知られている[63]。近江・

山城の阿多隼人が阿多御手犬養氏と並んで、官有の犬を飼養する犬飼に充てられた可能性は高いであろう。但し、『令集解』主鷹司条所引の別記によると、鷹戸の分布は「倭・河内・津」の十七戸に限られているから、近江の大友但波史族氏が別記成立の時期に鷹戸であったと考えることはできない。大友但波史族氏が放鷹と関わりがあったとすれば、鷹戸として関わるのではなく、たとえば広麻呂は藤原武智麻呂の職分資人となっていたから、資人の後に放鷹司令史として任用されるということもあるだろう。あるいは諸衛府官人となって、後述する別種の鷹飼として諸衛府に関係した可能性も高い。尤も、それは一部の男子のみに限られることであった。吉備麻呂など近江国在住の男子の中には鷹飼に充てられた者もおり、犬飼の阿多隼人等とともに近江国供御所などの近江国府関係の養鷹・放鷹に従事していたことが十分に考えられる。

大友但波史族氏の戸が天平年間に阿多隼人等の他氏族を含んでいたことから、時と場合によっては渡来氏族がいろいろな諸氏族を寄口として含んで戸を構成していたことは明らかである。渡来氏族等の戸が旧飼部と関係の深い阿多隼人を含んでいる点は、阿多隼人を渡来氏族等のさまざまな生業に利用していたことを示していよう。養老五年七月の旧飼部の生業停止は、渡来氏族やその他の在来氏族の戸に含まれる阿多隼人等をその戸から排除するために行なわれたのではなかろうか。養老五年が造籍の年にあたることは、それを裏付けている。むろん、養老五年の造籍において公（君）へと「貶」された綾氏が阿多隼人等を戸内に含んでいたという事実は確かめられないが、貶姓の冷遇が綾氏の状況を物語る。松原弘宣氏(64)によれば、讃岐中央部に分布する綾氏は有力豪族であり、絹織物生産に関与し、渡来氏族の秦氏と連携してその生産にあたったという。秦氏は隼人と異なるが、律令国家にとって異民族という位置づけで共通するのである。やはり養老五年七月庚午詔は鷹・犬・鵜等を介して隼人・秦氏等を駆使する諸豪族への統制を主眼とするのだろう。綾氏も秦氏等と連携して何らかの生業を営んでいたものと考えられる。

渡来系・在来系の諸豪族等の側がそれぞれの戸内に動物飼育に関わる隼人等の人々を寄口として抱え込み、さまざまな生業を支えるために駆使しており、律令国家体制の成立、隼人征討等を契機とする諸生業拡大に伴って多くの隼人等を召し抱えるようになった。律令国家の側は渡来系・在来系の諸豪族による隼人等の吸収に対して、渡来系・在来系諸豪族の戸内の雑然たる状態の解消を目指していたと思われる。

その背景とみられる出来事は、養老五年の旧飼部の生業停止が霊亀年間以降天平十二年までの郷里制の施行下で実施されたことであろう。岸俊男氏[65]は郷里制の構造を研究した結果、郷里制とは霊亀元年（七一五）にそれまでの行政単位の中核「郷」の下部に新しい行政単位「里」を置いたものとした。律令国家は郷の下に里を設定することによって、より精密な百姓等支配を貫徹しようとしたが、社会の実態とかけ離れていたために約二十五年間維持した後で天平十二年（七四〇）に撤回したという骨子である。郷里制の施行時期については二説あり、岸氏の霊亀元年説と鎌田元一氏[66]の霊亀三年（七一七）説である。ここでは詳論を避けるが、木簡史料を用いて論じられている霊亀三年説に従いたい。

郷里制の施行の目的は、岸氏のいう百姓等支配の貫徹にあった。具体的にいえば、諸豪族の戸内から隼人等の人々を排除するためであったといえる。そのことは、神亀元年から天平十四年にかけての「近江国志何郡古市郷計帳手実」に窺えるであろう。天平十四年の「近江国志何郡古市郷計帳手実」所見の大友但波史族広麻呂の戸がそれ以前の年次の計帳手実と異なって、寄口として阿多隼人を含んだ多くの家族を包摂するようになった意義もまた同じである。天平十四年は、天平十二年の郷里制の撤廃以降に当たる。阿多隼人の一家族が天平十二年頃に養老五年の旧飼部の生業停止以前の状態に戻って大友但波史族広麻呂の戸に吸収され、そのまま天平十四年の計帳手実に記載されたと考えられる。郷里制撤廃の動向は、撤廃以前の施行時期の意義を浮き彫りにできるのみならず、施行以前の状態を推定し得る手がかりとなろう。大友但波史族氏による阿多隼人等の吸収の事例を踏まえて郷里制の施行を振り返ると、やはり養老五年七月の旧飼部の生業停止は、霊亀三年の郷里制の施行によって百姓への支配を強化した時期に敢えてなされた施策であったといえる。

畿内および近国の諸豪族と隼人等の零細な人々との関係が郷里制の変遷に関連していたことを確認した上で鷹戸の話に戻りたい。

郷里制施行の霊亀三年といえば、前年の霊亀二年四月に河内国の大鳥・和泉・日根三郡を割いて和泉監を置いた[67]ことが思い起こされる。延暦九年の改賜姓で第一期グループの和泉監を拠点とした土師氏等が名を列ねていたが、土師氏等の属する和泉の立監もまた郷里制施行とほぼ同じ時期であり、何らかの関わりを示唆する。和泉立監以前には「鷹甘部」集団の拠点「鷹甘邑」の活動場所である百舌鳥野の周辺は河内と摂津の二ヶ国に跨るだけであったが、和泉立監以降には河内・摂津・和泉の一監二国に跨ることとなり、さらに分断されて支配されることとなった。この地帯の旧「鷹甘部」集団は鷹戸へと連続する者もあったのだろう。それは国の分割と郷里制の施行によって管理強化されたのである。

神亀三年に至って再び鷹戸が設定されたという政策もまた、郷里制施行下のことであった。『続日本紀』神亀三年八月壬戌条に、

　定二鼓吹戸三百戸、鷹戸十戸一、

とあるように、鷹戸十戸が設定されたのである。『令集解』主鷹司条所引の別記によると、鷹戸は十七戸であったが、神亀三年の再設定では十戸に減少している。別記の鷹戸十七戸から十戸への削減の措置が鷹戸の改編を意

味するであろうことは言うをまたない。

ここで最も重要な視点は、養老五年のみならず神亀三年も造籍年にあたる点であった。神亀三年は、養老五年の造籍に次ぐ造籍の年にあたっている。養老五年の放鷹司鷹戸停止も、神亀三年の鷹戸再設定も造籍年であるということは、鷹戸の停止及び再設定の政策がある程度計画的になされたことを如実に示している。鷹戸が計画的に十七戸から十戸へと削減されたと捉えることにより、養老五年～神亀三年の放鷹司鷹戸停止の政策の史的意義を考えることができよう。神亀三年設定の鷹戸十戸は、同時に再設定された鼓吹戸三百戸と同じ十戸単位である点で類似の設定事情を予想することができるであろう。鼓吹戸は当初別記によると二百十八戸であった。神亀三年に恐らく二百十八戸から三百戸に増加したことになる。鼓吹戸の増加は鷹戸の削減と逆の措置であるが、十戸単位の戸数に揃えている点では同じである。

戸数の十戸単位化の問題について示唆を得たのは、狩野久氏(68)の見解である。狩野氏は、別記所載の品部の戸数表示に注目し、十戸単位等のまとまった戸数で表示される品部は借品部（賦役的品部）を指しているのに対して、まとまった戸数で表示されていない品部は世業相伝の常品部であるという区別を指摘した。狩野氏の分類は、以下の通りである。

借品部　……紙戸、船戸、染戸（錦綾織、緋染、河内国広絹織人等）、雑供戸（未醤）、大炊戸、薬戸、乳戸、酒戸、園戸、泥戸（漆部十戸を除く）

常品部　……楽戸、雑工戸（爪工、楯縫、幄作）、鼓吹戸、鷹戸、狛戸、百済戸（一部）、漆部、染戸（呉服部、藍染）、雑供戸（鵜飼、江人）

但し、狩野氏はまとまった戸数で表示されていなかった鼓吹戸がまとまった戸数に変化した事情については殆ど論を展開していない。その中でも鼓吹戸が吹部の選出母胎であって、吹部に選定された後に鼓吹の教習を受けているから、楽戸のごとく元々の特技所有者ではなかったと指摘していることが注目される。

要するに、鼓吹戸の三百戸は点定された後に鼓吹の教習を受けるのであり、予め鼓吹に長じている必要はないわけである。極端な言い方をすれば、後で鼓吹の教習を受けるのであるから、三百戸の選出の仕方は無作為抽出であってもいっこうに構わないことになる。

狩野説に従うと、鷹戸の十七戸から十戸へという戸数の十戸単位化は、常品部から借品部へという品部の変化をあらわしている。ところが、狩野氏は、鷹戸が鼓吹戸と同じ時期に戸数を改定され、十七戸から十戸に削減した理由については全く等閑視している。鷹戸の戸数が鼓吹戸のように増加したならばともかく、削減して十戸単位となったということは、また少し事情が異なると見なしたのであろうか。或いは、鷹戸が十戸に減少したが、依然として常品部であったと考えていたのだろうか。もし狩野説の通りであるならば、鷹戸の場合は、まとまっていない戸数からまとまった戸数に変化しているから、鼓吹戸と同様に借品部の性格を備えたと考えることができるであろう。言い換えると、鼓吹戸が吹部の選出母胎であるように、鷹戸が鷹飼の選出母胎であったとするならば、鷹戸は鼓吹戸と同じく戸数の十戸単位化に伴って常品部から借品部へと変質したということになろう。鷹戸に点定される予定の戸があらかじめ放鷹に長じている必要はなくなったのであり、鷹戸点定後に放鷹の教習を受けることが必須の課題となるわけである。しかし、鷹戸は鼓吹戸のように元々の特技所有者ではない者を教習することによって品部に仕立てるわけにはいかないであろう。鷹戸は鷹・犬等の生き物を扱うのであり、個人の資質や成長の環境によっても左右される度合いが大きいはずである。旧来の鷹戸から反発が起こったことは想像がつくのである。

狩野氏のような常品部、借品部の区別を認める見解に対して、品部点定の手続きが点定作業担当者による誤認等を生み出すものであったということが指摘されている。筧敏生氏[69]は、大宝令施行以降、官司の機構の確立とともに、中央官司を基軸とする部民制の再編として、在地への新たな関与は徐々に実行に移され、官司下部構造として品部・雑戸制は実現していった。しかし、雑戸の番上・差役の基礎となるのは国郡が作成する戸籍であり、品部の点定も雑戸と同じように国司によって行なわれ、必然的に中央官司の在地への関与を拒否・阻止する方向へと向かったと論じている。これはすなわち、国司による品部・雑戸の点定は、かえって品部・雑戸の地位・身分の不安定さを露呈しているというのだろう。

鷹戸と同じく兵部省被管諸司に属する品部の一種である鼓吹戸の事例を見よう。寛平八年（八九六）に兵部省鼓吹司が兵庫寮に併合された後の史料であるが、『延喜式』兵庫寮[70]に、

凡鼓吹戸計帳之日、属已上一人、到レ国与二国司一共以二中上戸一定之、莫レ令二他役一、長上三人、大小角、鉦鼓各一人、

とあるように、計帳作成の日に兵庫寮官人が国司と共に中上戸の中で点定せよと規定されている。中上戸という等級の指定は国郡制支配の一元的在地把握への指向性に由来する点定の過誤に対して配慮したものであろう。この史料に依拠すれば、狩野氏の説くようなまとまった戸数―借品部（賦役的品部）、まとまっていない戸数―常品部（世業相伝的品部）という区別は成り立たなくなる。

しかし、後代の一部の事例を遡及して大宝令制施行の初期の状況にあてはめただけで借品部・常品部の区別がなかったとはいえないのである。放鷹司・国司が鷹戸点定の作業に直面する度に、先例・慣例を重視して特定の戸が常品部として優先的に鷹戸に差点されるという暗黙の選択が働いていたとしても、全ての鷹戸に及んだわけではなく、常にいずれの百姓の戸を鷹戸に点定するのかという問題が生じたことは想像に難くない。大宝令制施

行の初期に放鷹司・国司が品部の鷹戸を点定する際に常品部・借品部の区別が行なわれていたけれども、或る時期に常品部・借品部の区別が重視されなくなったと考える余地はあるだろう。

養老五年七月の放鷹司官人・大膳職長上等の停止に際して鷹戸・鵜飼が公戸に混入されたときに、養老五年以前に常品部であった鷹戸は借品部への脱皮が図られたのではなかろうか。鷹戸は公戸に編入されていた六年間の内に借品部へと変質するのである。この場合はやはり放鷹司・国司による点定の権限を強化したことになり、その時々の政治情勢に応じて点定の対象を変更することができる。裏を返せば鷹戸の点定に際して過誤が増大することにもなる。そのために、養老五年の鷹戸を含む旧飼部の生業停止から神亀三年の鷹戸十戸の設定に至るまでの六年間に、鷹戸の内の如何なる氏族を排除して、如何なる百姓を鷹戸に点定するのかという問題が生じていたのであろう。例えば、養老五年に姓を「貶」されたという綾氏は、養老五年に鷹戸から外された氏族と養鷹の職務上、生活上等で深く関係していた氏族の一例であるといえる。前述通り、延暦十年の鷹戸廃止前後に改賜姓に与った諸氏族が鷹戸支配に関与していたと推定したが、その中の一つ綾氏は讃岐国阿野郡の所貫とされている。畿内の氏族ばかりを以て構成されていた鷹戸が大宝令制下において綾氏を含んでいたと思われない。もし官制的養鷹に関与していたならば、浄御原令制下においてか、それ以前の時代であろう。大宝令制下において綾氏は鷹戸ではなかったが、依然他の鷹戸との関わりを保持していたのではなかろうか。綾氏等の諸豪族が養老五年の時にだけ、そのような形で介入を受けたのではなく、浄御原令制、大宝令制の下で度々律令国家体制以前からの職縁関係を整理する機会を設けられたと考えられる。

2　諸衛府の鷹所と鷹飼

兵部省放鷹司は養老五年から神亀三年にかけて鷹戸を十七戸から十戸へと削減したが、それと同時に養鷹組織全体が縮小したのであろうか。というのは、実は放鷹司以外にも養鷹組織が存在したからである。放鷹司以外の養鷹組織を示している史料は、「鷹所」木簡である。「鷹所」の記載を含んだ木簡が二条大路木簡の中に散見する。「鷹所」木簡を見る限り、「鷹所」が放鷹司以外に鷹を調養する組織として聖武朝下に存在していたと考えられる。

「鷹所」が如何なる部署であるかということは、必ずしも自明ではない。「鷹所」の上級組織としては、以下の四つの見解が出されている。

（1）　皇后宮。二条大路木簡では、「鷹所」の木簡と類似の人名を列挙した木簡の存在を多数確認することができる。これらの木簡は、記載の諸門や皇后宮等を守衛するために上番した人々の名前を記して、かれらの食料を請求したり供給したりする際に使用された木簡であった、という説である。

しかし、皇后宮は諸門と並んで守衛先の一つに数えられていたにすぎない。諸門と皇后宮とは別の守衛先であって、諸門を構えた施設とは何であるかという点が問題である。そこで、次の（2）と（3）の見解が注目される。

（2）　東院。「鷹所」を平城宮東院に付属する下級組織と見なした説もある。兵衛が皇后宮とならんで守衛すべき付近の施設の候補としては、平城宮東院が挙げられている。二条大路側溝には兵衛府・中衛府関係の木簡が数多く出土しているから、「鷹所」木簡に記された人々もまた、「鷹所」の守衛のために上番する兵衛か中衛であったと考えられている[71]。

（3）　兵部卿藤原麻呂宅。奈良国立文化財研究所編『平城京長屋王邸宅と木簡[72]』の中で渡辺晃宏氏が打ち出した見解である。鷹所・政所・膳所等が天平八年（七三六）当時に兵部卿と左右京大夫を兼ねていた藤原麻呂の邸宅に存在したと指摘している。要するに、「鷹所」が麻呂宅の家政組織の一部であるという見解であった。

（1）～（3）の見解は、「鷹所」が如何なる組織かという点をあまり考慮せずに述べている。次の（4）は「鷹所」のまさにその機能に配慮した上で導かれている。

（4）　兵部省主鷹司。『平城京長屋王邸宅と木簡』の中で町田章氏が論じた見解である。町田氏は、平城宮内の兵部省の遺構が被管諸司を配置し得る広さをもたないことから、兵馬司・主鷹司以下の現業部門のいくつかの機能が宮外の東院南方遺跡の地域に置かれていたと推定する。町田氏は後代の平安京でいう「諸司厨町」のような宮外の役所を想定しているらしい。また、森公章氏[73]によって、「鷹所」が主鷹司被管の一部署であったという見解が出されている。森氏は、「鷹所」が京職による鷹の餌の調達と関わる点を中心に論じている。

以上の四つの見解はそれぞれ首肯し得る部分を有しているので、一つの見解に断定し難い。ということは、いずれの説も決め手に欠けるからではなかろうか。まず、問題は、「鷹所」木簡に列記された人名が如何なる職務の人々であって、「鷹所」といかに関係していたのかという点である。

二条大路木簡[74]に見えている「鷹所」木簡を掲げることとしたい。木簡の形状がなるべく完形に近いこと、同一木簡上で殆ど記載を欠いていないこと、同一木簡に複数の人名が記載されている場合に人名が異なることという三条件を満たした四点を掲げると、

①（表）・鷹所　薗部伊賀麻呂　雪牛養
　　　　　　　凡人足　　　　鳥取咋麻呂
　（裏）・雲国足
　　　　　　并五人

②（表）・鷹所　笶原　檜前　周防
　　　　　　　丈部　高田　佐伯
　（裏）・三宅
　　　　　　合七人　大直所　三宅加佐麻呂

③（表）・鷹所
　　　　　　　笶原　丈部　□〔
　　　　　　　檜前　佐□（伯）
　　　　　　　高田　周防
　（裏）・　合八人

④　　・鷹所　周防人足

とあるように、各木簡に数名の人名が列挙されている。④は一名しか記されていないので、位置づけることは難しい。②と③との間は、一名増減していた。また、③は一部欠損して二、三名のウヂ名を窺うことができないが、②と③とを較べると、メンバーは共通する。②のメンバーは③のメンバーと殆ど同じであるが、②③のメンバーは①のメンバーとまったく重ならない。つまり、①のグループと②③のグループとは、交替で「鷹所」に関与していたと推定することができるのではなかろうか。素直に考えると、①②③は、「鷹所」に交替で勤務する人々のウヂ名を記した木簡であったと位置づけることができる。

「鷹所」の性格については、②末尾の「大直所　三宅加佐麻呂」が手がかりとなる。「大直所」の「大直」は、大宝令制の兵衛府の四等官、率・翼・直・志という構成の内、直・志をそれぞれ大少二員とするから、三等目の大直に当たる。「大直所」は、兵衛府の第三等官「大直」の詰所であったと知られる。三宅加佐麻呂は「大直所」に詰めていたが、②の木簡で「鷹所」勤務者七名と同一木簡に記載されている点で興味深い。「鷹所」と「大直所」とが近接した場所、ないし同系統内に存在したことを示しており、「鷹所」が兵衛府と密接な関係にあったことをうかがわせる。また、「鷹所」の「三宅」某と「大直所」の「三宅加佐麻呂」とは恐らく別人であるから、ウヂのみで書かれた「鷹所」の「三宅」某と区別するために、「大直所」の「三宅加佐麻呂」と書かれたとみられる。

ところで、「鷹所」に勤務した人々のウヂ名は、同じ二条大路木簡の諸門諸所警備関係木簡(75)においても散見する。「鷹所」に見える人名で諸門にも見えるものを表7としてまとめる。

表7のように、雲氏・高田氏を除いて、ほぼ諸門諸所に分散している。表7を見る限り、諸門諸所の警備に当たった人々と「鷹所」に勤務した人々との間には、密接な関係が存したであろうことはいうをまたない。例えば、「鷹所」と「笑原」姓の人間を共有する「翼所」は、兵衛府の第二等官「翼」の詰所であった。また、同一木簡に「鷹所」とともに見えた「大直所」が兵衛府の第三等官「大直」の詰所である。兵衛府が「翼所」「大直所」を候所として諸門等を警備するとともに「鷹所」の運営にも関与していたのではなかろうか。各門から一〜二名ずつを選抜して「鷹所」に配置したと見ることもできる。いずれにせよ、「鷹所」木簡に見える人名は、門号木簡の兵衛と同じく、兵衛府の兵衛（その他に官人を含むか）を指したのではないかと思う。「鷹所」木簡は、「鷹所」を守衛（宿衛？）する兵衛の番編成に関係していたといわれている。現在のところ、出土木簡から窺え

表7　二条大路木簡における「鷹所」と諸門等との関係

○「鷹所」の人名で諸門にも所見するもの

二門	雪（①）、鳥取（①）、佐伯（②③）、三宅（②）、
南門	凡（①）、周防（②③④）、丈部（②③）、
北門	檜前（②③）、
某門	薗部（①）、
翼所	笑原（②③）、

○「鷹所」の人名にのみ所見するもの

	雲（①）、高田（②③）、

る限り、「鷹所」は二番編成である。但し、「鷹所」在勤の兵衛は、「鷹所」を守衛するだけではなく、「鷹所」に飼う鷹の調習を担当する者達であったといえるのではなかろうか。

兵衛府のトネリである兵衛が鷹を調習した可能性を探るために、「鷹所」木簡所見人名の出自を表8としてまとめてみた。

表8をもとに「鷹所」木簡四点の人名の出自を木簡毎に分類する。四点の「鷹所」木簡所見の氏族をその性格に基づいて分類すると、

表8　二条大路木簡の「鷹所」木簡に見える氏族名

「鷹所」木簡①

木簡	他史料	
薗部	薗部	多朝臣と同祖。神八井耳命の後裔。『新撰姓氏録』右京皇別下。「葛城五村之苑人」の後裔であるか。『古事記』中巻・安康天皇。
雪	壱伎直	中臣朝臣氏と同祖。天児屋命九世の孫雷大臣の後裔。『新撰姓氏録』右京神別上。
	伊吉連	長安人劉家揚雍の後裔。『新撰姓氏録』左京諸蕃上、右京諸蕃上。伊吉連は壱伎史であり、天武天皇十二年に連姓を賜う。『日本書紀』天武天皇十二年十月己卯条。
凡	凡直	山陽道・南海道諸国の国造・郡領の凡直氏が多い（※）。『続日本紀』神護景雲元年三月十六日条、六月二十二日条。天平八年八月二十六日伊予国正税帳（『大日本古文書』二）。
鳥取	鳥取連	角凝魂命三世孫の天湯河桁命の後裔。『新撰姓氏録』右京神別上、山城国神別。鳥取連はもと鳥取造で、天武天皇十二年に連姓を賜う。『日本書紀』天武天皇十二年九月丁未条。
	鳥取	角凝魂命三世孫の天湯河桁命の後裔。『新撰姓氏録』河内国神別、和泉国神別。
雲	『新撰姓氏録』等に所見なし。	

「鷹所」木簡②③

笑原	『新撰姓氏録』に所見なし。	
	笑原連	天饒速日命十二世孫の物部木蓮子連公の弟物部麻作連公の後裔。『先代旧事本紀』巻五天孫本紀。
檜前	檜前忌寸	阿智王の後裔。『新撰姓氏録』摂津国諸蕃。
	檜前村主	漢高祖の男斉王肥の後裔。『新撰姓氏録』右京諸蕃上。『新撰姓氏録』逸文では高姓。阿智使主の後裔。大和国葛上郡に居住した。『新撰姓氏録』逸文。
	檜前直	阿智使主の後裔。多姓。『新撰姓氏録』逸文。

	檜前調使	火明命十四世の孫波利那乃連公の後裔。『新撰姓氏録』左京神別下。
	檜前舎人連	天足彦国押人命の孫比古意祁豆命の後裔。『新撰姓氏録』左京皇別下。
丈部	丈部	天足彦国押人命の孫比古意祁豆命の後裔。『新撰姓氏録』左京皇別下。
	丈部	鴨県主同祖、鴨建津身命の後裔。『新撰姓氏録』山城国神別。
	丈部首	武内宿禰男紀角宿禰の後裔。『新撰姓氏録』和泉国皇別。
高田	高田忌寸	阿智使主の男都賀使主の男山木直（兄腹の祖）の後裔。『新撰姓氏録』逸文。
	高田首	高麗国人多高子使主の後裔。『新撰姓氏録』右京諸蕃下。
	高田公	宝亀二年、正六位上高田公刀自女が外従五位下を賜う。『続日本紀』宝亀二年八月癸酉条。
	高田	大化五年、高田醜が蘇我山田朝臣に連坐して殺害された。『日本書紀』大化五年三月甲戌条。
佐伯	佐伯宿禰	大伴宿禰と同祖。道臣命七世孫の室屋大連公の後裔。『新撰姓氏録』左京神別中。
	佐伯連	木根乃命の男丹波真太玉の後裔。『新撰姓氏録』左京神別中。
	佐伯造	天雷神の孫天押人命の後裔。『新撰姓氏録』右京神別上。
	佐伯首	天押日命十一世の孫大伴室屋大連公の後裔。『新撰姓氏録』河内国神別。
	佐伯直	景行天皇皇子稲背入彦命の後裔。針間・阿芸・阿波・讃岐・伊予等の国に散居させた蝦夷を管掌した。『新撰姓氏録』右京皇別下、河内国皇別。
三宅	三宅連	新羅国王子天日桙命の後裔。『新撰姓氏録』右京諸蕃下、摂津国諸蕃。
	三宅史	山田宿禰と同祖。忠意の後。『新撰姓氏録』河内国諸蕃。河内国高安郡三宅郷を本拠地とするか。
	三宅人	三家人。大彦命の男波多武日子命の後裔。『新撰姓氏録』摂津国皇別。
	三宅宿禰	もと三宅吉士。天武天皇十二年に連姓、同十三年に宿禰姓を賜う。『日本書紀』天武天皇十二年十月己未条、同十三年十二月己卯条。
	筑紫三宅連	『日本書紀』天武天皇十三年十二月癸未条。

「鷹所」木簡④		
周防	周防凡直	周防は周防凡直の略称。「延喜八年周防国玖珂郡玖珂郷戸籍」(『平安遺文』一九九号)。

※八木充「凡直国造と屯倉」(八木充編『古代の地方史』二、山陰・山陽・南海編、朝倉書店、一九七七年九月)。

渡来氏族　檜前(東漢氏系)、高田(東漢氏系か高句麗系)、三宅(新羅系か中国系)、雪?(中国系)

国造氏族　凡、周防、佐伯、(雪?)、(丈部?)

伴造・部系氏族　薗部、笶原、鳥取、丈部、(佐伯?)

となる。この内、伝統的な兵衛任用の氏族は、国造・郡領の子弟である。国造・郡領の子弟とみられる氏族名を挙げると、

凡、丈部、佐伯、檜前、周防、三宅

である。十二人の内、半数の六人が国造・郡領の子弟であったという可能性が高い。また、兵衛に関する研究を参照すると、兵衛の出自は、国造・郡領の子弟の他、畿内の中小豪族の子弟を含んでいたという。薗部・鳥取・高田等は畿内の中小豪族の子弟であった。渡来氏族であるか、またはその可能性を考え得るものは檜前・高田・三宅・雪の四氏を数えるが、鷹戸支配に関わる諸氏族や鷹戸の百済的伝統に照らして意外と少ない。「鷹所」上番者では、国造兵衛及び郡領子弟の兵衛が大きな割合を占めているように思われる。「鷹所」上番者の氏族構成を見ると、二条大路木簡所見の「鷹所」は、東院や主鷹司の一部署ではなく、兵衛府の一部署ではなかろうかとの先の推定を補うだろう。彼らが「鷹所」に配置されたところを見ると、「鷹所」上番者は「鷹所」を守衛するために上番したのではなく、「鷹所」の鷹を調養するべく配属されていた鷹飼であると考えられる。

そして、「鷹所」は兵衛府と関係して所見するが、「鷹所」が兵衛府以外の諸衛府に全く存在していなかったと考えることはできない。例えば、九世紀の天長年間の史料に「諸衛府鷹飼官人」[76]とあるように、九世紀に諸衛府の四等官は鷹飼として行幸に供奉することが求められていた。八世紀に遡ると、史料上には諸衛府官人の鷹飼供奉を確認することはできないが、天皇の行幸は八世紀にも盛んに行なわれたから、鷹飼供奉がなかったと断ずることは妥当ではないであろう。

八世紀に兵衛府以外の衛府がいくつか設けられていた。兵衛府を含めた令制の五衛府と呼ばれる衛門府、左右兵衛府、左右衛士府である。そのほか、畿内・畿外の豪族層の子弟をトネリに任用して駆使していた中衛府・授刀舎人寮（授刀衛）等がある。中衛府と授刀舎人寮（授刀衛）との関係については見解が分かれている。中衛府はもともと東宮の首皇子（聖武天皇）を護衛するために設けられた第一次の授刀舎人寮を母体とした令制外の組織であり、神亀五年（七二八）に中衛府として改組されたものである。[77]この系譜を引く授刀衛は第二次の授刀舎人であり、阿倍内親王（孝謙天皇）の身辺警護のために改めて設けられたとされ、天平神護元年（七六五）に近衛府として改組されることとなる。[78]このように授刀舎人寮が第一次、第二次と別々に組織されたと考える見解に対して、第一次とされる授刀舎人寮がそのまま存続し、途切れることなく一貫して存続していたと批判する見解があった。[79]それは、授刀舎人寮（授刀衛）と中衛府とは別の組織であるという考え方である。後者の可能性が高いが、いずれにせよ、兵衛府と同様にトネリを抱える授刀衛や中衛府等は、各府毎に「鷹所」を設置して官人・トネリを上番させて鷹を飼っていたと思われる。

さて、天平年間の兵衛府の一部署「鷹所」に所属する鷹飼の氏族構成を見ると、前述の放鷹司との関わりが推定された諸氏族は一氏も見出すことはできない。例えば、西文忌寸氏等の王仁後裔氏族、船氏・葛井氏・津氏等の王辰爾後裔氏族、田辺史氏等の上毛野氏同祖氏族等という百済系の人々は、兵衛府の「鷹所」に所見する人名の中に見えていない。「鷹所」上番者の氏族構成は、放鷹司と全く異なっていたことが判明する。その点を特に強調しておきたい。「鷹所」木簡に記載された氏族の名においては、百済系以外の渡来氏族の名を幾つか見ることができる。檜前氏は東漢氏系、高田氏は東漢氏系か高句麗系、三宅氏は新羅系か中国系、雪氏は中国系であった。なお、加藤謙吉氏(80)によると、東漢氏の諸集団は朝鮮半島南部の伽耶諸国の一つ安羅から渡来したと推定され、安羅地域は後の新羅国域に含まれているという。「鷹所」上番者の顔触れは中国系か高句麗系・新羅系ないし安羅を含む伽耶諸国系に限られ、百済系の渡来氏族を意図的に除外していたといわざるを得ない。律令国家は、兵衛府の「鷹所」に限らず、諸衛府管下の鷹所に所属した鷹飼の任用に際して、鷹戸支配に関わる百済系渡来氏族をなるべく除外しようとしたのではなかろうか。

兵部省放鷹司は、「鷹甘邑」に関わりの深い百済系の人々を中心に選んで鷹戸に点定していたと思われるが、元正・聖武朝初期に鷹戸に関わりの深い諸氏族から隼人・秦氏等を排除するとその規模を縮小し、調鷹の職務を再開したのであった。聖武朝には兵部省放鷹司鷹戸十戸の鷹飼と兵衛府など諸衛府鷹所の鷹飼数十名という二種類の鷹飼が並立することとなった。それでもやはり、鷹戸十戸は専ら「鷹甘邑」の伝統を引いた百済系の渡来氏族等を中心に点定したものであろう。さらに、上毛野氏が神亀六年（天平元年、七二九）の長屋王の変に連座して政治的に低迷すると、上毛野氏やそれに連なる渡来系・在来系の諸豪族による放鷹司への影響を除こうとしたと考えられる。律令国家は、武人出身における資人→放鷹司令史のコースを設けて、上毛野氏に代わって他の諸豪族（例えば肩野連氏）を放鷹司官人に任用して鷹戸を支配する方向へと組み替えようとしたのではなかろうか。しかし、神亀三年から延暦十年までの間、放鷹司の百済的伝統は養老四年奏上の『日本書紀』の放鷹伝来記事に象徴される鷹甘部伝承を根拠に強調され続けたのだろう。

一方、諸衛府鷹所所属の鷹飼はトネリ等としての貢進・簡試を経ているのであって、見かけの上で基本的に鷹戸のような品部的世業相伝を求められた地位でなかった。例えば、兵衛府の部署「鷹所」の鷹飼の構成を見ても分かるように、畿内・畿外諸国の諸豪族を任用していた。諸衛府の部署鷹所の鷹飼は、官僚制的選抜方式を介在させて鷹戸と異なる集団構成を目指したといえよう。但し、兵衛府の「鷹所」の鷹飼が一部に国造兵衛等という世襲的なトネリを含んでいたことは、前述の通りである。諸衛府の鷹所所属の鷹飼は国造兵衛等の特定氏族を選択するか、或いは諸衛府官人・トネリ等を帯びる在来系・渡来系の者から優先的に選抜するという形で世襲的要素を温存していたのである。官僚制的選抜の方式における世襲的要素の温存を考慮すると、単純に鷹戸の鷹飼を品部世襲的鷹飼と評し、それに反する存在として鷹所所属の鷹飼を官僚制的鷹飼と位置づけることはできないかもしれないが、総体的に見て放鷹司・主鷹司の鷹戸と諸衛府の鷹飼とが区別されていたことには変わりがない。兵衛府の部署「鷹所」の鷹飼が百済系以外の渡来氏族や在来系諸豪族を任用するという事例にみられるごとく、諸衛府の鷹所は放鷹司の百済系渡来氏族中心の集団構成と全く異なる構成で成り立っていたからである。

従って、諸衛府の鷹飼が放鷹司の百済的伝統よりも優位に立ち得るために、在来系・伽耶諸国系・新羅系・中国系等の鷹飼の出自を超えた放鷹文化を標榜する必要があった。それは、恐らく、大国である唐の放鷹文化を範と見なすのが最も有効であっただろう。天智天皇八年（六六九）～大宝元年（七〇一）の約三十年間は遣唐使が派遣されず、その一方で天武天皇四年（六七五）七月以降頻繁に遣新羅使を派遣し、また新羅使を迎えていた。新羅との交流を介して唐の文物等を受容したのであり、遅れて八世紀初頭の遣唐使再開以降には直接的に唐の多様な文物等が輸入されたのである。その中に放鷹文化も含まれていたのであろう。日本において唐の放鷹文化輸入がどの程度まで進められたのかは今後の課題である。その後も鷹飼の二元的な構成が続いたことから、唐の放鷹文化はますます重要性を増していったと考えられる。例えば、兵衛府の部署「鷹所」に見られるような諸衛府の鷹飼についても、今のところ聖武朝以降の詳細を知り得ないが、諸衛府が存在し活動する限り同様の形で養鷹を続けたと思われる。諸衛府の鷹飼は、延暦十年の鷹戸廃止以降に形を変えて再び散見するようになったのであり、放鷹文化の多様性を統合するために基準となるようなものが必要であった。それ故に唐の放鷹文化を戴かなければならない時代状況にあったのである。

（1）松崎英一「進膳監と放鷹司」（『九州史学』七一、一九八一年四月）。
（2）正倉院文書正集二（『大日本古文書』二）。
（3）新井喜久夫「品部雑戸制の解体過程」（弥永貞三先生還暦記念会編『日本古代の社会と経済』上巻、吉川弘文館、一九七八年五月）。
（4）『新撰姓氏録』左京神別上・物部肩野連条、『新撰姓氏録』右京神別上・肩野連条。
（5）宝賀寿男編『古代氏族系譜集成』中巻（古代氏族研究会、一九八六年四月）一一五〇～一一五一頁。この書は、栗原信充から系譜学を学んで幕末に紀州徳川家に仕え、明治維新後に吏僚となって弾正台・宮内省・司法省・大蔵省・修史局等に勤めた鈴木真年の収集にかかる系譜集から古代の氏族に関係する系図を抜粋して編集されたものである。真年収集の系図の中には「評領」と記載され評制を示すものが含まれており、古代史研究上で参考とされているものも少なくない。近代歴史学では忘却された存在であるが、その位置づけを再考して系譜集の史料批判の蓄積が必要である。
（6）『日本三代実録』貞観二年十一月十六日壬辰条、元慶元年十二月二十七日癸巳条。
（7）『続日本紀』天平十二年十二月丁卯条。
（8）『続日本紀』大宝二年六月庚申条。

(9) 阿部武彦「伴造・伴部考」（坂本太郎博士還暦記念会編『日本古代史論集』上、吉川弘文館、一九六二年九月、『日本古代の氏族と祭祀』吉川弘文館、一九八四年五月、所収）。
(10) 大山誠一「官員令別記の成立をめぐる諸問題」（『日本歴史』三七二、一九七九年五月）。
(11) 『続日本紀』養老四年五月癸酉条。
(12) 『日本書紀』雄略天皇二年七月条に、石川股合首の祖とされる石川楯という人物が見える。日本古典文学大系の頭注によると、河内国の石川郡を本居とする百済系の氏かというが、実は根拠がない。『新撰姓氏録』山城国神別には、物部氏系の錦部首が見える。河内と山城で所貫を異にするが、首姓は共通するので、河内の錦織首氏も物部氏系であろうか。
(13) 前田晴人「河内国『丹比郡』の成立過程」（『古代王権と難波・河内の豪族』清文堂、二〇〇〇年四月）。
(14) 吉田晶「和泉地方の氏族分布に関する予備的考察」（小葉田淳教授退官記念事業会編『国史論集』同会、一九七〇年十一月）、同「地域史からみた古代の難波」（『難波宮と日本古代国家』塙書房、一九七七年五月）、加藤謙吉『大和政権とフミヒト制』（吉川弘文館、二〇〇二年十二月）等。
(15) 『日本書紀』応神天皇十五年八月丁卯条、『日本書紀私記（甲本）』所引『弘仁私記序』八頁。
(16) 井上光貞「王仁の後裔氏族と其の仏教」（『史学雑誌』五四―九、一九四三年九月。『日本古代思想史の研究』岩波書店、一九八二年三月、所収）。
(17) 『日本書紀私記（甲本）』所引『弘仁私記序』八頁。
(18) 『日本後紀』延暦二十四年二月庚戌条。
(19) 『日本書紀』天智天皇七年二月戊寅条。
(20) 『日本書紀』天武天皇十年四月庚戌条。
(21) 『続日本紀』延暦十年正月己巳条。元々のカバネは宿禰であろうか。
(22) 『新撰姓氏録』左京皇別、登美真人条。
(23) 『日本書紀』神武天皇即位前紀戊午年十二月丙申条。
(24) 『続日本紀』和銅七年十一月戊子条には登美郷が見える。
(25) 『日本後紀』弘仁元年九月甲寅条。

(26)『類聚三代格』巻二経論并法会請僧事、天長二年二月八日太政官符。
(27)『続日本後紀』承和十三年九月乙丑条、十一月壬子条。
(28)吉田晶「和泉地方の氏族分布に関する予備的考察」(小葉田淳教授退官記念事業会編『国史論集』同会、一九七〇年十一月)。
(29)『続日本紀』文武天皇三年五月丁丑条。
(30)『続日本紀』宝亀九年十一月壬子条。
(31)村尾次郎『桓武天皇』(人物叢書、吉川弘文館、一九六三年十月)五〜一二頁。
(32)『続日本紀』延暦九年十二月辛酉条。
(33)松原弘宣『古代の地方豪族』(吉川弘文館、一九八八年十月)一〜四九頁、一七六〜二三二頁。
(34)『日本書紀』雄略天皇十五年条。
(35)『日本書紀』応神天皇十四年是歳条。
(36)『続日本紀』養老五年七月庚午条。
(37)『令集解』巻四職員令織部司条。
(38)『令集解』巻三職員令内蔵寮条。
(39)『続日本後紀』承和六年八月戊寅条。
(40)武者小路穣『天平芸術の工房』(教育社歴史新書、教育社、一九八一年二月)。
(41)大山誠一『長屋王家木簡と奈良朝政治史』(吉川弘文館、一九九三年一月)七八〜七九頁。
(42)菅原征子「養老の隼人の反乱と宇佐仏教徒」(『日本歴史』四九三、一九八九年六月)。
(43)佐伯有清「宮城十二門号と古代天皇近侍氏族」(『続日本紀研究』二―四・五、一九五五年六月。『新撰姓氏録の研究』研究篇、吉川弘文館、一九六三年四月、所収)。
(44)『新撰姓氏録』右京神別下、阿多御手犬養条。
(45)『日本書紀』神武天皇即位前紀戊午年八月乙未条。
(46)中村明蔵『新訂隼人の研究』(丸山学芸図書、一九九三年九月)六八〜一〇二頁。
(47)『日本書紀』垂仁天皇二十三年十月壬申条、十一月乙未条。

(48)『日本書紀』雄略天皇十年九月戊子条、十月辛酉条。
(49)『播磨国風土記』賀毛郡猪養野条、三四二～三四三頁。
(50)『古事記』下巻、安康天皇段・顕宗天皇段、三〇六～三〇七頁。
(51)『日本書紀』履中天皇即位前紀。
(52)加藤謙吉「境部の職掌について」（竹内理三先生喜寿記念会編『律令制と古代社会』東京堂出版、一九八四年九月。『大和政権と古代氏族』吉川弘文館、一九九一年十一月、所収）。
(53)前之園亮一「隼人と葦北国造の氷・モヒ・薪炭の貢進」（新川登亀男編『西海と南島の生活・文化』古代王権と交流八、名著出版、一九九五年十月）。
(54)井上光貞「大和国家の軍事的基礎」（『日本古代史の諸問題』思索社、一九四八年八月）。永山修一「隼人司の成立と展開」（隼人文化研究会編『隼人族の生活と文化』雄山閣、一九九三年九月）。
(55)和田萃「紀路と曽我川」（亀田隆之編『古代の地方史』三・畿内編、朝倉書店、一九七九年九月）。
(56)『大日本古文書』二。
(57)石母田正「古代家族の形成過程」（『社会経済史学』一二―六、一九四二年八月）。
(58)岸俊男「但波吉備麻呂の計帳手実をめぐって」（『史林』四八―六、一九六六年二月）。
(59)水野正好「滋賀郡所在の漢人系帰化氏族とその墓制」（西谷正編『考古学からみた古代日本と朝鮮』学生社、一九七八年十二月）、同「後期群集墳と渡来系氏族」（水野正好編『古代を考える　近江』吉川弘文館、一九九二年五月）。
(60)岸俊男「但波吉備麻呂の計帳手実をめぐって」（『史林』四八―六、一九六六年二月）。
(61)『続日本紀』天平宝字六年二月辛酉条。
(62)『新撰姓氏録』右京神別下、阿多御手犬養条。
(63)『新撰姓氏録』山城国神別、阿多隼人条。
(64)松原弘宣『古代の地方豪族』（吉川弘文館、一九八八年十月）一～四九頁。
(65)岸俊男「古代村落と郷里制」（藤直幹編『古代社会と宗教』若竹書房、一九五一年二月）。
(66)鎌田元一『律令公民制の研究』（塙書房、二〇〇一年三月）三〇一～三三五頁。

(67)『続日本紀』霊亀二年四月甲子条。
(68)狩野久「品部雑戸制の再検討」(『史林』四三—六、一九六〇年十一月。『日本古代の国家と都城』東京大学出版会、一九九〇年九月、所収)。
(69)筧敏生「律令官司制の成立と品部・雑戸制」(横田健一編『日本書紀研究』一九、塙書房、一九九四年二月)。
(70)『延喜式』巻四十九兵庫寮、鼓吹戸計帳条。
(71)『平城京長屋王邸跡——左京二条二坊・三条二坊発掘調査報告』本文編(奈良国立文化財研究所、一九九六年三月)。森公章「二条大路木簡と門の警備」(奈良国立文化財研究所創立四〇周年記念論文集刊行会編『文化財論叢Ⅱ』同朋舎出版、一九九五年九月)。鬼頭清明「二条大路出土の門号記載木簡について」(虎尾俊哉編『律令国家の政務と儀礼』吉川弘文館、一九九五年七月)。
(72)奈良国立文化財研究所編『平城京長屋王邸宅と木簡』(吉川弘文館、一九九一年一月)。
(73)森公章「二条大路木簡の鼠進上木簡寸考」(『日本歴史』六二五、一九九九年八月)。
(74)『平城京発掘調査出土木簡概報』二十四、二条大路木簡二(奈良国立文化財研究所、一九九一年五月)。
(75)『平城京長屋王邸跡——左京二条二坊・三条二坊発掘調査報告』本文編(奈良国立文化財研究所、一九九六年三月)。
(76)『政事要略』巻六十七糺弾雑事、男女衣服并資用雑物、天長二年二月四日宣旨。
(77)『続日本紀』神亀五年八月甲午条。
(78)『続日本紀』天平神護元年二月甲子条。
(79)井上薫『日本古代の政治と宗教』(吉川弘文館、一九六一年七月)二七～七四頁。
(80)加藤謙吉『大和政権と古代氏族』(吉川弘文館、一九九一年十一月)一九六～二八五頁。

第二章　国司養鷹の展開

第一節　貢鷹制度の基盤

1　貢鷹・御覧・班給

本節は、律令国家体制下の貢鷹の実態を明らかにする。貢鷹担当国では如何なる人々が如何に鷹・犬を貢上したのであろうかという点に留意して概略を述べたい。

主鷹司の鷹は、基本的に野生の鷹を捕獲したものであった。鷹捕獲の方法は、『類聚三代格』貞観元年（八五九）八月十三日太政官符(1)に、

　太政官符

　　応レ禁三制養二鷹鷂一事

右右大臣宣、奉レ勅、例貢御鷹停止既訖、宜四亦禁三制下二飼巣鷹并網捕鷹等一、又無心之輩寄二事貢御一妄放二喩牒一費二公乗一、若有二此類一、禁レ身言上、

　　貞観元年八月十三日

とあるように、二種類使用されていた。それは、「巣鷹并びに網捕りの鷹等を下ろし飼う」という箇所である。また、この部分については、貞観五年三月十五日太政官符(2)で「巣《スヲロシ》・網捕り等の鷹を下ろし飼う」と表現されている。つまり、巣下ろしの鷹と網捕りの鷹であった。

巣下ろしの鷹とは、鷹巣（鷹栖）から下ろした鷹であろう。二条大路木簡(3)に、

（表）・○伊賀国阿拝郡油
見栖鷹鼠
（裏）・○天平九年歳次丁丑

とあるように、鷹を貢上する際に付した貢進付札が含まれている。この鷹は、伊賀国阿拝郡所在の油見栖に産したものであった。油見栖は、伊賀国府、阿拝郡家の管理下に置かれていた[4]。鷹栖は油見の名称を付けられているから、各栖毎に把握されていたと考えられる。油見栖に産して貢上された鷹は、いわゆる巣鷹（鷹の雛）か、或いは若い鷹のいずれかであろう。巣鷹の場合は、次の事例が知られている。十一世紀中葉成立の『大日本国法華経験記』[5]の説話によると、陸奥国の「鷹取」が鷹巣で捕らえた雛を国府に売って生計を立てていたという。鷹を捕獲する行為は「鷹取」と表現され、鷹捕獲を業とする人を同じく「鷹取」と呼んでいた。

　また、もう一つの捕獲方法に数えられている網捕りの鷹とは、若い鷹を網で捕らえたものである。鷹捕獲を明確に意図して網を張る方法を記している古代の史料は他に見えないが、若干の史料に網が鷹捕獲の一方法として行なわれていたことを窺うことができる。例えば、『日本書紀』仁徳天皇四十三年九月庚子朔条によると、依網屯倉阿弭古が網で「異鳥」（鷹）を捕らえたと見えている。阿弭古は、網を宙に張って鳥類の捕獲を生業とした。この場合の「異鳥」（鷹）は、偶然、網に懸かったということになっている。また、『万葉集』巻十七の「放逸せる鷹の歌」[6]によると、逃げた成鳥の鷹を捕獲するために、山のあちこちで「羅網」を張ったとうたわれている。「羅網」は目の細かい網をいい、鳥類を捕らえるには最適の網であった。『倭名類聚抄』巻十五[7]には「鳥羅爾雅云鳥罟謂之羅和名度利阿美」とあるように、「羅」は二字熟語の「鳥羅」と表記されてトリアミと訓まれていた。「羅」の字義は、「鳥」捕獲用の網であった。以上のように、「鳥羅」使用対象は鷹の種類に限らないが、他の鳥類と同じように、鷹は「羅網」によって捕獲していた。

諸国は鷹を調達すると、伊賀国の事例のごとく、巣鷹のままで貢上することもあったと思うが、在国で鷹を調習する段階を踏むということが幾つかの史料で確認することができる。在国で鷹の調習に従事する人々は、他に天平十年（七三八）の筑後国正税帳(8)に、

貢上鷹養人参拾人、起天平十年六月一日盡九月廿九日、并壱伯肆拾漆日、単肆仟肆伯壱拾人、食稲捌伯捌拾貳束、人別二把

貢上犬壱拾伍頭、起六月一日盡九月廿九日、并一伯卌七日、単貳仟貳伯伍頭、食稲肆伯肆拾壱束、犬別二把

とあるように、「鷹養人」と呼ばれている。大宰府が京に送る鷹・犬は、六月一日から九月二十九日に至る百四十七日間（天平十年は閏七月を含んでいるから、実際は合計五ケ月間である）、「鷹養人」によって調習されたのである。

鷹を調習する「鷹養人」や大宰府貢上の鷹・犬は、すべて筑後国においてまかなわれていたと推定する見解があった(9)。しかし、鷹・犬の調習・貢上が筑後国の全負担であると断ずるべき必然性は全くない。例えば、大隅・薩摩等の大宰府管内諸国が各国内の「鷹取」から鷹を買い取って大宰府に進上する。次に、大宰府は筑後国に鷹・犬を集めて調習する。さらに、筑後国司の使者によって京進する、という管内諸国による分担を推定することができるのではなかろうか。それは、筑後以外の管内諸国の鷹捕獲、筑後国の鷹調習という作業工程であった。すなわち負担についてはどうかといえば、筑後国以外の大宰府管内諸国は各国内の「鷹取」から鷹を買い取るための料物を負担して、筑後国は鷹・犬調習期間の「鷹養人」・犬の食料を正税から支出するという分担を想定するわけである。

この推測は、天平十年筑後国正税帳に見える「鷹養人」が筑後国府か、もしくは大宰府に所属する人々であったという前提に立っている。実は、「鷹養人」が大宰府に直属するのか、筑後国府に所属するのかについては未詳である。例えば、「鷹養人」の所属は大宰府でもなく、筑後国府でもなく、管内諸国に分散しており、毎年各国産の鷹を持って筑後国府に参集して調習していたという可能性もないではない。しかし、鷹を捕獲する「鷹取」が管内諸国に分散し、鷹を調習する「鷹養人」が大宰府か筑後国府に所属していたと考えるのが費用の負担にも叶うと思われる。

但し、このような大宰府管内諸国の事例は特殊である。当然、大宰府管内諸国以外の諸国の「鷹養人」「鷹取」は各国国府に所属していたのであろう。各国国府が国内の「鷹取」から巣鷹・若鷹を買い取ると、「鷹養人」に預けて調習させるというシステムであったと考えるのが素直な考え方であり、役割分担として納得し得るのである。

現在まで、大宰府進上の鷹を調養し京に運んだ「鷹養人」（「持鷹」）が如何なる身分の人々であるかについてはよく分かっていなかった。「鷹養人」の候補としては鷹飼等と鷹の字を名の一部とする氏族・部民が各種史料に散見する。例えば、正倉院文書所見の近江国甲賀郡の鷹養君氏(10)、平城宮木簡所見の門部の鷹取氏(11)、『新撰姓氏録』脱漏氏姓所見の鷹取戸氏、美作国勝田郡鷹取郷の郷名の由来であった鷹取が見えているが、その事例はあまり多くない。かなり早くから鷹飼・鷹取を氏族名として名乗らない諸氏族も「鷹養人」や「鷹取」に指定されていたらしく、その範囲が拡大して意味内容が合わなくなっていたと思われる。それについては貢鷹国のところで述べることとしたい。

貢鷹担当の国府が鷹を貢上する際には、天平九年の伊賀国の事例に見えているように、鷹に貢進付札を付して京進したのである。

天平十年の大宰府による御鷹貢上の使者は、同年の周防国正税帳[12]に、

（十月）四日向京従大宰進上御鷹部領使、筑後国介従六位上日下部宿禰古麻呂、将従三人、持鷹廿人、合廿四人、往来八日食稲七十四束四把、酒一斛三斗六升、塩三升八合四勺、御犬壱拾頭食稲捌束、

とあるように、「大宰より進上する御鷹の部領使」と所見する筑後介日下部宿禰古麻呂であった。十月四日には、一行が周防国を通過したことを確かめることができる。この時、部領使の筑後介日下部宿禰古麻呂をはじめ、将従三人、「持鷹」（たかもち、と訓むか。鷹を手に持つ人。「鷹養人」と同じであろう）二十人、御犬十頭の食稲・酒を正税から支出していた。大宰府の御鷹部領使は、専使であった。貢鷹の使者の地位については、九世紀半ばに陸奥・出羽両国の「貢御鷹馬」の使者が四度使とともに「遷替之国司」「綱領」から「初位已下子弟」への格下げ措置を免れていることから[13]、他の諸使にくらべて重要視されていたことが分かるのである。

ところで、筑後国正税帳の「鷹養人」が三十人であったのに対して、周防国を通過する際には「持鷹」二十人と三分の二に減じている。このことは、筑後国で三十聯の鷹を調養したが、貢上分はそのうち二十聯にすぎなかったことを示唆しよう。前者から後者を差し引いた鷹養人十人および彼らの調養した鷹十聯は、筑後国または大宰府に残って放鷹に従事したと考えられる。犬もまた同じく、十五頭を十頭に精選して貢上した。差し引き五頭分の犬は、残された鷹とともに大宰府管内で放鷹に従事したのであろう。大宰府の雉腊貢上は、これら残された鷹犬によって捕獲された雉を原料としていたと考えられる。

御鷹部領使に率いられた鷹・犬は京に至ると宮城内に運ばれ、天皇の前に引き出される。『侍中群要』第十[14]に、

此時、侍臣臂レ之参二御前一、御覧之後、召二御鷹飼等一各令二分給一、

とあるように、京に着いた鷹は侍臣の臂に据えられ、天皇の眼前に引き出されて披露された。十世紀後半に出羽国が鷹・犬を貢上したという具体例を見ることができる。『小右記』天元元年（九七八）四月二十五日条[15]に、

昨日、従二出羽国一鷹八聯・犬八牙、令レ籠二物忌一、今日御覧、侍臣等不レ整二束帯一、臂レ鷹出レ自二侍所一候二御簾下一、御覧了出之、所衆・出納等、牽レ犬入レ自二仙花門一、跪二御前一令レ覧了、各牽出、其後召二犬飼等一覧了、各牽レ犬、蔵人頭蒙レ勅令三班二給鷹・犬一、第一御鷹・犬等被(給脱カ)レ奉二青宮一、次賜二近江供御所一、次御鷹飼、次第相取之、出二西陣下一行二此事一、須レ奉レ宮之後給二御鷹飼等一、然後供御所御鷹飼者也、不レ知二先例一歟、随二御鷹次第一給レ犬也、

とあるように、出羽国による鷹八聯・犬八牙の貢上、円融天皇による鷹・犬の「御覧」、そして御鷹飼等への鷹・犬班給と連続する一連の行事が記されている。

但し、これは、既に主鷹司が廃止されていた時代の事例である。貞観二年主鷹司廃止後の十世紀後半の鷹・犬班給先を知ることができるにすぎない。すなわち、十世紀後半の鷹・犬班給先は、

親王
御鷹飼
近江供御所の御鷹飼

とあるように、三つを数えることができた。鷹・犬は、御鷹御覧儀で天皇の「御覧」を経た後に、親王、「御鷹飼」、「近江供御所」所属の御鷹飼等に班給されている。「御鷹飼」は蔵人所配下の鷹飼であるのに対して、「近江供御所」、「供御所御鷹飼」は近江国で雉を捕獲し供御するための鷹飼であった。天元元年の事例においては親

王、「近江供御所」、「御鷹飼」の順番で班給した。『小右記』の記者藤原実頼によると、これは異例の順番であり、本来は親王、「御鷹飼」、「近江供御所」の順番で班給する先例であったという指摘を記している。

ところで、出羽国の事例では班給の前に第一の良鷹を親王に給している。初めて「御覧」に供された鷹の中で第一の良鷹は、本来「御手鷹」[16]として選抜されたものと考えられる。「御手鷹」の語は『大和物語』において用いられている。「御手鷹」とは、天皇の「御手」の付いた愛用の鷹という意味であった。「御手」が鷹に触れることによって一種の権威を付与したようである。例えば、九世紀末の皇族・貴族の間では『寛平御遺誡』[17]の一節に、

延暦帝王、毎日御二南殿帳中一、政務之後、解二脱衣冠一、臥起飲食、又喚二鷹司御鷹一、於二庭前一令二呼餌一、或時御手作二鞲爪等可レ好、

とあるように、桓武天皇が自らの手（「御手」）で「御鷹」を調える像が形成されていた。出羽国の事例に見える「第一御鷹」は親王に奉られていたが、本来「第一御鷹」こそが天皇の愛用に充てられたのであろう。

鷹と共に貢上される犬もまた、鷹と同様であった。氏族の名称として「阿多御手犬養」[18]氏の例があるように、「御手犬」もまた天皇の「御手」で愛玩された犬であったといえる。律令国家体制以前に「御手犬」を調養する隼人系の氏族が存在したことも分かる。類似の用例「御手犬」が氏姓の一部として定着していたとすれば、「御手鷹」もまた、『大和物語』成立の十世紀をはるかに遡る時代から用いられていたのであろう。『大和物語』によると、「御手鷹」は、しばしば天皇から臣下に預けられる特殊な役割を担った。そして、臣下は「御手鷹」を調教して、天皇に披露する務めを負っていたのであった。

ここで、鷹の調養の概要について見ておきたい。

古代における鷹の調養の実態は、未だ明らかではない。『放鷹』[19]によると、弘仁九年（八一八）成立の『新修鷹経』に説く良鷹の基準は、近代の鷹匠の技術に通じるところがあると指摘している。近代鷹匠の調養の骨組みは、古代の鷹調養を理解する手がかりとなるであろう。

『放鷹』編纂の基点となっているのは、宮内省鷹匠の存在であった。その始まりは、明治十四年（一八八一）に鷹匠職制が宮内省管轄の御猟場に設置されたことである。『放鷹』は、宮内省鷹匠について鷹の捕獲、鷹の調教、狩猟、鷹道具の順に叙述している。古代の養鷹を知る上で、『放鷹』に紹介されている鷹の調教の概要を適記する。[20]

まず、野性の大鷹や隼を鷹捕網かハゴ（竹に黐を付けた仕掛け）によって捕獲した。昭和初年頃、大鷹は旧満州で捕獲し、また隼は茨城県鹿島郡の砂原で捕獲していたということである。次に述べるのは、若い大鷹の調教の手順である。鷹の鋭利な爪や嘴を削り、その脚に足革・大緒を結んで、鷹部屋に入れて架に据えておく。一定の期間餌を与えないまま衰弱させて生死の境にまで至らせるのである。

【夜据】鷹の様子（胸肉の高低、目方）を見て餌の量を調節して与えながら、拳に据えたまま声を掛けるなどして、徐々に使い手に馴らしていく。次に、鷹部屋の出入りから始め、夜中の燈火、町の人や車馬に近付いて、人間の居住環境に馴れるよう仕込む。そして、紐で繋いだ生き鳩を動かして鷹に掴ませる。初めは鷹の大緒を延ばして飛び掛からせ、徐々にその距離をおいていくのである。

【昼出】昼間にも据え出すという最も困難な階梯に進む。夜据に加えて朝据、野据、夕据という一日に四度の据え出しを繰り返す。鷹の様子が宜しければ、離れた処で投げた餌や鳩を掴ませて使い手の拳に呼び戻すことを仕込んだ。夜据を始めてからここまで約六十~七十日間を要する。

【初鳥飼・野仕込】初めて野に出て鳥を捕らせることをいい、朝据・夕据の時に行なう。いったん餌の量を増して十分に肥やした後、八分目に落とす。朝据・夕据の時に野外で鷺や鴨を捕獲させることをいうのである。これを終えれば、狩猟に従事する。

【塒入・塒出】狩猟に使用して換羽時期に至れば、胸肉の高低を五、六分目に落とし、据える時間も短縮して、鷹を衰弱させて架に止まれないくらいになった時に、塒入をなしている。羽の落ち具合を見て餌の量を増やし、羽が落ち終わってから三十三日を経れば完全に塒を終える。塒入から塒出までは、約五ケ月を要する。

塒出後の訓練再開は、前述の夜据、昼出、初鳥飼、野仕込の通りである。細部を省略して大概のみを記したが、基本的な流れは押さえたと思う。大鷹は上手く調養すれば何年も飼えるが、隼の場合は塒を飼わずして毎年更新するという違いがあった。

このような調教の方法になるまでには、長い年月を要したのだろう。調教の各段階の方法は、他時代の方法とも違う部分が多いだろうが、近世以前においても、捕獲→調養→狩猟という基本的な過程は変わらない。放鷹を実現するためには、捕獲と調養を経る、という点を押さえておきたい。

八世紀から十世紀までの時代においては、貢鷹国が野生の鷹を捕獲し調養すると、使者に託して京進していた。鷹は、宮城内裏の侍所において天皇の御覧に供した。御覧の後にその場で諸司・親王・貴族等に班給して各々に調養を命じたのである。ここで明らかになった鷹の捕獲・調養・貢進・御覧・班給の順序は、御鷹の実現過程の基本である。

2　貢鷹国の分布と渡来人

律令国家体制下の貢鷹制度の成立過程を考えるために、貢鷹を担当する国、いわば貢鷹国の分布の地域的特色を明らかにすることとしたい。兵部省主鷹司の廃止を翌年に控えた貞観元年に諸国の貢鷹を停止する措置がとられた。『日本三代実録』貞観元年八月八日辛卯条に、

勅、五畿内七道諸国、年貢御鷹一切停止、

とあるように、毎年恒例の貢鷹を停止するという勅を出した。この勅は、五畿内七道諸国に下達された形を取る。しかし、貢鷹は、幾つかの指定国に限定されていた負担であった。十世紀半ばの事例であるが、貢鷹国の分布を一覧する史料として『口遊』を取り上げる。『口遊』禽獣門[21]に、

八月十六日甲斐国、八月十二日信乃、八月十三日下野国、八月廿五日陸奥、八月廿九日出羽〃、九月十日能登、九月十日越後国、九月十三日安藝国、九月廿四日大宰府、謂之貢鷹期、

とあるように、国毎の「貢鷹期」が八月中旬から九月下旬にかけて設定されていた。底本では月日順に並んでいない。日付順で三番目にくるべき甲斐国が一番目に置かれている点で不審なところもあるが、貢鷹国を窺える類似の史料は他になく、貴重である。『口遊』の「貢鷹期」は、「貢駒期」と同じく十世紀の実情を示しているのであろう[22]。

表9のように「貢鷹期」の貢鷹担当国を整理すると、地域毎のまとまりで貢鷹期が規定されている。道毎に貢鷹国の数を計上すると、西海道九国二嶋を束ねる大宰府が圧倒的に多い。大宰府が西海道諸国を管掌して鷹貢上

を負担したわけである。次いで、東山道四ケ国、北陸道二ケ国、東海道・山陽道各一ケ国であった。畿内・山陰道・南海道には一ケ国も含まれていない。『延喜式』民部上[23]の畿内・近国・中国・遠国の分類に基づいて整理すると、畿内・近国が一つもなく、中国は三ケ国（信濃・甲斐・能登）、遠国は一府五ケ国（下野・陸奥・出羽・越後・安芸・大宰府）であるから、明らかに京から遠く離れた中国・遠国が選択されていた。『口遊』所見の貢鷹国が畿内諸国及び近国を含んではいなかったことに注目したい。つまり、畿外諸国の中でも中国・遠国が貢鷹国として指定されたことを示している。このことは、貢鷹国の選択基準を考える上で重要であろう。

それでは、八世紀と十世紀との間を隔てる違いに注目すると、まず貢鷹国の違いがあった。特に、十世紀の

表9　『口遊』所見の「貢鷹期」と貢鷹国

貢鷹期	貢上主体	所属道	遠近	地域の特徴	七世紀後半
八月十二日	信濃国	東山道	中国	内陸部	東国総領
八月十三日	下野国	東山道	遠国	内陸部	東国総領
八月十六日	甲斐国	東海道	中国	内陸部	東国総領
八月廿五日	陸奥国	東山道	遠国	太平洋沿岸	陸奥
八月廿九日	出羽国	東山道	遠国	日本海沿岸	越国
九月十日	能登国	北陸道	中国	日本海沿岸	越国
九月十日	越後国	北陸道	遠国	日本海沿岸	越国
九月十三日	安藝国	山陽道	遠国	瀬戸内海沿岸	周防総領
九月廿四日	大宰府	西海道	遠国	瀬戸内海・太平洋沿岸	大宰総領

『口遊』所見の貢鷹国には畿内近国が見られない。一方、八世紀半ばの聖武朝の伊賀国貢鷹木簡は、畿内近国の貢鷹を証明している。[24] また、八世紀半ばの近江国では「鷹養君」の氏姓を称する官人が存在していたことを確認できる。決して畿内近国が貢鷹を負担しなかったとはいえないけれども、『口遊』所見の貢鷹国の時代には、中国・遠国ばかりとなっていたということができるだろう。

また、貢鷹期にも違いがあった。大宰府の天平十年の場合、六月一日～九月二十九日に調習している。この年は閏七月を含んでいるので、約五ケ月間の調習期間である。閏月を挟まない年は調習開始をひと月遡らせて、五月一日～九月二十九日の約五ケ月間に行なわれたのであろう。鷹を捕らえる時期は、四月頃と推定することができる。八世紀半ばの大宰府の貢鷹期は九月二十九日以降にずれ込んでいたので、『口遊』の九月二十四日よりも遅くなっていた。

以上によると、『口遊』の十世紀の貢鷹は八世紀の貢鷹の実態と比較して、畿内近国が見られないこと、貢鷹期が少しばかり早いこと（これは大宰府の事例だけであるが）、という違いを挙げることができる。しかし、八～十世紀の貢鷹は、基本的に、中国・遠国が在国で約五ケ月間若い鷹を調習した後で貢上する、というかたちであったといえよう。改めて伊賀国・近江国等の畿内近国を加えていない『口遊』の貢鷹国の分布の偏在性を見ると、畿外の中国・遠国が畿内の律令国家に対して服属するという政治的意味を認めざるを得ないだろう。『口遊』の貢鷹国の分布は、七世紀後半以降の律令国家の地方支配の変遷を経て露わになったかのような様相を呈していた。特に、貢鷹期の順番にまとまりがあり、それは七世紀後半段階の所属地域統括体とでもいうべきものを表しているようである。その順序は律令国家体制下の道制や国制と異なっており、明らかに貢鷹制度が七世紀後半頃に成立していたことを示唆するのである。

次に、貢鷹国の分布と鷹屋（鷹を飼う小屋）＝タカヤ郷名の分布の関係を比較して、貢鷹国の変遷を追求することとしたい。『口遊』所見の十世紀の貢鷹国は、七世紀後半の総領および「国」という行政区画に分割すると、東国総領、大宰総領、周防総領、「越国」、陸奥に分類することが可能である。貢鷹国の濃密な地域からその変遷を見てみよう。

まず、能登・越後・出羽を擁した東日本の日本海沿岸である。この地域は「越国」と呼ばれていた。「越国」の貢鷹は陸奥とともに七世紀後半の蝦夷政策の進展を考慮に入れなければなるまい。「越国」は広大な地域であるが、七世紀末に越前・越中・越後に分割されており、さらに越前は能登・加賀を次々に分出し[25]、越後は出羽を分出した[26]。越前以下六ケ国の母体としての「越国」は、七世紀半ばの斉明朝下で「越国守」阿倍比羅夫によって支配されていた。「越国守」は令制国司の長官と同じく「国守」と表記されているが、その立場は総領と通ずる。「越国」の領域には、後に多くのタカヤ郷名を見出すことができる。能登国羽咋郡、越後国三嶋郡においては「高家郷」が属していた。また、『口遊』では挙げていないが、貢鷹国として越前国・佐渡国を挙げることができる。越前国坂井郡には「高屋郷」が見えている。佐渡国は、羽茂郡と雑多郡それぞれに「高家郷」が属した。佐渡国は大化改新後に一国となるが、越後国との繋がりが強かった。天平十五年（七四三）から天平勝宝四年（七五二）までの間、越後国に併合されていたこともあった[27]。

このような「越国」地域の貢鷹国分布の濃密さは、六世紀後半以降の大臣蘇我臣氏の進出と関係しているのだろう。大臣蘇我臣氏は、伊弥頭国造、能登国造、高志深江国造等という「越国」地域の少なからぬ諸国造と同祖関係を結んでいたことはよく知られ[28]、その伝承は頻繁な交渉の跡を物語っている。中央の蘇我臣氏と「越国」地域の諸国造との交渉において鷹の貢進という媒介項を想定することは不自然とはいえないであろう。

鷹は諸国の産物であるが、鷹を調養する人々が在地の人間であるとは限らない。次の事例はそれを窺わせるものではなかろうか。例えば、『万葉集』の大伴家持の越中守時代詩歌群に「放逸せる鷹の歌」が含まれている。「放逸せる鷹の歌」では、家持の愛鷹「大黒」に逃げられた「養吏山田史君麻呂」が登場する。「養吏山田史君麻呂」は家持専用の鷹を調養する者であるから、家持とともに越中に下向した私的従者であると考えることもできる。しかし、「養吏」は「官吏」（官人）、「国吏」（国司）等と同じく漢語風の表現であるように、たしかに一応役職として定着したものであった。現在のところ、山田史君麻呂が単なる私的従者ではなく、越中国府の養鷹組織に所属する者と見なしているが、たとえ家持に連れてこられた畿内の人間であったとしても、「養吏」と記されるからには大伴家持個人に属するのではなく、越中国府に所属する「鷹養人」であったと思う。君麻呂は鷹に逃げられているが、養鷹技術にすぐれていたので「養吏」に任用されたのであろう。

山田史氏は、畿内の渡来氏族として著名であった。特に、八世紀には学問に秀でた山田史御方（三方）が新羅留学僧の経歴を有し、持統朝に還俗して官人の途を歩み、元正朝に東宮首皇子に侍して教授していた[29]。また、同時期の山田史比売嶋（女嶋）[30]は、皇太子阿倍内親王乳母であり[31]、『万葉集』によると橘諸兄・大伴家持との親交が窺える[31]。いずれにしても、聖武・孝謙父娘や中央貴族と関係した渡来氏族であった。山田史氏と橘氏・大伴氏との関係の深さを考えると、山田史氏の一つの分流がいつの時期にか越中国府の「養吏」として配置された可能性が高い。

また、山田史氏の越中配置と同様のケースを、他に見出すことができる。和泉国大鳥郡の百済公氏は百済王族酒君後裔を称して、放鷹の伝来を祖先の功績として伝え、百済王族系の養鷹技術を継承する渡来氏族であった。加賀の百済公豊貞が承和六年（八三九）に加賀から畿内へと移貫された際に述べたところによれば、豊貞の先祖は百済国人であるが、庚午年（天智天皇九年、六七〇）に「河内国大鳥郡」に貫附され、乙未年（持統天皇九年、六九五）に「加賀国江沼郡」に貫せられたという。[32]庚午年籍の登録は旧来の本拠に貫せられたが、乙未年の「加賀国江沼郡」移貫は如何なる処置であろうか。この移貫は、庚午年から乙未年までの間に、大鳥郡から越前国江沼郡（六九五年当時の加賀地域は能登とともに越前国の一部）へと移住したことを示している。これは、七世紀末の「越国」の越前・越中・越後三国分割と関係しており、渡来氏族を各国に配置した政策に基づいていたのではなかろうか。

百済公氏の事例は、山田史氏の越中移配を傍証し得るものだろう。前述の山田史氏もまた、河内国の石川郡・交野郡等を本拠とする渡来氏族である。八世紀半ばには越中国府に「養吏山田史君麻呂」が配属されている。八世紀半ばに老齢であるから、若年の頃、恐らく遡ること数十年前の七世紀末に、百済公氏と同様、分割されたばかりの越中国に移貫されたと考えられる。持統朝末期では、畿内居住の渡来氏族を北陸地域に扶植したのだろう。特に百済公氏や山田史氏のように鷹飼として配置された氏族も少なくなかった。山田史氏・百済君氏は、五・六世紀に渡来した比較的古参の渡来氏族である。わずかな事例からではあるが、『日本書紀』の記事に窺うことのできない、持統朝下の渡来氏族の畿外諸国移配政策を朧気ながらも想定することができる。

旧来の畿内居住の渡来氏族が畿外諸国に移配されたという政策は、新しく日本に来た渡来人との関係で理解し得るものであろう。七世紀後半といえば、新来の渡来人が多数日本に渡ってきた時代である。斉明・天智朝から天武・持統朝にかけては、白村江の戦をピークとして高句麗・百済の滅亡、新羅の朝鮮半島統一という東アジア情勢の変動が続いた。高句麗・百済の遺民が次々と渡日し、日本では彼らを大宰府経由で受け入れて諸国に安置した。

表10の『日本書紀』の渡来人移配記事によると、天智朝から持統朝まで、近江の神前・蒲生両郡の合計千百人余りをはじめとして武蔵・常陸・下毛野・遠江等の東国、後の東山道・東海道に当たる国々に新来の渡来人を安置した。天智天皇五年には百済の男女二千人余りを「東国」に置いている。持統朝以降の記事に「新羅人」と記された人々は、恐らく既に新羅の侵攻で亡国となった高句麗・百済の遺民を指していたのだろう[33]。天智朝以降の国家は、新来の多数の渡来人を「東国」・近江に定住させる政策を実施しているように、旧来の渡来氏族と異

表10　七世紀後半の新来渡来人の近江・東国移配

年月	移配の内容	出典『日本書紀』
天智天皇四年二月	百済百姓男女四百余人を近江国神前郡に置く。	天智天皇四年二月是月条
天智天皇四年三月	神前郡百済人に田を給う。	天智天皇四年三月是月条
天智天皇五年冬	百済男女二千余人を東国に置く。	天智天皇五年是冬条
天智天皇八年	佐平余自信、佐平鬼室集斯等、男女七百余人を近江国蒲生郡に置く。	天智天皇八年是歳条
天武天皇五年十月	唐人三十口が筑紫より貢上され、遠江国に安置する。	天武天皇五年十月丙戌条
天武天皇十三年五月	百済の僧尼・俗、男女二十三人を武蔵に置く。	天武天皇十三年五月甲子条
朱鳥元年閏十二月	筑紫大宰、三ケ国高麗・百済・新羅の百姓男女、併せて僧尼六十二人を献ずる。	持統天皇称制前紀
持統天皇元年三月	投化せる高麗人五十六人を常陸国に居住せしめ、田畝・稟を給いて生業に安からしめる。	持統天皇元年三月己卯条
持統天皇元年三月	投化せる新羅人十四人を下毛野国に居住せしめ、田畝・稟を給いて生業に安からしめる。	持統天皇元年三月丙戌条
持統天皇元年四月	筑紫大宰、投化せる新羅の僧尼及び百姓の男女二十二人を献ずる。武蔵国に居住せしめ、田畝・稟を給いて生業に安からしめる。	持統天皇元年四月癸卯条
持統天皇三年四月	投化せる新羅人を下毛野に居住せしめる。	持統天皇三年四月庚寅条
持統天皇四年二月	投化せる新羅の韓奈末許満等十二人を武蔵に居住せしめる。	持統天皇四年二月壬申条
持統天皇四年八月	投化せる新羅人等を下毛野国に居住せしめる。	持統天皇四年八月戊申条

なって北陸以外の諸地域に移配していた。

旧来と新来の渡来人の移配地の違いは、彼らの政治的な位置の違いを生んだのではなかろうか。北陸に移配された山田史氏、百済君氏という旧来の渡来人は、大伴氏との関係が深いようである。大伴氏は、壬申の乱で大海人皇子軍の中核となった。一方、七世紀半ば以降に新来して「東国」・近江に移配された高句麗人・百済人の諸集団は、近江朝廷の支持勢力であったのではなかろうか。例えば、次の事実はその証拠ではないかと思う。壬申の乱後の天武天皇四年（六七五）正月の大射の日に、「東国」が「白鷹」を貢上した。[34]但し、これは名目上祥瑞報告の「白鷹」貢上であって恒例の貢鷹ではない。『日本書紀』の当該記事では、「白鷹」貢上の主体が「東国」と表現されている。例えば、『日本書紀』には、大化元年（六四五）八月から同二年三月にかけて「東国」派遣の国司に関する記事が集中していた。「東国」とは、基本的に東海道の相模国足柄峠以東、東山道の上野国碓氷峠以東の地域を指している。また、畿内から見て東方の地域、律令体制下の東海道・東山道のあたりを指していたという説もある。前田晴人氏[35]は、「東国」の範囲について、大化の「東国国司」が派遣された「東方十二道」を指し、それは後の坂東八ヶ国に、陸奥南部（福島県辺り）、信濃、甲斐、駿河、伊豆、遠江、三河を含む広大な領域であるという。尤も、「白鷹」の貢上主体「東国」は、漠然と地域を表わしたというよりも、貢上主体としての地域的統括体を前提に理解しなければならないようである。

「白鷹」が「東国」によって貢上されたということは、「東国」の天武への服属を意味するのではなかろうか。「東国」の「白鷹」貢上と同日に、「近江」が「白鵄」を貢上しているが、両方ともに猛禽類であったことは単なる偶然ではあるまい。「白鷹」と「白鵄」の背後には、特に「東国」は上毛野氏・下毛野氏等、「近江」は西漢氏等という旧近江朝廷支持の諸氏族、そして「東国」「近江」に置かれた七世紀半ば以降に新しく来日した渡来人諸集団を想定することができる。「東国」「近江」の旧近江朝廷支持の諸集団が乱後改めて天武天皇への忠誠を誓うために「白鷹」と「白鵄」を献上したのだろう。

高句麗・百済の遺民が移配された七世紀後半の「東国」地域に含まれた国々の内、下野・甲斐・信濃の三ケ国が『口遊』所見の十世紀の貢鷹国のなかに見えている。貢鷹に関与していた国々を探し出す手がかりとしてタカヤの地名に注目したい。下野・信濃両国には、確かにタカヤ郷を見出すことができる。タカヤ郷が「鷹屋」であるとすれば、イヌカイ地名との関係もまた重要であろう。イヌカイ地名の場所がミヤケを守衛する犬飼集団の居住地であったという黛弘道氏の説がある。[36]もう少し解釈に幅を持たせて、イヌカイ地名は、放鷹・狩猟に伴う猟犬の飼育者集団の居住地であったということもできるのではなかろうか。

甲斐は、下野・信濃両国と異なってタカヤ郷を持たない。『日本後紀』延暦十八年（七九九）十二月甲戌条によると、百済人百九十人が渡来後最初に摂津職に安置されていたが、丙寅年（天智天皇五年、六六六年）に甲斐に遷されたという。『日本書紀』天智天皇五年是冬条によると、百済の男女二千余人を「東国」に居住せしめたと記されているので、二千余人のうち百九十人が甲斐に置かれた計算になる。甲斐・信濃を含めると、「東国」の定義がやや広くなるが、東国総領の統轄範囲に含んでいたと考えておくとしよう。百済の男女二千余人のすべてが「東国」で鷹のことに従事したとは到底いえないが、渡来人の一部に対して鷹の捕獲・調養を命じたのではなかろうか。

次に、大宰府管内諸国は『倭名類聚抄』[37]によると、大隅国肝属郡および薩摩国阿多郡それぞれに「鷹屋郷」が属していた。郷名の「鷹屋」は、明らかに鷹を飼育する小屋を意味した。[38]大隅・薩摩両国には鷹を飼う官有の「鷹屋」が置かれたとみてよい。大隅・薩摩産の鷹を貢上したかは未詳であるが、八世紀中葉に大宰府の貢鷹を確認し得る。筑後国府が「鷹養人」等の食料として正税を支出していたのである。井上辰雄氏[39]によると、「鷹養人」の拠点が筑後国三潴郡に存在しており、三潴郡は大化前代以来の水間君の本拠地であったといい、水間君氏は宗像氏と関係して中国南部の呉と交流し、中国風の文化を取り入れていたと指摘した。『日本書紀』[40]によると、水間君氏の犬が雄略天皇献上用の鳥類を噛み殺し、水間君は贖罪として鴻及び「養鳥人」を献上したと伝えている。井上氏は、三潴郡内に鳥養郷が属し、鳥を養うことと非常に関係が深い地域であったというが、同郡内には高家郷も属していた。三潴郡高家郷の「高家」は、「鷹屋」を意味した可能性が高いのではなかろうか。鳥養郷の「鳥」は、鴻等の水鳥であるのに対して、別個に肉食の猛禽類を養う高家郷を設定したと見なすのも可能であろう。筑後国における鷹養人の拠点は鳥養郷ではなくて、高家郷であったとも考えられる。

なお、総領は、東国総領・大宰総領の他、吉備総領・周防総領等がある。吉備総領管轄区域は『口遊』に見えていないが、貢鷹と関係していた。『倭名類聚抄』によると、美作国勝田郡鷹取郷が所見する。律令国家体制以前の吉備地域には実に多種多様な部民の所在が確認されている。鷹取郷の由来は鷹取部という職能集団の居住地としての特徴から採用した名称と考えるのが妥当であろう。

美作国勝田郡鷹取郷は、備前国より美作国を分割する以前には備前国域に含まれ、さらに旧備前は備前・備中・備後の三ケ国分割以前、これに播磨を加えた広大な地域が吉備総領管轄区域であった。七世紀後半の吉備総領時代、或いはそれよりも遡る時代に、鷹が鷹取部によって捕獲されて大王に貢上されていた証拠である。鷹取部が備前・美作地域に居住していたのは、渡来人の居住の特色と関係する。

直木孝次郎氏[41]によると、備前・美作に秦氏系渡来人が多く、より進んだ鍛冶技術をもつ漢氏系渡来人が備中に多く、そして備後には渡来人の居住を示す史料が少なかった。この事実は、中国山地の鉄生産の推移すなわち吉備東部（備前）・播磨西部に始まり、美作・備中が栄え、その次に備後の生産が盛行したという事実に合致する。そして、桓武朝に至ると、備前では鍬鉄の調を廃して絹糸に換えており、備後では逆に調の糸を廃して鍬鉄に換えているように[42]、製鉄の拠点が吉備の東部から西部へと移動したと述べている。

直木氏の説によれば、製鉄とそれに関わる渡来人の拠点の移動は、大和政権と備前・備中地域の豪族との関係の動向と連動していたという。まず、吉備反乱伝承である。備前地域の吉備上道臣、備中地域の吉備下道臣が五世紀の雄略・清寧朝頃に反乱等の敵対行為を起こして、殺害された。この伝承は、『日本書紀』雄略天皇七年是歳条等に見えている。大和政権の吉備への梃子入れは、大和の葛城臣氏の没落と密接に関わっている。五世紀代に瀬戸内に進出した大臣葛城臣氏は、備前地域の上道臣氏との結合を実現していた。しかし、雄略朝の初年に葛城臣氏が没落すると、上道臣氏は葛城臣氏とともに勢力を失ったのである。

備前地域における鷹取部設置の時期は、上道臣氏の反乱鎮定以降、大和政権の介入が進展してからのことであったと考えられる。雄略朝に備前・美作の秦氏系渡来人が鷹取部として編成されたのではなかろうか。備前と同じ経過をたどる播磨西部地域では宍粟郡に、高家郷高家里が存在していた。これは元来鷹屋であろうが、八世紀初期成立の『播磨国風土記』によると「高家」の由来を土地の高さに求めているのであり、どうやら八世紀初期以前に鷹との関連を窺わせるものがなくなっていたのではないだろうか。さらに、『口遊』成立の十世紀頃に至ると、もはや備前・美作地域の貢鷹は重要視されなくなっていたようである。

山陽道では、安芸国一つを貢鷹国とする。安芸国は、『口遊』に見えるように、山陽道・山陰道・南海道の唯一の貢鷹国であった。七世紀後半、山陽道・南海道に伊予総領・長門総領・周防総領等が存在した。安芸は周防と共に周防総領によって管轄されており[43]、周防総領の下、安芸凡直氏が国造として安芸に君臨した[44]。安芸国賀茂郡の「高屋郷」は、沼田川を遡った内陸部に位置する。「高屋郷」の近傍の現広島県加茂郡豊栄町には「安宿」（あすか）の地名が残っていた。これは、門脇禎二氏[45]によると河内国安宿郡の「安宿」に由来する。瀬戸内から安芸の「安宿」に入る入口には横見廃寺跡があり、横見廃寺跡の瓦は大和飛鳥の山田寺の瓦と共通性を有した。「安宿」、横見廃寺跡等は渡来氏族の居住を窺わせるものであって、近傍の「高屋郷」は「鷹屋」の存在に由来したと考えられる。

出羽は、十世紀の御鷹御覧儀の事例によると貢鷹国であった。また、九世紀後半の良吏を描いた『藤原保則伝』[46]によると、権門子弟が鷹・馬を求めて出羽に集まる状況が記されている。出羽の鷹・馬は優れているとの評判であったらしい。和銅元年（七〇八）九月に越後国の言上に基づいて出羽郡を建て[47]、和銅五年九月に出羽国として分割した[48]。和銅七年十月には、尾張・上野・信濃・越後等の国の民二百戸を割いて出羽の柵戸に配している[49]。信濃・越後は貢鷹国であるから、出羽においても入植した土地を開いて農業に携わる人々だけではなく、貢鷹に従事する人々が含まれていたと思われる。

陸奥は、大化改新後に一国として成立したといわれる。十世紀後半成立の『大和物語』、十一世紀半ば成立の『大日本国法華経験記』等によると、鷹関係の説話は、陸奥と関係づけられている。平安時代に鷹といえば、陸奥を想起するほど、代表的な貢鷹国であった。

以上によると、国家的な貢鷹は、天武天皇四年の「東国」による「白鷹」貢上、天平十年の大宰府の御鷹部領使等に見られるように、恐らく、各総領管轄区域内の諸豪族が総領・「国守」の下に統率され、国家に服属する儀礼的な行為として行なわれていたのだろう。七世紀後半〜八世紀初頭に、各総領管轄区域・「越国」・陸奥の各地域は、段階的に令制国の境界線で画定されていくのであった。大宰総領は令制の九国二嶋を統轄する令制大宰府に改組され、総領制の枠組みを残している。吉備総領・東国総領・周防総領は大宝令制施行で停止され、各々の管轄区域では数ケ国の令制国に分割されて国毎に貢鷹を担当した。

七世紀半ばの東アジア動乱の影響下において、列島の古代国家は、旧来および新来の渡来人を諸国に移配する中で、貢鷹制度の地歩を固めていった。大宝令制の兵部省・諸国国府の養鷹支配に繋がる七世紀後半以降の養鷹組織の整備は、兵政官・兵部省主導の武力編成の路線を踏襲していたのである。

養鷹組織および貢鷹制度の整備過程について政治史上の問題として考えたとき、天武・持統朝の兵政官から大宝令制の兵部省への転換に注目するだけではなく、そこに見え隠れする壬申功臣・近江朝廷旧臣の両勢力の対立を重視することができるだろう。八世紀を通じて、大伴氏等の壬申功臣は天武朝以降の律令国家体制の整備を支えながらも、壬申の乱の武功を強調することに余念がなかった。それに対抗して、藤原氏等の近江朝廷旧臣はさらに新たな律令国家体制の整備を領導しようとした。請田正幸氏[50]によれば、日本の兵政官（大将軍）が新羅の兵部令をモデルとしていたという。国家の武力の問題については、大伴氏の発言力が意外に大きかったのではあるまいか。例えば、浄御原令制、続く大宝令制初期に和泉と河内、能登と越前、安房と上総というそれぞれの地域が一体で把握されていた。一体的把握の画期は、遅くとも天武朝末年の諸国境界画定事業であったといえる。諸国境界画定に際しては、壬申功臣勢力すなわち大伴氏等をはじめとして中央・地方の諸勢力への配慮を必要としていたのではなかろうか。というのも、とりわけ国家の武力をあくまで掌握しつづけようとする大伴氏にとっては、諸国境界画定を踏まえた持統天皇三年（六八九）の浄御原令制の施行、同年の兵士の差点もまた重大関心事であろう。これら一連の施策は、大伴氏が律令国家体制下の軍備・武力統制を介して諸国軍団を主導する機会であった。それと同時に、大伴氏が諸国の軍団で主導権を握る諸豪族との結合を如何に維持するかという課題の壁でもあった。

律令国家は、八世紀初期に河内から和泉を分割したのを皮切りに、次々と諸国の分割を実施した。諸国の分割は行政上の諸問題の改編と関わり、軍団兵士の差点等という武力編成の問題とも密接である。当然ながら、天武・持統朝、浄御原令制下の兵政官（大将軍）から大宝令制の兵部省へという転換と関わり、続く大伴氏の兵政官・兵部卿任用の後退と同時期である。大きく捉えれば、天武・持統朝、浄御原令制から大宝令制へと移行して、大伴氏の影響の強い時期の桎梏を脱するという方向性である。

次に八世紀における諸国の分割について再確認してみよう。元正朝初期の霊亀二年（七一六）に河内国から和泉監が分立した[51]。和泉監の分立は、元正天皇の茅渟宮の運営に充てるためであったといわれている。養鷹と関わりの深い土師氏等が和泉地域に居住していたことから、鷹戸の点定をめぐって、否、もしかすると削減の方針をめぐって河内国の渡来氏族との対立を深めたとみられる。他にも、河内国石川郡は大伴氏の一拠点があり、和泉国大鳥郡の「大伴高師浜[52]」は令制以前からの大伴氏の拠点であったと考えられている。これら二つの地域が河内からの和泉地域の分出によって分断されてしまったのである。しかもそれは、茅渟宮への奉仕を前提とした特別行政区「和泉監」としての待遇であった。

養老元年（七一七）に左大臣石上麻呂が没し[53]、右大臣藤原不比等が議政官の第一等に昇った。養老二年（七一八）に入ると、越前国から能登国、上総国から安房国、陸奥国から石背国、陸奥・常陸両国から石城国が分割されている[54]。各地域の分割は、各地域の大伴氏に近い諸勢力の分断と軌を一にしていたのではなかろうか。特に、霊亀二年、養老二年の分割は各地域の大伴氏に近い諸勢力を分断する措置であったと考えられ、大宝律令の施行を推進する律令国家にとっては大きな意義を有していた。

しかし、石背・石城は早くも神亀元年頃に再び陸奥に併合された。天平九年（七三七）の藤原四兄弟の死後に、橘諸兄が大伴氏の支持を得て政権を領導するに及んで、天平十二年に和泉を河内に併合し[55]、翌天平十三年に能登・安房をそれぞれ越中・上総に併合したのである[56]。能登だけが元の越前にではなく、越中に併合された。陸奥国が鎮守府を置いたいわゆる辺境の特別行政区であるからか、陸奥と併合された石背・石城両国は再び立国することはなかったけれども、和泉・能登・安房の諸国は藤原仲麻呂政権下の天平宝字元年（七五七）に再び立国した[57]。それ以降に併合された事実はないから[58]、基本的には諸国の分割措置が律令国家体制推進に有効であったといえる。このようにいったん併合された国々が再び分割されるなど地方支配の不安定さが顔を覗かせる。

七世紀後半・八世紀初期の律令国家体制成立期においては、諸国境界の変更が繰り返される中で、渡来氏族の重要性を忘れることができない。律令国家体制成立期に進展した渡来氏族の諸国移配が諸国の諸産業の一端を担い、また、諸国の軍団兵士、特に騎兵隊として差点対象となる人々を準備したといえよう。渡来氏族との関わりが深い鷹飼の編成においても例外ではなかったと思う。『日本書紀』の放鷹伝来記事では、鷹飼部（主鷹司鷹戸の前身）に伝わる百済王族由来の放鷹文化を重視している。この記事自体は八世紀に入って遣唐使が再開され、百済系をはじめとする朝鮮半島系の放鷹文化の雑然さを刷新するために、唐系の放鷹文化を摂取したことへの反発を反映したものであろう。諸国の貢鷹については、天智・持統朝に新来の渡来人諸集団の東国・近江への移配を実施した。さらに、七世紀前半までに渡来して畿内地域に在住していた渡来氏族を天武朝の諸国境界画定以降に北陸等の諸国に移配したのである。律令国家は新旧の渡来氏族の諸国移配を推進する中で、律令国家体制下の貢鷹国の人的基盤の一隅を形成したと考えられる。

第二節　養鷹の社会的結合

1　奈良初期の養鷹統制

七世紀後半の天智朝以降に渡来氏族の諸国移配が進められて、八世紀初期に令制の貢鷹制度が成立した。律令国家は、畿内外の旧来・新来の渡来氏族を諸国各地に移配して、各国の養鷹組織形成の基盤を整備した。ここで一つの見通しを立てることが可能であろう。諸国各地に移配された渡来氏族の存在は、国司・郡司等との新しい結合関係を作り出した。それとともに、渡来氏族を介して中央貴族と国司・郡司等との間に或る種の結合関係が生じたのではなかろうか。勿論、放鷹のことがそのすべての結合関係の媒介であるとは限らないけれども、放鷹を介する関係が人と人との間の支配従属関係や、それを通じての土地支配、領域支配に大きな影響を与えていたのではないかという見通しを立てている。

次の詔は、それを窺える史料であると考えられる。『続日本紀』神亀五年（七二八）八月甲午条の詔に、

詔曰、朕有レ所レ思、比日之間、不レ欲レ養レ鷹、天下之人、亦宜レ勿レ養、其待二後勅一、乃須レ養レ之、如有レ違者、科二違勅之罪一、布二告天下一、咸令二聞知一、

とあるように、神亀五年に「天下之人」の養鷹を停止した。聖武天皇自身が近頃養鷹を欲しないということ、また、「天下之人」に対して鷹を養うなかれと命じていること、「其待二後勅一、乃須レ養レ之」すなわち養鷹を許す勅が出れば養うことをゆるせと命じていることが簡潔に記されていた。

聖武朝初期の神亀五年に「天下之人」の養鷹を停止するという意義とは何であろうか。詔の意図を表す「朕有レ所レ思」の部分では、敢えて説明を加えていない。君主の仁愛・恩の実現を表明する養老五年詔や、また、放生司設置を目的とする天平宝字八年（七六四）十月乙丑の放鷹司停止及び同年同月甲戌勅の趣旨の明瞭さと相違して不可解である。従来、神亀五年八月甲午詔の直接的契機は、例えば、聖武天皇皇子の夭折と関係して理解されている。皇子病気の記事と養鷹停止の記事を含んでいる神亀五年八月の大部分は錯簡で乱れているため、当該時期の推移が理解し難くなっている。

改めて前後の状況を整理すると、「天下之人」の養鷹禁止は八月上旬頃である。同月下旬に聖武の皇太子某の夭折、翌六年（天平元年）二月の長屋王の変と中央での政変が続いた。神亀五年という時期を考慮すると、聖武朝では、困難な状況に先駆けて、「天下之人」の養鷹を禁止したという経緯が分かる。長屋王の変の直後、国司長官の天神地祇祭祀の掌握が命じられた[59]。さらに、天平二年九月末には、京・諸国の盗賊撲滅令、安芸・周防両国や京に近い山原における妖言の禁止、恣意的に兵馬人衆を集めて猪鹿の罠猟に用いることへの禁止を同時に発した[60]。神亀五年から天平二年にかけては、中央・地方の支配秩序への統制が打ち出されている。中央での政変が地方に影響し、このように様々な形で不穏な反応を示したのだろう。律令国家は次々と惹起する不穏な情勢への対策に追われていたのである。

神亀五年の「天下之人」の養鷹禁止は、神亀五年から天平二年までの不穏な社会情勢と無関係でなかった証拠である。『続日本紀』神亀五年八月甲午条に見える「天下之人」の養鷹禁止は、言葉の上で大雑把な「天下之人」を対象としている。しかし、具体的な政治的社会的関係を想定していたと考えてよいのではないか。神亀六年（天平元年）の中央での政変との関係で捉えるならば、長屋王等の関係者であったということになる。長屋王の支持勢力を把握することに意味があろう。長屋王は従姉妹の元正太上天皇と近く、両人ともに和泉・紀伊の諸豪族との関係が深い。特に、紀伊国の紀ノ川ルートは大和南部から瀬戸内海に通じ、五世紀代の大和政権の朝鮮半島出兵において重要な位置を占めていた(61)。朝鮮半島南部の渡来文化が色濃く残っている。長屋王は新羅の外交使節を自邸で接待するなど新羅との交流を深めていたが、和泉・紀伊両国の諸豪族の渡来文化との親縁性を基盤としていたのではなかろうか。和泉・紀伊両国には、大伴氏・紀氏・上毛野氏・文忌寸氏・秦氏等が分布した。例えば、出身地は未詳であるが、紀伊か和泉より出た可能性もある左兵庫少属大伴宿禰子虫が長屋王の恩顧を蒙っていたこと(62)、また、紀伊国伊都郡の上毛野君大山が長屋王家に出仕していたこと等を参看すると、長屋王が和泉・紀伊両国の諸豪族との交流を通じて様々な人材を募っていたのだろう。長屋王の変の際に、上毛野朝臣宿奈麻呂等七名は王と「交通」したとして流罪に処せられた(63)。上毛野朝臣宿奈麻呂等が何らかの事を起こそうとしていたのではないかと憶測する向きもあるが、その当否は分からない。上毛野朝臣宿奈麻呂等七名のほかに免罪された「自余九十人」が長屋王関係者として挙げられているから、長屋王と関係した紀伊・和泉等の諸豪族も含まれていたのではなかろうか。

次の規制は、長屋王の変に向かう政治的動向と関係する。神亀五年八月甲午詔から四ケ月ほど前に遡る、『続日本紀』神亀五年（七二八）四月辛卯条の勅に、

勅曰、如聞、諸国郡司等、部下有二騎射相撲及膂力者一、輙給二王公卿相之宅一、有レ詔捜索、無二人可一レ進、自レ今以後、不レ得二更然一、若有レ違者、国司追二奪位記一、仍解二見任一、郡司先加二決罰一、准レ勅解却、其誂求者、以二違勅罪一罪レ之、但先充二帳内資人一者、不レ在二此限一、凡如レ此色人等、国郡預知、存レ意簡點、臨二勅至日一、即時貢進、宜下告二内外一咸使中知聞上、

とあるように、諸国の国司・郡司等が任国・任郡内の「騎射相撲及膂力者」を「王公卿相之宅」に給していたので、詔があって捜索しても進上すべき人無しという状況であったといい、これに違犯する者として国司・郡司をあげて、さらに「誂求者」に対して違勅罪を以て罪せよと定めている。「誂求者」は在京の「王公卿相之宅」から諸国に遣わされて国司・郡司との間を媒介する使者であった。ここでは、先に「帳内資人」に充てるために貢進された「騎射相撲及膂力者」については禁止する限りではないと述べている。ということは、むろんであるが、「騎射相撲及膂力者」は、「国郡預知、存レ意簡點、臨二勅至日一、即時貢進」とあって本来的に「帳内資人」用に限定されたものではなかった。

「王公卿相之宅」の表現が長屋王や王と近い諸豪族、或いは王と対立する諸豪族を念頭に置いて記されたものと理解すると、長屋王等に対抗する藤原氏の諸勢力の動向も注意するべきである。例えば、養鷹の禁止を命ずる『続日本紀』神亀五年八月甲午条の詔と同日条において中衛府の設置が命じられていた。中衛府に所属した中衛三百人は、改めて選抜されたのであろう。中衛府の設置は、間接的に、神亀五年四月辛卯勅の「騎射相撲及膂力者」進上の停止と関係する。中衛の貢進の手続きは、帳内資人のような皇族・貴族の推挙を経ていないが、律令国家が国郡に中衛貢進を命ずる点では同じである。国郡が中衛貢進の勅を受け、予め「簡点」していた「騎射相撲及膂力者」を貢進するという手続きを窺い知ることができる。また、神亀五年八月甲午詔の養鷹禁止は、中衛府設置と同日に並べられ、中衛府の設置と関わっていたと考えざるを得ない。

従って、神亀五年四月辛卯勅の「騎射相撲及膂力者」貢進規制と、神亀五年八月甲午詔の「天下之人」の養鷹禁止とは無関係であると軽視することはできないのではなかろうか。それは、「天下之人」の養鷹が諸国国司・郡司と「騎射相撲及膂力者」との関係、また、「王公卿相」と「騎射相撲及膂力者」との関係を媒介していたという推定に基づくのである。「天下之人」の養鷹を介する政治的社会的関係が「王公卿相」、諸国国司・郡司、「騎射相撲及膂力者」の間に結ばれて、律令国家から求められる「騎射相撲及膂力者」の貢進を妨げていたと考えられる。

諸国国司・郡司の「騎射相撲及膂力者」貢進が神亀五年の「天下之人」の養鷹禁止の背景と同じであるならば、その具体的事例としては、「近江国志何郡古市郷計帳[64]」を挙げることができる。問題点は、神亀元年の計帳手実が戸主大友但波史族広麻呂を「藤原卿職分資人」、弟の大友但波史族吉備麻呂を「儲人」と記している箇所である。弟の吉備麻呂の「儲人」は、天平六年出雲国計会帳[65]所見の「儲士」と同義であろう。吉備麻呂は天平の計帳手実に「健児」と記されているように、近江国の健児として騎馬に長じていたとみられる。「儲人」「儲士」は、先の神亀五年四月辛卯勅にいう国司によって簡点されていた「騎射相撲及膂力者」のことを示しているのではなかろうか。これらは、いわば予備役の武人を指す言葉であったと推定する。兄の広麻呂もまた武人として本主「藤原卿」に仕えていたのであろう。「藤原卿」は、神亀元年当時の中納言藤原武智麻呂を指しており、和銅五年から霊亀二年にかけて近江守の治績をあげたことがあった[66]。大友但波史族氏が武智麻呂と関係を結んだのは武智麻呂の近江守時代であったといわれている。

近江守藤原武智麻呂と近江の大友但波史族氏との関係に見られるように、中央貴族は国司として任国に赴いて、武人進上を介して郡司等と結合したのである。中央貴族に仕える武人は、単に武芸を以て仕えるだけではなく、放鷹に従事して雉等の鳥獣類を進上するなどの食膳奉仕をしたとしても不思議ではない。また、鷹は、放鷹に用いるばかりではなかった。鷹の尾羽が矢羽として利用されたのではなかろうか。神亀五年八月甲午詔は、放鷹を禁止したのではなく、「養鷹」を禁止したと記されている。「養鷹」という表現は放鷹を含んで広く鷹に関わる産業を想定し得るのである。たとえば、『続日本紀』神亀五年四月辛卯条の勅によると、「王公卿相之宅」に集積された「騎射相撲及膂力者」は「騎射」の者を含んでいたという。「騎射」とは馬に乗って矢を射ることであり、この矢は「王公卿相之宅」の弓矢生産を前提としているのではなかろうか。長屋王家の家政組織では「御弓造」「矢作」等の武具製造の職種の存在を確認することができる。[67] 弓矢製造を手がかりに邸宅内で鷲・鷹を飼育していたと考えることもできるが、長屋王家木簡にかかる事実を示しているものはない。長屋王家では鷲・鷹の飼育を制限されていた可能性があるともいえるが、詳しいことはわからず、今後の出土史料の整理・公開が待たれる。

弓矢生産との関係でいえば、馬上で弓矢を操る「騎射」に欠かせない馬もまた、私的集積の対象となった。『延喜式』弾正台[68]に、

凡王臣馬数、依レ格有レ限、過レ此以外、不レ聴レ蓄レ馬、

とあるように、王臣の蓄馬頭数を制限した条文が見えている。この条文は、『続日本紀』天平宝字元年六月乙酉条[69]の勅五箇条の内、其の二「王臣馬数、依レ格有レ限、過レ此以外、不レ得レ蓄レ馬」をほぼ同字句で採用したものであるが、規定中の「格」は八世紀初期に遡るのである。すなわち、『続日本紀』養老五年（七二一）三月乙卯条に、

詔曰、制レ節謹レ度、禁ニ防奢淫一、為レ政所レ先、百王不易之道也、王公卿士及豪富之民、多畜ニ健馬一、競求亡レ限、非ニ唯損ニ失家財一、遂致ニ相争闘乱一、其為ニ条例一令ニ限禁一焉、有司条奏、依ニ官品之次一定ニ畜レ馬之限一、親王及大臣不レ得レ過ニ廿疋一、諸王諸臣三位已上二駟、四位六疋、五位四疋、六位已下至ニ于庶人一三疋、一定以後、随レ闕充補、若不レ能ニ騎用一者、録レ状申ニ所司一、即校ニ馬帳一、然後除補、如有レ犯者、以ニ違勅一論、其過ニ

品限一、皆没入レ官、

とあるように、親王から庶人に至る蓄馬頭数を規制している。これを範とする「王公卿士及豪富之民」の私馬所有制限が継続的に関心を集めていた。例えば、長屋王は、天平元年に自害するが、左大臣を極官とした。位階を昇る毎に蓄馬の制限枠を増やし、左大臣就任後、二十疋まで馬を飼うことができたことになろう。長屋王の家政組織には「馬司」があり、馬甘・馬作医等が属していた。

　このように、中央貴族の鷹集積に関連して、武人・馬の集積に対する禁制を取り上げてみた。王臣家は武人・馬だけではなく、それ等に関わる鷹の進上を諸国の国司・郡司等に求めていたと思われる。元正・聖武朝には、中央貴族と国司・郡司等との間を行き来する武人・馬・鷹への統制が盛んに強化されたのである。これらの統制策が長屋王の変に至る直前まで連続しているという事実によれば、統制策の背後に皇位継承をめぐって対立を深めていた長屋王派と藤原武智麻呂派との間で武人・馬・鷹をめぐる集積競争があったと考えることができる。

　八世紀初期の中央貴族による武人・馬・鷹の集積を別の観点から見直したい。中央貴族による武人・馬・鷹の集積は、諸国の国司・郡司・百姓等による武人・馬・鷹の養成を喚起したのであり、それへの規制強化は諸国の神祇祭祀への統制と深く関わるのではなかろうか。年代をやや遡ると、神祇祭祀への統制の事例があった。例えば、山城国賀茂神社の賀茂祭の騎射は、しばしば規制を加えられている。『続日本紀』文武天皇二年（六九八）三月辛巳条に、

　禁二山背国賀茂祭日会レ衆騎射一、

とあり、また、『続日本紀』大宝二年（七〇二）四月庚子条に、

禁下祭二賀茂神一日、徒衆会集執レ仗騎射上、唯当国之人不レ在二禁限一、

とあるように、山城国の賀茂社の祭祀では「衆」が「会集」して騎射が行なわれ盛況を極めていたが、八世紀初頭頃に山城国の人間にのみ許されることとなった。それまでは、近隣の諸国から騎射を得意とする者が賀茂祭に参集していたということが分かる。山城国の近隣は、もちろん近江国が含まれている。近江国の漢人系の渡来氏族も賀茂祭日の騎射に参加していたのではなかろうか。その中でも、近江の大友但波史族吉備麻呂のように「儲人」「健児」として把握されるような武人的存在が規制対象となり、隣国山城の賀茂祭への参加を制限されたということも十分考えられよう。

賀茂祭の騎射の事例を挙げたが、このように競馬・騎射・放鷹等の武事は、古代の神祇祭祀において盛んであったわけである。武人・馬・鷹は、単に集積される武力以上に重要な位置を占めていたといわねばならない。近江など山城国周辺諸国の人々が賀茂祭への参加を禁じられたという措置は、国毎に武人等を把握しようとの律令国家の意向に沿うものであろう。文武朝における賀茂祭への規制強化は、各国管内支配の強化、大宝律令の施行と関係している。各国管内支配の強化は、聖武朝に一層強められた。国司長官を頂点とする諸国神祇祭祀管理統制の強化が聖武朝に行なわれたのである。

『続日本紀』神亀二年（七二五）七月戊戌条に、

詔二七道諸国一、除レ寃祈レ祥、必憑二幽冥一、敬レ神尊レ仏、清浄為レ先、今聞、諸国神祇社内、多有二穢臭一、及放二雑畜一、敬神之礼、豈如レ是乎、宜下国司長官自執二幣帛一、慎致二清掃一、常為中歳事上、又諸寺院限、勤加二掃浄一、仍令下二僧尼一読中金光明経上、若無二此経一者、便転二最勝王経一、令下二国家一平安上也、

とあるように、詔を下して、諸国の神祇社内の穢臭等の状況を述べて国司長官自らが幣帛を捧げ、清掃を致すことを毎年の行事とせよ、と命じている。

また、『続日本紀』天平元年（七二九）八月癸亥条に、

又、諸国天神地祇者、宜レ令下二長官一致上レ祭、若有二限外応レ祭山川一者聴レ祭、即免二祝部今年田租一、

とあるように、天平元年に天神地祇は国司長官が祭りを執行するべきであり、もし「限る外」に祭るべき山川があれば祭るをゆるせ、とした。天平元年以降、律令国家は新たな諸国天神地祇祭祀の掌握を国司長官に対して励行したわけである。

国司長官が新たな神祇を中央に報告して祭るという手続きの成立を前提に天平元年の改革を理解することとしたい。これは、国司―在地間の動向を視野に捉えるべきである。天平元年以前、新しく祭るべき山川は次第に増えていたのであろう。山川は恐らく既に管内の豪族によって祭られていたが、国司の次官以下や郡司も積極的に神祇祭祀に参加していたと考えることは可能である。天平元年以降に、管内の豪族が新たに祭る山川を国司長官の祭祀対象に組み入れることとなった。国司長官が新しく祭る天神地祇を律令国家に申請することによって、国司と管内の豪族層との関係を密にしたと考えられる。見方を変えていえば、天平元年の措置は、いわば管内の豪族側が国司に委ねた祭祀権の所在を顕在化させるものであったといわねばならないであろう。

国司長官の管内祭祀権の掌握は、従来の天神地祇を祀る豪族や、次々と新たな天神地祇を奉斎した豪族を支配するために重要な行為である。そして、国司長官による祭祀権の掌握において注目されるのが、諸国に移配された新旧の渡来氏族の役割であり、彼らが様々な技芸を通じて諸国の武力を担い、かつ天神地祇の祭祀に関与していくのではないかと思う。国司長官の管内祭祀の具体例は、『万葉集』の越中守大伴家持「放逸せる鷹の歌」に見ることができる。次に、大伴家持の越中守時代の放鷹について考察することとしたい。国司の放鷹の実態については殆ど明らかになっていないが、八世紀半ばの家持の「放逸せる鷹の歌」はそれを窺う上できわめて貴重な

素材となるものであろう。

2　国司養鷹と「養吏」

大伴家持は、畿内の武門的豪族大伴宿禰旅人の長子として八世紀初期に生まれ、十代後半から内舎人となって聖武天皇の側近に仕えた。『続日本紀』に見えるその官人としての経歴は、まず天平十七年（七四五）正月に従五位下に叙され、次いで翌年三月に宮内少輔に任じられたが、その数ケ月後、早くも越中守に転任する。[70]時に推定三十歳くらいである。天平十八年から天平勝宝三年（七五一）の足掛け六年ほどを越中守として過ごすことになる。

『万葉集』巻十七の歌の中から、越中守大伴家持の天平十九年九月二十六日作「放逸せる鷹を思ひて、夢に見て感悦して作る歌」（「放逸せる鷹の歌」と略す）を次に掲げる。短歌四首及び左注を付している。[71]

大君の　遠の朝廷そ　み雪降る　越と名に負へる　天離る　鄙にしあれば　山高み　川とほしろし　野を広み　草こそ繁き　鮎走る　夏の盛りと　島つ鳥　鵜養が伴は　行く川の　清き瀬ごとに　篝さし　なづさひ上る　露霜の　秋に至れば　野も多に　鳥すだけりと　ますらをの　とも誘ひて　鷹はしも　数多あれども　矢形尾の　吾が大黒に（大黒は蒼鷹の名なり）　白塗の　鈴取り附けて　朝猟に　五百つ鳥立て　夕猟に　千鳥踏み立て　追ふごとに　ゆるすことなく　手放れも　をちもか易き　これをおきて　またはありがたしさならへる　鷹は無けむと　情には　思ひ誇りて　笑ひつつ　渡る間に　狂れたる　醜つ翁の　言だにも　われには告げず　との曇り　雨の降る日を　等我理すと　名のみを告りて　三島野を　そがひに見つつ　二上の　山飛び越え

て　雲隠り　翔り去にきと　帰り来て　しはぶれ告ぐれ　招くよしの　そこに無ければ　言ふすべの　たどきを知らに　心には　火さへ燃えつつ　思ひ恋ひ　息づきあまり　けだしくも　逢ふことありやと　あしひきの　をてもこのもに　鳥網張り　守部を据ゑて　ちはやぶる　神の社に　照る鏡　倭文に取り添へ　乞ひ祈みて　吾が待つ時に　少女らが　夢に告ぐらく　汝が恋ふる　その秀つ鷹は　松田江の浜行き暮らし　鰤捕る　氷見の江過ぎて　多古の島　飛びたもとほり　葦鴨の　すだく古江に　一昨日も昨日もありつ　近くあらば　今二日だみ　遠くあらば　七日のをちは　過ぎめやも　来なむわが背子　ねもころに　な恋ひそよとぞ　夢に告げつる

矢形尾の鷹を手に据ゑ三島野に猟らぬ日まねく月そ経にける

二上のをてもこのもに網さして吾が待つ鷹を夢に告げつも

まつがへりしひにてあれかもさ山田の翁がその日に求め逢はずけむ

情にはゆるふことなく須加の山すかなくのみや恋ひ渡りなむ

右、射水郡古江村取二獲蒼鷹一、形容美麗、鷙レ雉秀レ群、於レ時、養吏山田史君麻呂、調試失レ節、野猟乖レ候、搏風之翅、高翔匿レ雲、腐鼠之餌、呼留靡レ験、於レ是、張二設羅網一、窺二乎非常一、奉二幣神祇一、恃二乎不虞一、粤以夢裏有二娘子一、喩曰、使君、勿レ作二苦念一空費二精神一、放逸彼鷹獲得、未レ幾矣哉、須臾覚寤、有二悦於懐一、因作二却レ恨之歌一、式旌二感信一、守大伴宿禰家持、九月二十六日作也、

長歌の概要は、以下の通りである。都から遠く離れた夷である越中の風景に始まり、その中で催される夏の鵜飼、秋の鷹狩を描写する。次に鷹狩で用いる蒼鷹「吾が大黒」のすばらしさ、すなわちいかによく調教され、多くの獲物を捕る鷹であるかを自慢する。ところが、調養係の老人が家持に無断で「大黒」を持ち出して、雨の降

る日に三島野で調養しようとしたが逃げられてしまう。その報告を受けた家持は「大黒」への思いを述べて、鳥網を張り神社に奉幣して待っていると、夢の中で娘子が現われて、「大黒」は既に二上山を越えて松田江、氷見江、多古島の順にさまよい、いまは古江にいて、間もなく戻ってくるだろうというお告げを受けた。短歌四首に関しては、長歌の内容を単に詠み直したものとする説と、その後の経過を詠んだとする説があって定まらない。左注は、作歌の契機を漢文体で説明している。左注は長歌をなぞるかたちであったが、冒頭と末尾で前後の状況を解説していて、単なる繰り返しではない。

作歌の背景に関しては、北山茂夫氏[72]が作歌の条件を家持の放鷹への強い愛好に帰しているが、家持の養鷹・放鷹が国司の行為である以上単に愛好の次元で捉えきれるものではないであろう。一方で、神堀忍氏[73]は、作歌の動機について「『秀つ鷹』『我が大黒』を失った憤りが、かような物語的構成をもつ長大作にまとまる裏に、あるいは掾大伴池主の越前転出をめぐっての、抑圧されたエネルギーの存在を想いみるのはいかがであろうか」と述べており、鷹の放逸を契機に池主転出の「抑圧されたエネルギー」が作歌に噴出したとみる。これ以後、越前に転出した歌友の越中掾大伴池主を、放逸した鷹に重ねているという解釈が浸透した。しかし、それは的確な解釈といえるだろうか。神堀氏は歌の内容に殆ど言及しておらず、前後の状況から導き出した推測を述べたに過ぎない。作歌の動機は、逃げた鷹のゆくえを告げる夢を見たので、「恨」を除くために歌を作ったと左注に表明している。「恨」を昇華させる目的が作歌にこめられていたというのであるから、「恨」の意味についてもう一度疑ってみなければならないだろう。この「恨」は従来、「鷹飼の翁に対する恨み」（窪田空穂『萬葉集評釈』）、または「逃がした君麻呂、逃げた鷹に対する悔恨」（土屋文明『萬葉集私注』八）、あるいは「君麿が鷹を逃がし、鷹が帰って来ない恨」（日本古典文学大系『萬葉集』四）と考えられており、いずれも養吏の山田史君麻呂に対する恨みについては共通するが、日本古典文学大系『萬葉集』四ではそれに加えて神社に祈願しても鷹が帰って来ないことに対する恨みをも意味するというのである。また他にも、佐佐木信綱氏は逆に、鷹の帰って来ない恨みを君麻呂に向けたと解する。このように各説の間では、ニュアンスが微妙に異なる。

そこで、この「恨」に関連して、池田三枝子氏[74]によるホトトギスの歌についての研究を参照する。池田氏は、家持作「贈判官久米朝臣広縄霍公鳥怨恨歌一首并短歌」（巻十九―四二〇七・四二〇八）の題詞中「霍公鳥怨恨歌」が「霍公鳥を怨恨むる歌」とは詠み得ないことから、ホトトギスの鳴かぬことへの怨みを題詞に記す他の歌とは状況が異なっていて、その怨みは単にホトトギスのみに向けられたものではないという。怨む対象は、文芸の題材を提供してくれないホトトギスであり、ホトトギスの声を聞きながらそれを家持に告げようとせず、ホトトギスを共に愛でるような文学的交友を持とうとしない広縄であった。つまり、家持の「怨」とは家持の文学観・交友観に関わる感情であり、家持の他の作品の解釈や作歌活動を考える上にも、「怨」をキーワードとすることが有効になるはずであるという見通しを立てている。

尤も、「放逸せる鷹の歌」においては「怨」ではなく「恨」であるが、「霍公鳥怨恨歌」の題詞の「怨恨」という表現から、「恨」もまた歌を解釈し直す鍵となる可能性がある。その点で池田説は傾聴に値する。ただし、ホトトギスを鷹に、久米広縄を養吏山田史君麻呂に置き換えてみても、鷹はホトトギスと違って歌の素材に殆どなっておらず、また、君麻呂は鷹の調養を専らとする者であって歌を残していない。この「恨」は、文学的交友や作歌活動に関わる感情ではありえない。家持の鷹はいうまでもなく放鷹に用いた鷹であった。文学的交友や作歌活動に代えて、放鷹に関わる「恨」であることは容易に思い当るのである。「恨」を起点に据えるならば、家持が放鷹に対して如何なる感情を込めていたのか、そして如何なる姿勢で取り組んでいたのかを考えることになる。端的にいえば、「恨」は鷹の放逸後に生じた心情であり、放逸前の心情の裏返しであったといえる。放逸前の放鷹に対する心情とは、「思ひ誇り」というものである。「思ひ誇り」の次に鷹の放逸があるや、「思ひ恋ひ」、さらには「恨」を生ずる。要するに、この心情変化は、家持の置かれた状況の変化によって促されたのである。

次に、家持の心情変化を軸に「思ひ誇り」を生んだ放鷹の具体的な実現過程を明らかにして、放逸後の「思ひ恋ひ」「恨」の背景にある放鷹の意義について述べることとしたい。

家持が放鷹を歌材とした時期は、越中守時代に限られていた。しかも「放逸せる鷹の歌」と、天平勝宝二年「白き大鷹を詠む歌」という二つの長歌に、短歌を加えて全七首にすぎない。[75] 鷹という素材は『万葉集』においても非常に稀なものであった。中国の詩文の素材には用いられており、それを家持が導入したと説明されてきたのである。

ただ、このことは、古代に放鷹が殆ど行なわれなかった時代状況を示すものではない。家持の七首以外に若干の例があった。

垣越ゆる犬呼び越して鳥猟する君青山の繁き山辺に馬やすめ君（巻七―一二八九）

梓弓末の腹野に鷹田する君が弓弦の絶えむと思へや（巻十一―二六三八）

都武賀野に鈴が音聞ゆ可牟思太の殿の仲子し登我里すらしも（巻十四―三四三八）

「鳥猟」「鷹田」「登我里」のいずれもトガリと訓み慣わしている。ただし、すべてが直接放鷹を指しているかは疑わしい。従来の解釈によれば、「放逸せる鷹の歌」においては、明らかに放鷹を指して「等我理」と詠んでおり、そこから類推して以上の三首のトガリを放鷹と理解することが普通であった。しかし、トガリの語義はあくまで、鳥を狩るという意味であって、狩る手段を表現してはいない。鳥を狩るためには弓矢も鷹も犬も用いるから、手段よりも鳥を狩るという目的を重視した呼称であろう。ここでは放鷹もトガリの一手段であるという前提で論を進める。三首は、トガリの担い手自身が歌ったものではなく、まわりの人間がトガリする人間を歌に詠み込んだものである。トガリする人間については、三首目の「殿の仲子」が「殿の若子」ともいうと注記され、他に「稲舂けばかかる吾が手を今宵もか殿の若子が取りて嘆かむ」（巻十四―三四五九）という例があった。これらの「殿」は在地豪族を指し、「殿の若子」「殿の仲子」はその子弟を指したと推定されている。(76) これらの歌は彼らにとって、いかに放鷹が身近なものであったかを示すとともに、在地豪族が鷹を手に入れていたことを示している。

ところが、良い鷹を入手するということは、容易ならざる仕儀であった。鷹は、鳥類のなかでも非常に警戒心が強く、雌雄を飼って交配させることや、ましてやそれで雛を得ることなどは難しい。かならず野生の鷹を獲得して調養しなければならなかった。家持もまた左注の冒頭において、大黒を「射水郡古江村」で取り獲たと明記するのであるが、獲得方法などの詳しい説明は省いている。

これまでは長歌の割注や左注の「蒼鷹」を手がかりに、『倭名類聚抄』の「広雅云、一歳名之黄鷹俗云和賀太加、二歳名之撫鷹俗云加太加閉利、三歳名之青鷹白鷹今案、青白随色名之。俗説、鷹白者不論雌雄皆名之良太賀、不論青白大者皆於保太加、小者皆名勢宇。漢語抄用兄鷹二字為名所出未詳。俗説、雄鷹謂之兄鷹、雌鷹謂之大鷹也」という解説や隋魏彦深鷹賦の一節「千日成ㇾ蒼」に基づいており、「大鷹」「蒼鷹」（青鷹）はオオタカの雌であるから、大黒はオオタカの三歳もしくは三歳以上の雌と推定されている。(77) 大黒が天平十九年に三歳であったとすると、家持が大黒を得た時期は何時であろうか。家持は、前年の十八年七月に越中に下向した。(78)「放逸せる鷹の歌」を詠んだのが十九年九月二十六日であり、大黒の放逸はこれより以前、反歌に「矢形尾の鷹を手に据ゑ三島野に猟らぬ日まねく月そ経にける」というので、ひと月ほど前の八月頃であったと推測することができる。これは、秋に放鷹を始める「始鷹獦」が八月以降である点でも裏付けられる。[79] 家持が赴任してから放逸まで一年と一ケ月の年月を数えている。大黒の捕獲は、この期間になされた。これだけの月日があいていれば、雛の段階から育てられるのではないかと思うかもしれないが、この考えは大鷹（蒼鷹）の成長過程を知れば否定されることになる。雛は白い羽毛が抜けても体の上面が褐色であって、二年目に個体差があるが暗褐色・暗灰色に変わり、三年目に換羽すればようやく暗青灰色・暗褐灰色の成鳥になる。[80] 大黒という名称は少なくとも三年目以降に当たり、体上面の黒さが他の鷹より濃いという特徴をあらわしていた。大黒は三歳くらいの若い鷹であろう。

鷹の捕獲には、巣下ろし（巣鷹）と網捕り（網捕鷹）の二種類の方法があった。[81] 巣下ろしは、木の梢や断崖に営まれた巣を探して、親鳥の隙をうかがい、そこに昇って雛を下ろす。網捕りは、成鳥の捕獲に用い、鷹の飛行する箇所に網を仕掛けて囮でおびき出して網に懸かるのを待つ。捕獲方法の選択は、雛か成鳥かによって異なるわけである。大黒の場合は鳥網を用いて捕獲した。捕獲場所の「射水郡古江村」は、長歌に「葦鴨のすだく古江」と詠まれているように、越中国府の西にそびえる二上山の北麓であって布勢水海の水辺に接する。野生の鷹にとっては、餌の獲得が死活問題である。布勢水海のほとりには、水鳥が群集していた。布勢水海のようなラグーン（潟湖）は、水鳥のすみかとして格好の場所であった。渡り鳥を網で捕る猟法は、古代・中世・近世を通じて広く行なわれたが、渡り鳥と共にそれを狙う鷹がしばしば網に掛かることがあった。[82] 或いは、山林中で捕らえたと仮定した場合に、大黒放逸後の措置が参考になるであろう。二上山のあちこちに「鳥網」（左注では「羅網」）を張り設けて「守部」を据えたといい、これは成鳥の捕獲方法である。「鳥網」を張る場所はどこでもよいわけではない。例えば、「鳥網張る坂手を過ぎ」（巻十三―三二三〇）という句中の枕詞「鳥網張る」の係る坂手は、坂という地形に由来する地名であろう。従って、網を坂等の山林中の鷹の通り道に仕掛けたのである。

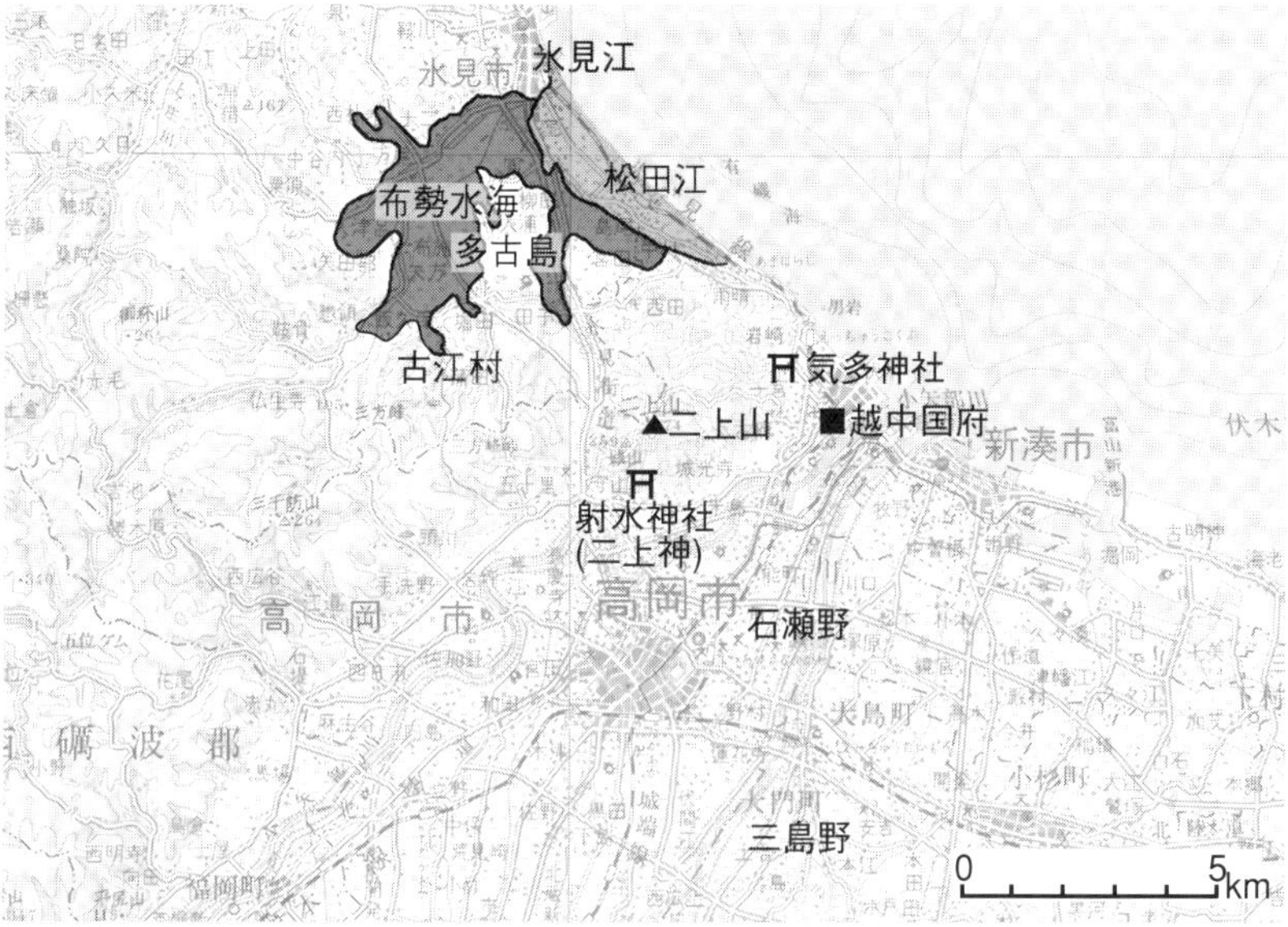

図 3　越中二上山周辺図

射水郡内に棲息する鷹を鳥網で捕らえることができたのは、鷹の寄り来る処、飛んで通過する処を何箇所も熟知していて、家持の求めに応じて「守部」を担当し鷹を捕獲する者である。個人がこの作業を担当することは無理であったと思われるので、山中・水辺の環境を熟知した複数の在地住人を想定すべきであろう。また、鷹捕獲の「鳥網」については、「守部」となるよう命じられた者達によって新調されたものではなく、在地においてふだん鳥猟や漁労に用いている網を差発したものと考えるのが妥当であろう。[83]「守部」となるべき人々の具体的把握の鍵は、在地住人の居住地の環境である。大黒が最初に捕獲された古江村では、その南に二上山を擁する。二上山は、大黒が三島野から放逸して飛んで向かったところであった。二上山の周囲は二上丘陵の東端に位置し、北側に布勢水海を、東側に海を、南側に射水平野を配する。二上山南麓には神社が所在した。[84]この神社に祀られた神は六国史所見の「二上神」であって、延喜式内社の射水神社に相当するものと見られている。[85] ここでは射水神社奉斎者を詳しく検討することはできないが、二上山を航海の目印にしていた山麓集住の海人集団の存在が指摘されている。[86]
また、二上神は本来、伊弥頭国造、射水臣氏によって奉斎されていた祖神であったという説もある。[87] 確かに、三島野と重なる三島郷においては戸主射水臣某の存在が知られているように、射水臣氏は二上丘陵東南部の射水平野に勢力を張っていた。[88] 二上山南麓に神社があることからしても、射水臣氏が二上神奉斎の中核的な豪族であったと思ってよいであろう。家持が二上山のあちこちに網を仕掛けて守部を据えたということは、家持が国司の権威を背景に二上山の神域に人を踏み込ませたことを意味している。
射水郡で在地の諸勢力を把握して、しかも国司の要求を直接に受けることができる者は射水郡司である。家持の越中守時代に名を知られている射水郡司は、大領安努君広島ただ一人であった。天平勝宝三年に家持が少納言遷任で帰京する際、大領広島は館の門前の林中で餞別の宴会を設けている。[89] 越中国府が射水郡内に所在する以上、家持が射水郡の長官と親近の間柄になるのは当然であった。そればかりではなく、二上山における鷹の捕獲を考えるにあたって、大領広島の存在は意外な重みをもってくるのである。大領広島が守部及び鳥網を差発して、鷹の捕獲を指揮したのではないかと考えられる。例えば、トガリ関係の歌から「殿」と呼ばれる在地豪族が放鷹を行ない、野生の鷹の捕獲に練達した者を抱え込んでいたことが分かる。大領広島は、越中国射水郡の在地豪族層において「殿」と呼ばれていた人々である。国司が放鷹を一つの梃子に国内の在地豪族等と私的に結びついていく必然性が生まれる。在地豪族等の中で郡司に任命された者が、国司と在地豪族等との媒介を果たしていた。
その一例に当たる安努君広島は、元来、二上丘陵北西部の阿努郷に所属したと推定できるが、近隣の古江郷には八世紀後期に「阿努君具足」という広島の同族が所属していた[90]。古江郷は大黒捕獲の古江村と関係する行政組織である。古江郷に所属する「阿努君具足」等の射水郡内有力氏族を鷹捕獲に駆り出したと推定することができよう。国司が郡司を通して在地の人間を私的に差発、使役すれば、摘発され罰せられているから[91]、日常的に行なわれていたようであるが、そうした行為は私的なものか、公的なものかという区別が難しい。広島は国司の要求を受けると、郡司の職務を通じて、郡内有力豪族を役していたであろう。鷹を捕らえること一つをとっても、それが国守たる家持の要請であれば、尚更良鷹を捕らえるべく、郡司は郡内住人を動員して「守部」を命じたと考えられる。

但し、家持の要求する良き鷹、「秀つ鷹」の条件は、左注に「形容美麗にして、雉を鷙ること群に秀れたり」、長歌に「追ふごとに　ゆるすことなく　手放れも　をちもか易き」と見えて難しい。「形容美麗」であっても、「追ふごとにゆるすことなく」「雉を鷙ること群に秀れ」ていなければならなかった。勿論単に雉を捕るばかりでは野生の鷹となんら変わるところがない。「手放れもをちもかやすき」鷹が求められた。それはすなわち鋭い目で獲物を捕捉したら使い手の臂をぱっと離れて獲物に向かっていき、獲物を仕留めたら使い手の呼び声に即応して臂に戻ってくる一連の所作である。よりよく調養され得る鷹であるということが野生の鷹と異なる最も大きな条件であった。

家持は、大黒の調養期間に越中国を留守にした。家持は、天平十九年五月から九月以前までの数ケ月間に税帳使として上京しており、長期不在のあいだに大黒が調教を受けていたわけである[92]。大黒を「手放れもをちもかやすき」状態に変えるためには、毎日訓練することのできる者を大黒に付けてやらねばならない。家持自身に代わる者、左注にいう「養吏山田史君麻呂」が大黒の調養を担当した。君麻呂に冠せられた「養吏」は、国司を別に

「国吏」と書く場合があるのと同じであって、正式の職掌名とはいえないであろう。諸注では大体「鷹を飼育する役人」等と解され、「国府付属の飼育係」とする説もあるが、この歌の左注以外にはさしたる根拠がない(93)。どちらかといえば、拙劣な技術しかもたない在地の役人という印象であるが、それは妥当な見方であろうか。

諸国国府の下で鷹を調養する人間は「鷹養人」とも呼ばれており、「養吏」君麻呂はこれに相当するだろう。天平十年の筑後国正税帳(94)に見える「鷹養人」は、六月一日から九月二十九日にかけて鷹を調養し、京に運んでおり、大宰府の貢進体制に組み込まれていた。これは天平十年の時点における筑後一国の事例にすぎず、大宰府管内の鷹養人は管内諸国に分布していたと思われる。また、他の畿内六道諸国においてもまた、各国が鷹養人を抱えて、自国内で捕らえた鷹を調養した(95)。鷹養人の身分については、筑後国の「鷹養人」に対して国府の正税から支給される食稲の量が俘囚や流人と同じである点で、身分的に低い待遇を受けていたといわれる(96)。これは中央の兵部省放鷹司に所属する鷹戸（鷹養戸）が品部であったことから類推された見方であった。しかし、君麻呂はそのような立場に置かれていたとは思われない。品部の鷹戸にしても、放鷹司の停止に際しては「公戸」（公民百姓の戸）に混入されたのであり、必ずしも公民百姓より下位にいたわけではなかった(97)。鷹戸と公民百姓とは身分的に高低がなく、所属官司が放鷹司か国郡衙かという所属先の違いである。また、長歌によると、君麻呂を「狂れたる醜つ翁」と表現する。これは鷹に逃げられたという特殊な状況に規定された悪口表現であって、あくまで家持と君麻呂の関係において出た表現である。「狂れたる醜つ翁」の表現はむしろ家持の意図的な偽悪化の手法によるものであったという指摘もある(98)。偽悪化と見る評価の是非はともかくとして、「狂れたる醜つ翁」の表現からは身分的な卑賤視を導き出すことはできない。

では、君麻呂は、いかなる立場の「養吏」として養鷹に関与したのだろうか。山田史君麻呂の出身氏族山田史氏は、元来、越中在地の氏族ではなく、河内国を拠点に中国系の渡来氏族を称していた[99]。君麻呂の技術は、出身氏族の環境に影響を受けていたのではなかろうか。

山田史氏の本拠地が放鷹を存分に行ない得る環境にあったとみられるが、その推定地は二説に分かれて確定していない。一つは、河内国交野郡山田郷である[100]。山田郷の南方に広がる交野は、雉の棲息地として著名であった。山田史氏は交野という絶好の良野で放鷹に親しんだと思われる。もう一説は、同じく河内国内で現在の大阪府南河内郡太子町山田である[101]。どちらの比定地も牧や猟場を広く抱える同国の土地柄にふさわしく、放鷹を実践するには適当な場所であった[102]。

山田史氏の「史」は渡来氏族に与えられたカバネで、フムヒト、フミヒト、フビト等と訓じ、田辺史氏の祖先伝承[103]によると、文書を解する者という意味を持っている。「史」的な素養は動物飼育と無関係ではなく、飼育関係の技術者は書物を解する必要があったのではなかろうか。中国古代では鷹・牛・馬の飼育技術が「鷹経・牛経・馬経」とよばれる書物にまとめられていた[104]。たとえば、飼育動物が病気にかかれば、治療法をより多く知るほど対応しやすい[105]。中でも放鷹は、仁徳朝に百済の王族から伝わった特殊な技術であった[106]。中国と百済との間の技術的な差異については未詳であるが、日本では伝来以降、海外の調養方法が尊重されたのであろう[107]。中国系の渡来氏族の山田史君麻呂に鷹の調養を委ねることは、特別な意味をもっていたと考えられる。

中央の兵部省放鷹司の官人および鷹戸は、百済系の渡来氏族を中心として、百済以外の背景を有する諸氏族を加えて構成していた。律令国家は、彼らを統制するために、百済系の放鷹をベースとしながら、同時に他の系統の放鷹を導入したのではないかと思う。七世紀末~八世紀初期に他系統の放鷹を伝えた人物としては、新羅や唐への外国使節・留学生等を想定することが可能である。実は、山田史氏もこの時期の外来文化受容に大きな役割を果たした。山田史君麻呂の一族の山田史御方はもともと僧侶で、天武朝に新羅に留学して、持統朝に帰国すると還俗させられ、官人となった。御方は、いうまでもなく新羅の文物を伝えたのであろう。その一つとして放鷹が含まれていた可能性は高い。御方は僧侶として新羅に渡ったのであるから、彼自身が放鷹を修得したとはいえないが、山田史氏の本拠地が牧野の多い河内国であったと知れば、山田史氏の養鷹技術が単なる書物の知識の伝達に止まらなかったのだろうと想像し得るのである。

畿内の山田史氏は、奈良時代に天皇との親近な関係を介して台頭した。特に聖武天皇の東宮時代の学問指導者の一人に数えられた山田史御方、孝謙天皇の乳母として重用された山田史比売嶋という二人が同族の登用に努めたのか、何人もの山田史氏が『続日本紀』等に散見する(108)。山田史比売嶋は「山田御母」と呼ばれるほど孝謙天皇に信頼されていた。天平勝宝六年（七五四）三月自らの邸宅を宴会の場所として左大臣橘諸兄に提供したことが『万葉集』に記されている(109)。そこには少納言大伴家持も参加して歌を残した。比売嶋邸宅の宴会は、比売嶋が孝謙天皇と親しいだけではなく、橘諸兄や大伴家持に近い関係にあったことを証明するものであった。

越中の君麻呂は『続日本紀』に見えず、御方や比売嶋と異なって五位以上の官人になれなかった傍系の一族であった。君麻呂の山田史氏は、河内から越中に移住した系統であろう。山田史氏の越中移住の時期は問題となるが、七世紀末の天武・持統朝頃に「越国」が越前・越中・越後に分割された際、越中の国府組織整備のために河内の渡来氏族山田史氏の一部を移配したのではないか。素直に考えると、越中国府は射水郡居住の山田史氏を把握し、養鷹等の職務に充てていたとみられる。

家持と君麻呂との関係は国司と「養吏」との関係であるが、両者の媒介項「大黒」は越中国府のものというよりも、越中守家持のものという印象を受ける。長歌の「吾が大黒」という表現を穿って公有の鷹と推定する説もあり、大黒の帰属先が問題であろう。例えば、馬や鵜などは官の所属と国司個人の所属とに区別されている事実[111]が参考になるだろう。鷹に関しても同様に区別されていた可能性は十分ある。官私の区別の一端は、飼育場所に表われている。大黒などの鷹を飼育する場「トクラ」(読み下しで鳥座と書く)は、「妻屋」「やど」の内に置かれており、家持の居住する国守館内に比定される。[112]しかし、大黒は家持の国守館において飼育され、館に君麻呂を召して鷹を委ねていたからといって、直ちに国司個人の所属に帰するものといえるであろうか。「大黒」が官の鷹であるか、家持個人の鷹であるかについては、結局、容易に判断できず、家持が越中国で国守たる以上、越中で得た物は如何なる手段で得た物であろうと全て公的なものと見なされていたと考えられる。

3　国司養鷹と祭祀

大宰府の調養期間が六月～九月の約五ケ月間(閏七月を含む)であることを参照すると、君麻呂が大黒を調養した期間はそれよりも早く、少なくとも「始鷹猟」が八月頃であったので、七月八月のあたりにはほぼ調養を終えていなければならない。

君麻呂による調養の過程を大方終えると、家持が大黒を狩猟に用いる段階に入る。放鷹を始める季節は、「放逸せる鷹の歌」に、

露霜の秋に至れば　野も多に　鳥すだけりと　ますらをの　とも誘ひて　鷹はしも　数多あれども　…さならへる　鷹は無けむと　情には　思ひ誇りて　笑まひつつ　渡る間に…

とあり、また、「白き大鷹を詠む歌[113]」に、

秋づけば　萩咲きにほふ　石瀬野に　馬だき行きて　遠近に　鳥踏み立て　白塗の　小鈴もゆらに　合はせ遣り　振り放け見つつ　いきどおる　心の内を　思ひ延べ…

と詠んでいるように、秋に放鷹を始めている。

橋本達雄氏[114]は、「放逸せる鷹の歌」作成の天平十九年（七四七）九月二十六日が立冬に当たっているので、放鷹が冬を最適とする観念から立冬を意識して作ったとも受け取れるが、歌の中では秋の到来に関わる行事となっていて、なお慎重な判断を要するとした。たしかに十世紀の朝廷儀式書『新儀式』[115]によれば、放鷹の儀式である野行幸は、冬（旧暦の十・十一・十二月）を本とするものといわれている。折口信夫氏[116]は、これが鎮魂祭の季節に重なるために、放鷹の「たまごひ」的意義を指摘した。しかし、『新儀式』でいう冬は、あくまで放鷹に最適な季節をいう。『新儀式』より古い九世紀の事情を示している六国史の天皇遊猟記事[117]を整理すると、遊猟は四月から七月まで殆ど行なわれておらず、秋から始まって、冬・春に実施回数が集中している。遊猟回数記録が最も多い桓武天皇の在位中の通算を例に取ると、一月―九回、二月―十一回、三月―七回、四月〜六月―〇回、七月―一回、八月―二十六回、九月―二十九回、十月―二十一回、十一月―十九回、十二月―六回である。この秋・冬・春に集中する傾向は、平安時代の天皇遊猟や野行幸を通じて見ることができる。夏は鷹の換羽時期なので除外するとしても、秋と春にも放鷹を行なっていたことは確かである。

越中国司の放鷹の季節は、天平勝宝三年（七五一）八月四日に家持が掾久米朝臣広縄へ贈った歌に、

石瀬野に秋萩凌ぎ馬並めて始鷹猟だにせずや別れむ（巻十九―四二四九）

とあるように、秋に「始鷹猟」が行なわれた。「始鷹猟」は、秋以降に行なう放鷹の最初を意味している。越中においては、八月頃に国司達が催した行事であったのだろう。また、「放逸せる鷹の歌」の短歌に、

矢形尾の鷹を手に据ゑ三島野に猟らぬ日まねく月そ経にける（巻十七―四〇一一）

とあるように、下の句の「月そ経にける」が九月二十六日作歌から遡って一月前をいうとすれば、ちょうど八月末に当たる。この時期は「始鷹猟」の時期に近いようで、妥当な解釈である。

家持らの秋の放鷹とは、どのような参加者で行なわれたのか。家持と一緒に放鷹に行った人々は、巻十七―四〇一一に「ますらをのともいざないて」と見えている。この「ますらをのともいざないて」の解釈が二つに分かれており、それは語意だけではなく構文解釈の相違にも関わる。構文解釈の一つは、

「ますらを」が「とも」を誘って

であり、「ますらを」を主語、「とも」を目的語とする。佐佐木信綱・尾上八郎『萬葉集総釈』第八、武田祐吉『萬葉集全注釈』十一、澤瀉久孝『萬葉集注釈』巻第十七は、立派な男子が友を誘って等と訳し、中西進『大友家持』三は「大夫たちは仲間を誘って」と訳す。もう一つは、

「ますらを」の「とも」を誘って

である。すなわち、「ますらを」が「とも」に係る比較的新しい解釈である。日本古典文学大系『萬葉集』四、土屋文明『萬葉集私注』八、日本古典文学全集『萬葉集』四、新潮日本古典集成『萬葉集』五、橋本達雄『萬葉集全注』巻第十七は、雄々しい男子ないし官人仲間を誘って等と訳すが、その隠れた主語は作歌主体の家持である。前者では「ますらを」が家持を指し、「とも」は家持以外の者を指すのに対して、後者では「ますらをのとも」が家持以外の者を指すことになる。どちらを取るかで、「ますらをのとも」の実態把握は異なってくる。

次に語意を見たい。「ますらをのとも」は万葉仮名で「麻須良乎能登母」と表記されているが、別の歌では「ますらを」は「大夫」と、「とも」は「伴」と記されることがあった。「伴」は「友」と明確に区別される、従

属的な立場にいた人々を指していたといわれる。しかし、直木孝次郎氏は[118]、「とも」の用字法にもとづく古代の友情の研究に関連して、「ますらをのとも」の「とも」は、フレンドの友ではなく、かといってサーバントの伴でもなく、単にグループの意味の強い用法が存在すると指摘した。直木氏の根拠は、

大夫の行くといふ道そおほろかに思ひて行くな大夫之伴（巻六―九七四）

奥山の八尾の椿つばらかに今日は暮らさね大夫之徒（巻十九―四一五二）

の二首である。殊に二首目は家持が宴会の参集者に対して呼び掛けた体言止めの歌であり、同じ家持の「族を喩す歌」の末尾に、

…おぼろかに　心思ひて　空言も　祖の名断つな　大伴の　氏と名に負へる　麻須良乎能等母（巻二十―四四六五）

とあるように、大伴一族に呼び掛ける体言止めに通じる表現である。この場合の「ますらをのとも」は明らかに大伴一族を指す。以上の事例に照らせば、「ますらをのとも」を「ますらを」のグループと解することができる。では、「放逸せる鷹の歌」の「ますらを」とは具体的にいかなる者であろうか。「大夫」の日本古代における字義は、五位ないしは四位五位或いは五位以上の官人を指すといわれている[119]。しかし、家持が越中国内では最高位の従五位下であって、他に五位以上の官人がいないため、この場合「ますらを」を「大夫」の字義で解せず、「大夫」の字義に依拠する説については納得できない。

「放逸せる鷹の歌」の「ますらをのとも」は、家持が引き連れる身近な人々のグループと理解しておきたい。その中核は、八月頃の「始鷹獦」では掾久米広縄と共に興じていたが、家持と他の越中国司達であった。家持が在任した天平十八年から天平勝宝三年にかけての越中国司の構成は、表11の通りである。

家持歌の放鷹の主体が家持ら越中国司達のグループである点は、放鷹の場所についてもいえることである。国司等は二上山東麓の国府周辺に各々の居館を構えていた[120]。そこから国司等は野に赴くわけであった。猟野の位置は家持に「朝猟に　五百つ鳥立て　夕猟に　千鳥踏み立て」と歌われるような、朝夕に利用し易い、比較的近い

表11　家持在任期の越中国司人員一覧

官職名	任官者名	典拠
守	大伴宿禰家持	『続日本紀』天平十八年六月壬寅条に任命記事 ⑰三九二七題詞（天平十八年七月赴任）～⑲四二四九題詞（天平勝宝三年七月十七日遷任）
介	内蔵忌寸縄麻呂	⑰三九九六左注（天平十九年四月二十六日）～⑲四二五一題詞（天平勝宝三年八月五日）
掾（先）	大伴宿禰池主	⑰三九四六左注（天平十八年八月七日）～⑰四〇〇七左注（天平十九年四月三十日）
掾（後）	久米朝臣広縄	⑰四〇五〇左注（天平二十年三月二十五日）～⑲四二五二題詞（天平勝宝三年八月頃）
大目（先）	秦忌寸八千島	⑰三九五一左注（天平十八年八月七日）～⑰三九八九題詞（天平十九年四月二十日）
大目（後）	高安倉人種麻呂	⑲四二四七左注（天平勝宝三年四～七月頃）
少目	秦忌寸石竹	⑱四〇八九題詞（天平感宝元年五月九日）～⑲四二二五左注（天平勝宝二年十月十六日）
史生	尾張少咋	⑱四一〇六（天平感宝元年五月十五日）

※典拠は、主に『万葉集』による。丸囲い番号が巻数、四桁番号が旧国歌大観の歌番号であり、括弧内の年月日は歌の題詞や左注に見えるものに加え、歌の作成時期を推定したものが含まれる。

※越中国の等級は、延暦二十三年に上国となるから（『日本後紀』延暦二十三年六月癸丑条）、それ以前には中国であったが、『万葉集』では目が上国クラスの大少二員制である。これは通説によれば、家持の在任期間が能登国併合の期間に当たることによる。天平十三年に能登国を併合し（『続日本紀』天平十三年十二月丙戌条）、天平勝宝九年に分離した（『続日本紀』天平勝宝九年五月乙卯条）間は上国の扱いを受けた。

場所に設定したようである。針原孝之氏[121]によれば、家持歌で判明する三島野と石瀬野を、国府や二上山の南を流れる庄川を挟んで東西に広がる地域に比定している。「放逸せる鷹の歌」に見える三島野は、射水郡の「三島美之万」[122]、現在の大門町付近、国府から八キロメートルほど離れた場所にあった。もう一つ「白き大鷹を詠む歌」に見える石瀬野は、新川郡の「石瀬伊波世」[123]にあてる説もあるが狩猟の地としては遠く、それよりも四キロメートルあまりの、現在の高岡市石瀬の方が妥当であろう。

三島野と石瀬野の土地的性格が如何なるものかは定かではない。国司・郡司のいわば公私田猟の場所に関する明確な規定があってしかるべきだけれども存在しない。関連の規定を探すと、山野に対しては、『令義解』雑令国内条に「山川藪沢之利公私共之」、つまり「山川藪沢」から産する「利」は「公」（官）と「私」（民）が共に用益せよと規定しているのがそれに該当するだろうか。そして、各国では、公私田猟のために、「山川藪沢」の中から、鳥獣の多い良野を選んだに違いないが、それが常に狩猟の要求に応える野であるためには、鳥獣の豊富な状態を維持する必要があった。各国の国司・郡司の猟場も『令義解』雑令国内条に准じたと考えられる。

国司が放鷹の場所を設定する際には、郡司百姓が関与したと見做さざるをえない。三島野と石瀬野は、行政区画の三島郷に重なるが、この三島郷は八世紀後半に戸主射水臣某が居住し、射水臣氏の拠点の一つと目される[124]。律令国家体制以前には恐らく射水臣氏ら在地住人の猟場であったと思われ、彼らは建評あるいは建郡の際に三島野・石瀬野を公私田猟用の猟場たるべく保護管理を請け負うようになったのではなかろうか。それ以後、越中国司達は、放鷹の際に公民百姓を差発し、狩子として野に放つと、長歌の表現に見えるように「遠近に鳥踏み立て」させたわけである。

越中守大伴家持は、郡司・百姓を通じて鷹を手に入れ、中国系渡来氏族に委ねて鷹を調教させ、鷹を手に国府周辺の野に出て放鷹に用いた。鷹の捕獲・調養を経て「始鷹猲」に至る間に、鷹への「思ひ誇り」を抱いた。それは、他に比較対象が存在して初めて生ずる心情であった。大黒の比較対象を指した「鷹はしも　数多あれども」とは、世に存在する他の鷹すべてを一括しているかのようであるが、具体的には国司下僚の鷹や郡司百姓の鷹を念頭に置いていたと思われる。

鷹の調養は細心の注意を払う作業であって、それに賭ける家持の執着は並々ならぬものであったといわねばならない。家持の在不在に拘らず、信頼し得る養吏山田史君麻呂に日々の調養を担当させた。秋の「始鷹猲」以降においても鷹の状態の調整を欠かすことはできない。君麻呂は大黒を持ち出して三島野で調教し、養吏たるべき役目を果たそうとした。君麻呂の失敗の要因が時候の判断を誤った点にあるというのは、たしかにそのとおりであるが、「言だにも吾には告げず」に放鷹に出掛けたところに家持の非難が向けられているのであった。最初から君麻呂の技量を否定しているのではない。

君麻呂の調養を経て、最高の鷹を操れるようになった家持は、「思ひ誇り」を抱くことができた。この「思ひ誇り」は、越中守という立場ゆえに生じた思いである。越中守時代の多くの歌では「大君の任のまにまに」という表現を用いており、天皇の命ずるままにミコトモチとして越中国に赴いたのだという国司の自覚を詠み込んでいた。「放逸せる鷹の歌」では表現が少し違うけれども、「大君の遠の朝廷そ」と詠み始めて、つまり都から遠い越中国にさえも天皇の支配が及んでいて、天皇による国土支配を越中守家持自身が委任されているという意識を表明したわけである[125]。家持の放鷹に対する意識もまたこのようなミコトモチの意識の上に立脚するものであり、すなわち越中では、越中守家持が最高の鷹を操れる唯一の人間であるべきだったということである。

家持の「恨」とは、越中守としての権力を傾けて捕獲・調養した鷹に放逸され、その鷹を「思ひ恋ひ」神祇に祈り、それでもやはり帰って来ないことに対する恨みであった。また、不注意で鷹に逃げられた君麻呂への恨みでもあった。だが、これだけでは歌に詠まれた事象そのままに過ぎない。鷹に逃げられ鷹が帰らぬ恨みの根底には、他の国司等と放鷹の場を共有することができない恨みがある。それは、越中国内では最もほしいままに鷹を操れたが、鷹の放逸後、他の国司等や郡司百姓に対して自らの「秀つ鷹」を「思ひ誇」れず、よって「いきどおる心の内」を「思ひ延べ」ることができないという欝結の思いであった。それを鷹や君麻呂へと向けたわけである。

家持が越中国において越中守という最上位の地位にいたことを考えると、体面上、放鷹は政治的行為として行なわれていたのではなかろうか。そこで、一つの手がかりがある。天平十九年九月頃、越中守大伴家持が山田史君麻呂に愛鷹を預けて調習させていたわけであるが、二年前の天平十七年九月に三年の内に天下で一切の宍を殺すことを禁断していたことは意外と注目されていない[126]。「放逸せる鷹の歌」が詠まれた天平十九年九月は、天平十七年九月以降の禁断期間三年の内に入る。つまり、家持の養鷹・放鷹は違法であった。「放逸せる鷹の歌」が一切の宍を殺すことへの禁断を違犯しているにも拘わらず、歌として詠むことを憚るような内容でなかったという点は興味深い。このことは、越中守大伴家持の放鷹が律令国家から許可されていた行為であることを示しているのであろう。また、天平十七年九月～天平二十年九月の天下の一切の宍を殺すことへの禁止と時期的に重なる政策としては、天平十一年五月から天平十八年十二月までの軍団の大幅削減がある。特に、軍団の復旧を始めた天平十八年十二月は、一切の宍を殺すことが禁止されていた期間の真っ最中に当たるのであった。家持が越中守として任国に赴いたのは天平十八年七月（か閏七月）であるから、家持の最初の大きな職務は、越中国内の軍団の復旧であったといえる。国府至近の猟場は、国司の軍事訓練や狩猟のための場所であり、それらにまつわる祭祀等も行なわれていたであろうし、放鷹もその一環に位置づけられるのである[127]。

天平十七年九月から天平二十年九月までの一切の宍の殺生が禁止されている中で、家持は天平十八年十二月に軍団を再び設置し、天平十九年九月に「放逸せる鷹の歌」を詠んだことになる。三つの事象の間は関連すると見なすのが自然であろう。三つの事象のうち、家持の放鷹の位置づけが重要である。越中守大伴家持の放鷹が国府南方の「三島野」「石瀬野」でなされていたことは、既に述べた。国府や猟場の北には、二上丘陵が東西にのびている。二上丘陵南側の二上山は、大伴家持作の「二上山の賦[128]」に「神柄や　そこば貴き　山柄や　見が欲しからむ　すめ神の　裾みの山の…」と詠まれ、神のしずまる山と表現されている。また、射水郡一帯は、春季になると、北寄りの「あゆの風[129]」に曝されており、風を鎮める祭祀を行なう必要があった。二上山で風神祭祀を行なっていたのか否かについては未詳であるが、家持が越中守として二上山祭祀を行なうために養鷹を必要としたのではなかろうか。越中守大伴家持が愛鷹大黒を山田史君麻呂に預けた理由は二上山の祭祀に供するためでもあろう。鷹を狩猟の祭祀に用いる際には、管内住人の協力が必須であり、差発するに便なる人々は射水郡やその周辺の住人や軍団関係者である。その中で山田史氏は畿内居住時期の実績を考慮され、移配地の越中国で二上山の祭祀への関与を求められたのではなかろうか。とすれば、山田史氏の越中移配の時期は、二上山祭祀を国家的祭祀とした時期であろう。その時期が何時頃であるかは意見が分かれるであろうが、天武天皇四年以降に大和の広瀬大忌神・龍田風神の国家的祭祀が成立してから、「越国」が前・中・後三ケ国に分割され、律令国家体制下の祭祀制度が確立するまでの時期を見ておきたい。越中国司長官の二上山祭祀への直接関与はやや遅れ、聖武朝に諸国の国司長官の下で天神地祇を祭るという体制が形成されてきた時期であろう。それと同時期に、二上山は越中守によって祭られることとなったと考えられる。

管見の限りでは、従来、「放逸せる鷹の歌」に見える家持の放鷹を国司の祭祀行為と解釈する見解はなかった。祭祀用の鷹の逃亡は、二上山祭祀に支障をきたすわけである。しかも国府至近の二上山祭祀は、軍団の復旧に際して生じた越中国の動揺を抑えるために行なったのだろう。祭祀用に捕獲された鷹に逃げられたということは、放鷹による二上山祭祀の失敗を意味し、国司に対する管内住人の求心力の動揺をもたらしたのではあるまいか。国司の養鷹・放鷹はあくまで国司の国内支配の一手段であって全てではないが、神祇祭祀に結びつくものであるから有効な人心掌握の手段であったと考えてよいであろう。国司は必然的に国内の養鷹掌握を目指して養鷹従事の渡来氏族を「養吏」に任用し、また、「養吏」の養鷹・放鷹を介して管内住人を組織すると、放鷹の獲物の献上を委任したのである。

（1）『類聚三代格』巻十九禁制事、貞観元年八月十三日太政官符。
（2）『類聚三代格』巻十九禁制事、貞観五年三月十五日太政官符。
（3）『平城宮発掘調査出土木簡概報』三十、二条大路木簡四（奈良国立文化財研究所、一九九五年五月）七頁。
（4）弓野正武氏によると、平安末期の伊賀国の鷹栖（鷹巣）は国衙が栖毎に把握したという（「古代養鷹史の一側面」竹内理三博士還暦記念会編『律令国家と貴族社会』吉川弘文館、一九六九年六月）。
（5）『往生伝　法華験記』（日本思想大系）一九六～一九八頁。
（6）『万葉集』巻第十七、四〇一一号。読み下し文は日本古典文学大系を参考に、読み易さを考慮して適宜変えた箇所がある。以下、本文中では、『万葉集』巻十七―四〇一一のように記すが、巻数と番号のみ記して書名を略したところもある。歌番号は旧国歌大観に拠る。
（7）『倭名類聚抄』巻第十五、畋猟具第百九十三。
（8）正倉院文書正集四十三（『大日本古文書』二）。
（9）井上辰雄『正税帳の研究』（塙書房、一九六七年十一月）二三七～二三九頁。

（10）年月日未詳見参経師等歴名（正倉院文書続々修四十五帙三裏、『大日本古文書』二十三）。天平勝宝三年七月二十七日近江国甲可郡蔵部郷墾田野地売買券（東寺文書禮、『大日本古文書』三）。

（11）『平城宮発掘調査出土木簡概報』二十四、二条大路木簡二（奈良国立文化財研究所、一九九一年五月）一七頁。

（12）正倉院文書正集三十五・三十六（『大日本古文書』二）。

（13）『続日本後紀』承和十二年正月壬申条。

（14）『侍中群要』第十臨時雑事、御覧御鷹事。

（15）『花鳥余情』所引『小右記』天元元年四月二十五日条逸文（大日本古記録『小右記』十一）。

（16）『大和物語』第一五二段（日本古典文学大系）。

（17）『古代政治社会思想』（日本思想大系）一〇五頁。

（18）『新撰姓氏録』右京神別下。

（19）宮内省式部職編『放鷹』（吉川弘文館、一九三一年十二月初版、一九八三年七月再版）六～七頁。

（20）『放鷹』三三二～三七七頁。

（21）源為憲『口遊』（続群書類従第三十二輯上雑部）。『口遊』は、碩学の源為憲によって天禄元年（九七〇）十二月二十七日に撰定された。源為憲が藤原為光の子息松雄君の教育のために必要な知識を内容分類した書物である。

（22）『口遊』所見の「貢駒期」は、「八月三日甲斐国、八月十五日信乃国、八月三日武蔵〃、八月廿八日上野国、謂之貢駒期、」とあるように、東国諸国に限る。信濃国の八月十五日の設定は、『日本三代実録』貞観七年十二月十九日条に見える。それ以前には八月二十九日であった。上野国の八月二十八日は、『日本紀略』貞観九年八月二十八日条等によると、信濃国と同時期に定められた。信濃国・上野国の式日設定から見て、『口遊』の「貢駒期」が貞観七年以降に設定されたことは明らかである。しかし、甲斐・武蔵両国が八月三日を式日とした事例は見られない。「貢駒期」は、清和朝以降に漸次定められたと考える。「貢鷹期」の式日設定も同じく九世紀後半以降にさだめられたものではなかろうか。

（23）『延喜式』巻二十二民部上。

（24）伊賀国は、天平十年の貢鷹木簡に「油見栖鷹」と見られるように、油見の栖（巣）から鷹を貢上したのであろう。その下に小さく「鼠」と書かれた通り、餌を付随させている。貢鷹の月日の記載がなく、何月頃に貢上されたのかは分明でない。
(25)『続日本紀』養老二年五月乙条、『類聚三代格』巻五分置諸国事、弘仁十四年二月三日太政官謹奏。
(26)『続日本紀』和銅五年九月己丑条。
(27)『続日本紀』天平十五年二月辛巳条、天平勝宝四年十一月乙巳条。
(28)『先代旧事本紀』国造本紀。
(29)『続日本紀』養老五年正月庚午条。
(30)『続日本紀』天平勝宝元年七月乙未条。
(31)『万葉集』巻第二十、四三〇四号題詞。
(32)『続日本後紀』承和六年八月戊寅条。新訂増補国史大系本では、「乙未年」の傍注として（弘仁六年歟）と記すが、これは誤りであろう。加賀の立国は弘仁十四年であるから、弘仁六年と解しても「加賀国江沼郡」の記載は合致しない。
(33)佐伯有清『日本古代の政治と社会』（吉川弘文館、一九七〇年五月）二八九～三〇八頁。
(34)『日本書紀』天武天皇四年正月壬戌条。
(35)前田晴人『日本古代の道と衢』（吉川弘文館、一九九六年二月）一一八～一六四頁。
(36)黛弘道「犬養氏および犬養部の研究」（『学習院史学』二、一九六五年五月）。
(37)『倭名類聚抄』巻第九郷里第四・大隅国第百三十二、薩摩国第百三十三。
(38)『今昔物語集』巻第十九摂津守源満仲出家語第四によると、鷹を飼う小屋を「鷹屋」、鷲を飼う小屋を「鷲屋」と称している。
(39)井上辰雄「地方豪族の歴史的性格」（『日本歴史』二八〇、一九七一年九月）。
(40)『日本書紀』雄略天皇十年九月戊子条。
(41)直木孝次郎「吉備の渡来人と豪族」（藤井駿先生喜寿記念会編『岡山の歴史と文化』福武書店、一九八三年十月）。
(42)『日本後紀』延暦十五年十一月庚子条、延暦二十四年十二月壬寅条。

(43)『広島県史』原始・古代通史Ⅰ（広島県、一九八〇年二月）。
(44)八木充「凡直国造と屯倉」（八木充編『古代の地方史』二、山陰・山陽・南海編、朝倉書店、一九七七年九月）。
(45)門脇禎二「河内飛鳥の歴史的位置」（門脇禎二・水野正好編『古代を考える　河内飛鳥』吉川弘文館、一九八九年十月）。
(46)『古代政治社会思想』（日本思想体系）。
(47)『続日本紀』和銅元年九月丙戌条。
(48)『続日本紀』和銅五年九月己丑条。
(49)『続日本紀』和銅七年十月丙辰条。
(50)請田正幸「七世紀末の兵政官」（『ヒストリア』八一、一九七八年十二月）。
(51)『続日本紀』霊亀二年三月甲子条。
(52)『万葉集』巻第一、六六号。
(53)『続日本紀』養老元年三月癸卯条。
(54)『続日本紀』養老二年五月乙未条。
(55)『続日本紀』天平十二年八月甲戌条。
(56)『続日本紀』天平十三年十二月丙戌条。
(57)『続日本紀』天平宝字元年五月乙卯条。
(58)少し時期を異にするが、同様の変遷を辿った国としては、佐渡国がある。天平十五年に越後国に併合され、天平勝宝四年に再び分置された。佐渡国は、雑多郡および羽茂郡にそれぞれ高家郷を属せしめているので、かつては貢鷹国であったと推定する。
(59)『続日本紀』天平元年八月癸亥条。
(60)『続日本紀』天平二年九月庚辰条。
(61)和田萃「紀路と曽我川」（亀田隆之編『古代の地方史』三、畿内編、朝倉書店、一九七九年九月）。
(62)『続日本紀』天平十年七月丙子条。
(63)『続日本紀』天平元年二月戊寅条。

(64)『大日本古文書』一・二。
(65)『大日本古文書』一。
(66)『武智麻呂伝』(沖森卓也・佐藤信・矢嶋泉『藤氏家伝　鎌足・貞慧・武智麻呂伝　注釈と研究』吉川弘文館、一九九九年五月)。
(67)寺崎保広『長屋王』(人物叢書、吉川弘文館、一九九九年二月)一七三頁。
(68)『延喜式』巻第四一弾正台、王臣馬数条。
(69)『続日本紀』天平宝字元年六月乙酉条の勅五箇条は、野尻房夫「内厩寮設置とその意義」(下出積與編『日本古代史論輯』桜楓社、一九八八年五月)によると、紫微内相藤原仲麻呂が反対勢力の結集を恐れて出したとする。しかし、第二条が「格」の遵守を命じ、ほぼ同文で『延喜式』に採用された点から、国家の基本方針として捉えるべきである。機動力の恣意的保有への規制によって社会秩序の動揺を抑える意図は天平宝字元年に限らない。あるいはこの格自体が宮城栄昌氏の説くような服制の一環としての意味合いを併せもっていたとも考えられる(『延喜式の研究　論述篇』大修館書店、一九五七年三月、一九二～一九三頁)。
(70)『続日本紀』天平十七年正月乙丑条、同十八年三月壬戌条、同年六月壬寅条。
(71)『万葉集』巻第十七、四〇一一～四〇一五号。
(72)北山茂夫『大伴家持』(平凡社、一九七一年九月)一八三～一八八頁。
(73)神堀忍「家持と池主」(『万葉集を学ぶ』第八集、有斐閣、一九七八年十二月)。
(74)池田三枝子「家持の『怨』」(『上代文学』七五、一九九五年十一月)。
(75)川口常孝「越中万葉の動物」(高岡市万葉のふるさとづくり委員会編『大伴家持と越中万葉の世界』雄山閣、一九八六年十二月)。
(76)中西進「万葉集と律令」(上代文学会編『万葉集―その社会と制度―』笠間書院、一九八〇年六月)。なお、上田正昭「社会と環境」(『国文学・解釈と鑑賞』二四―六、一九五九年六月)では、「在地の首長―国造・郡司クラス」を想定しているが、そこまで断定できない。
(77)『倭名類聚抄』巻十八、鷹条。唐・徐堅等編『初学記』巻三十、鷹第四所引「隋魏彦深鷹賦」。この二史料を根拠とする説は、古く『萬葉代匠記』に遡る。ただし、『萬葉代匠記』所引隋魏彦深鷹賦には「三歳成㆑蒼」と見えるので、その典拠は本稿で参照した刊本の典拠とは異なるようである。
(78)『万葉集』巻第十七、三九二七号題詞。閏七月任命、七月赴任と見るが、閏七月は誤写であった。『続日本紀』天平十八年六月壬寅条には、六月二十一日の任命とある。
(79)『万葉集』巻第十九、四二四九号及び左注。
(80)森岡照明他編『図鑑日本のワシタカ類』(文一総合出版、一九九五年八月)四七一~四七二頁。
(81)『類聚三代格』巻十九禁制事、貞観元年八月十三日太政官符、同五年三月十五日太政官符。
(82)『日本書紀』仁徳天皇四十三年九月庚子朔条。
(83)『日本霊異記』下巻第二十五縁、第三十二縁。『播磨国風土記』託賀郡・大羅野条。
(84)橋本芳雄「射水神社」(『式内社調査報告』十七、北陸道三、皇学館大学出版部、一九八五年二月)を参照すると、現在の高岡市街の射水神社は、明治以降に遷された新宮である。本宮は、二上山南麓の高岡市二上の射水神社である。その祭神は近世の「瓊瓊杵尊」を神仏習合の所産として大正期に否定し、六国史記載を採用して「二上神」となり現在に至る。六国史所見の「二上神」は、橋本氏の見解通り、「二上山を中心とした射水郡地方の地主神、国魂神」と見なしてよいだろう。名称からいっても、二つの峰をそれぞれ男神と女神などと見做した自然信仰を基盤とすると思われる。二上神は一般に『延喜式』巻第十神祇十神名下・越中国十三座所見の「射水神社」に該当すると考えられているが、近年は異論もある。
(85)二上神の神階は、『続日本紀』宝亀十一年十二月甲辰条に従五位下、『日本文徳天皇実録』斉衡元年三月辛卯条に従三位と昇叙したと見えている。
(86)藤田富士夫『古代の日本海文化』(中公新書、中央公論社、一九九〇年七月)一一六~一二五頁。
(87)『先代旧事本紀』に「伊弥頭国造、志賀高穴穂朝御世、宗我同祖建内足尼孫、大河音足尼定二賜国造一」とあるように、この大河音足尼を祭神とした説である。
(88)米沢康『北陸古代の政治と社会』(法政大学出版局、一九八九年十二月)二五〇~二六八頁。
(89)『万葉集』巻第十九、四二五一号題詞。
(90)天平宝字三年十一月十四日越中国射水郡鳴戸開田地図(『大日本古文書』家わけ第十八・東大寺文書之四)の注記「射水郡古江郷戸阿努君具足」による。

(91) 時期を下るが、『日本後紀』弘仁三年八月庚寅条に「上野国介従五位下息長真人家成、大掾正六位上酒人真人人上等免、以レ令下二郡司一私役中百姓上也」と見えている。この場合の私役の具体的な内容は、不明である。櫛木謙周「国衙徴発力役の構造と変遷」（楠瀬勝編『日本の前近代と北陸社会』思文閣出版、一九八九年五月）参照。

(92) 『万葉集』巻第十七、四〇〇八～四〇一〇号の題詞及び左注によると、家持は五月初めに上京した。税帳使のほか、朝集使、大帳使、貢調使を合わせた四度使は、国内の巡行と同様に、国司等が一定の期限を決めて分担した。高垣義実「天平期における地方支配の一断面」（直木孝次郎先生古稀記念会編『古代史論集』中、塙書房、一九八八年八月）参照。

(93) 万葉集の注釈書を見ると、佐佐木信綱・尾上八郎『萬葉集総釈』第八は「鷹を飼ふ役人、即ち鷹匠」、澤瀉久孝『萬葉集注釈』巻第十七や土屋文明『萬葉集私注』八は「鷹匠」、橋本達雄『萬葉集全注』巻第十七は「鷹を飼育する役人」、新潮日本古典集成『萬葉集』五は「飼育係」等と注記する。鹿持雅澄『萬葉集古義』第七は「養吏、これはかりそめに、かゝれたるものにて、史とあるが、君麻呂が本職なるべし、と契沖云り」とするが、契沖『萬葉代匠記』にこの説はないようである。しかも史は姓で、君麻呂本来の職掌を指さない。

(94) 『大日本古文書』一―一。大宰府貢進体制における鷹貢納の位置に関しては、平野邦雄「大宰府の徴税機構」（竹内理三博士還暦記念会編『律令国家と貴族社会』吉川弘文館、一九六九年六月）参照。

(95) 『日本三代実録』貞観元年八月八日辛卯条には、「勅、五畿七道諸国年貢御鷹、一切停止」とある。

(96) 井上辰雄『正税帳の研究』（塙書房、一九六七年十一月）二三七～二三九頁。

(97) 『続日本紀』養老五年七月庚午条。

(98) 上田設夫「放逸せる鷹の歌」（『文学』五二―二、一九八四年二月）。

(99) 請田正幸「フヒト集団の一考察」（直木孝次郎先生古稀記念会編『古代史論集』上、塙書房、一九八八年一月）は百済系と推定するが、本論では加藤謙吉氏の説に倣って中国系とした。加藤謙吉『大和政権とフミヒト制』（吉川弘文館、二〇〇二年十二月）二一八～二四九頁を参照。

(100) 大坪秀敏「百済王氏交野移住に関する一考察」（『龍谷史壇』九六、一九九〇年七月）参照。

(101) 請田正幸「フヒト集団の一考察」（直木孝次郎先生古稀記念会編『古代史論集』上、塙書房、一九八八年一月）。

(102) 『類聚三代格』巻十九禁制事、昌泰元年十一月十一日太政官符。

(103)『新撰姓氏録』左京皇別下、上毛野朝臣条。
(104)『冊府元亀』巻九〇八総録部、雑伎、魏許允条。
(105)『新修鷹経』下・療治（群書類従第十九輯鷹部）に紹介された治療法の中には、「未試也」と記して知識のみ取り入れたものがある。
(106)『日本書紀』仁徳天皇四十三年九月庚子朔条。
(107)『日本書紀』応神天皇十五年八月条。鷹の事例ではなく馬の事例であるが、百済から遣わされた阿直岐は馬を飼養することを命じられただけではなく、儒教書を皇太子菟道稚郎子に教えたと伝えられている。
(108)山田史御方は、『続日本紀』養老五年正月甲戌条に「文章」で賞賜された者たちの一人であって、『武智麻呂伝』には「文雅」の士と見えている。山田史比売嶋は、『続日本紀』天平勝宝七年正月甲子条よると、山田史広人等と共に山田御井宿禰姓を賜わったという。また、同年三月庚申条によると、山田史君足が広野連姓を賜わったという。『万葉集』巻第二十、四二九四号にも、少納言時代の家持の部下として少主鈴山田史土麻呂が存在したことが分かる。
(109)『万葉集』巻第二十、四三〇四号題詞。
(110)中西進『大伴家持』三（角川書店、一九九四年十二月）。
(111)馬は、官馬と国司私馬の別があった（『延喜式』巻第二十八兵部省、諸国駅伝馬条）。鵜には佐渡国の「官鵜」の例が見える一方、家持が大伴池主に贈った鵜の例もあり、「官鵜」に対して後者はいわば私鵜と呼べるものであった（『日本後紀』延暦二十四年十月庚申条、『万葉集』巻第十九、四一八九・四一九〇号）。
(112)『万葉集』巻第十九、四一五四・四一五五。なお、正宗敦夫校訂『類聚名義抄』第一巻（風間書房、一九七五年五月）六四六頁では「塒」の訓がトクラであった。近代の宮内省鷹匠の調養の一過程「塒入」の訓みトヤイリは「鳥屋入」の意であり、鷹が換羽時期に入って鳥屋内のトクラに籠ることを指している。
(113)『万葉集』巻第十九、四一五四号。
(114)橋本達雄『万葉集の作品と歌風』（笠間書院、一九九一年二月）一八九〜二〇九頁。
(115)『新儀式』第四、野行幸事（群書類従第六輯公事部）。
(116)折口信夫「恋及び恋歌」（『新潮』三一―八、一九三四年八月。『折口信夫全集』第八巻、中央公論社、一九五五年十月初版、一九六六年六月新訂版、所収）、同「鷹狩りと操り芝居と」（広田栄太郎編『国文学者一夕話』六文館、一九三二年七月。『折口信夫全集』第十七巻、中央公論社、一九五六年九月初版、一九六七年三月新訂版、所収）。

(117)『類聚国史』巻三十二帝王部十二、天皇遊猟。

(118)直木孝次郎「友と伴」（続日本紀研究会編『続日本紀の時代』塙書房、一九九四年十二月）。

(119)上田正昭「社会と環境」（『国文学・解釈と鑑賞』二四―六、一九五九年六月）。

(120)大目秦八千島の館の客屋からは「蒼海」を望めたといい（『万葉集』巻第十七、三九五六号題詞及び左注）、海に近い二上山東麓の国府周辺に位置したことは明らかである。他の国司も、守大伴家持の館（巻第十七、三九四三号題詞）、介内蔵縄麻呂の館（巻第十九、四二三〇号左注）、掾大伴池主の館（巻第十七、三九九五号題詞）など、各々居館を構えていた。

(121)針原孝之『大伴家持研究序説』（桜楓社、一九八四年十月）三〇七～三〇九頁。

(122)『倭名類聚抄』巻七、越中国第百、射水郡条。

(123)『倭名類聚抄』巻七、越中国第百、新川郡条。

(124)米沢康『北陸古代の政治と社会』（法政大学出版局、一九八九年十二月）二五〇～二六八頁。

(125)小野寛『大伴家持研究』（笠間書院、一九八〇年三月）一一六～一二七頁。

(126)『続日本紀』天平十七年九月己巳条。

(127)軍団兵士の軍事訓練の実施期間として「季冬習戦」をめぐる論争があった。国司の放鷹が軍団兵士の勢子を必要とし、かれらを駆使することが軍事訓練の役割を負っていたとすれば、冬季に限らず、夏を除く春と秋にも行なうことができたことになる。

(128)『万葉集』巻第十七、三九八五号。

(129)『万葉集』巻第十七、四〇一七号。

第三章　養鷹の統合と天皇

第一節　蔵人所鷹飼の成立

1　桓武朝の鷹戸廃止

養老四年（七二〇）奏上の『日本書紀』では、放鷹が外来の文化として認識され、仁徳朝に百済から伝わった技術として描かれている。仁徳朝に放鷹が百済から日本に伝来したという伝説は、元正・聖武朝初期に再構成され強調されたものである。これはかえって、百済から伝来した文化としての位置づけが元正・聖武朝初期に揺らいだことを示している。聖武・孝謙朝に放鷹の外来文化としての位置づけがさらなる展開を遂げたのではなかろうか。それは、放鷹の唐風化路線である。それは放鷹の百済伝来の文化としての位置づけと異なっていた。放鷹の唐風化を考えていくにあたっては、馬文化と関係の深い田辺史氏の動向を検討する。田辺史氏が馬文化と関わりが深かったことはよく知られているが、放鷹文化との関わりは殆ど検討の対象となっていなかった。田辺史氏が鷹戸であったか、あるいは鷹戸支配と深い関わりがあったということを上毛野氏との関係を手がかりに明らかにしたい。

弘仁九年（八一八）に嵯峨天皇が養鷹書『新修鷹経』を主鷹司官人に下賜しており、これは放鷹の唐風化を象徴する書物であった。この時の主鷹司官人の内、主鷹令史は上野公祖継であり、上野公は上毛野公の「毛」字を欠くが、同じ名称を指している。上毛野公氏は元の姓を田辺史と称していた。その点は『新撰姓氏録』左京皇別下・上毛野朝臣条に、

下毛野朝臣同祖、豊城入彦命五世孫多奇波世君之後也、大泊瀬幼武天皇諡雄略御世、努賀君男百尊、為二阿女産一向二聟家一犯レ夜而帰、於二応神天皇御陵辺一、逢二騎馬人一相共話語、換レ馬而別、明日看二所レ換馬一、是土馬也、因負二姓陵辺君一、百尊男徳尊、孫斯羅、謚皇極御世、賜二河内山下田一、以レ解二文書一、為二田辺史一、宝字称徳孝謙皇帝天平勝宝二年、改賜二上毛野公一、今上弘仁元年、改賜二朝臣姓一、続日本紀合、

とあるように、田辺史氏の一系統が天平勝宝二年（七五〇）に上毛野公（上毛野君）、弘仁元年（八一〇）に上毛野朝臣を賜姓されたのであるが、ここでは上毛野氏の末裔と明記され、皇別氏族に分類されている。『新撰姓氏録』では皇別に分類されているのに対する批判として『弘仁私記序』を挙げることができる。

九世紀成立の『弘仁私記序』に引用されている『諸蕃雑姓記』(1)に、

田辺史、上毛野公、池原朝臣、住吉朝臣等祖思須美、和徳両人、大鷦鷯天皇御宇之時、自二百済国一化来、而言、己等祖、是貴国将軍上野公竹合也、者天皇矜憐混二彼族一訖、

とあるように、田辺史・上毛野公・池原朝臣・住吉朝臣等の祖思須美・和徳両人は仁徳朝に百済より渡来したという。大鷦鷯天皇（仁徳天皇）は彼ら自身の請願に基づいて、思須美・和徳の子孫を上毛野公に混合したのである。田辺史氏等自身は、引率者の将軍上毛野公竹合を祖と仰いでいた(2)。

この記事の重要な点は、田辺史等が西文首等の先祖の王仁の渡来伝承を参考に、始祖渡来の伝承を作り上げたと考えられるということである。王仁に相当するのが思須美・和徳であり、王仁を連れてきた上毛野君祖荒田別・巫別に相当するものが将軍上毛野公竹合であった。両伝承にみられる渡来時期の先後関係は、応神朝渡来の西文首等に対して、次の仁徳朝渡来の田辺史等を位置づけている。田辺史等渡来の時代設定は『日本書紀』の放鷹伝来記事における百済王族酒君の渡来時期と同じ仁徳朝であり、放鷹文化の伝来にまつわる伝承との相互影響

を示唆するのである。

田辺史氏が『日本書紀』所見の「鷹甘邑」伝承地である摂津国住吉郡を一拠点とする百済系渡来氏族であるため、鷹戸として点定されたことがあるか、鷹戸支配と関わりがあったと考えることは容易であろう。とすれば、時代を下って、延暦九〜十年（七九〇〜七九一）の改賜姓に見えてもよいはずであるが、田辺史氏の人物の名前がない。田辺史氏と同祖の池原君（池原公）氏、王仁後裔氏族の西文首（文忌寸）氏・馬史（武生連）氏は改賜姓に与っていた。田辺史氏は、上毛野氏の先祖に連れられて渡来したという伝承を王仁後裔氏族と共有しているところから、同じ百済人の末裔として、池原君・西文首・馬史と非常に関係が深いのであり、或る時期までは鷹戸として点定されていたか、鷹戸支配に関与していた時期を有したのではないかと考えられる。

佐伯有清氏[3]は、天平勝宝二年に上毛野君姓を受けた中心的人物として田辺史難波の名前を挙げ、難波がこの時までに上毛野氏との関係を築いたと見なして両氏族間の関わりが八世紀に形成されたと論じている。佐伯説に対して、三品彰英氏[4]が異を唱えた。三品氏は、仁徳朝渡来の伝承を伝えている田辺史氏が天平勝宝二年以前よりさらに古く大化前代に遡って上毛野氏との関係を有したというのであった。佐伯説の厳密な考証はかえって田辺史氏と上毛野氏との関係性を見失うと思われる。田辺史氏と上毛野朝臣氏との関係が三品氏の説のように大化前代以来のものと考えるなら、本研究の主題に沿って以下のように考えることができる。

田辺史氏が或る時期に鷹戸への関与を離れたという見解を正しいとみると、その時期とは八世紀初期の上毛野朝臣の凋落の時期であるか、あるいは天平勝宝二年の上毛野君改姓前後の時期であろう。八世紀に鷹戸との関わりが弱まったのではなかろうか。上毛野朝臣氏は養老五年（七二一）〜神亀三年（七二六）の養鷹組織停止期間に放鷹司官人として優先的に任用されていた慣行を失うなど、その立場が危うくなり、神亀六年（天平元年、七二九）の長屋王の変までに凋落した。上毛野朝臣氏と関係の深い田辺史氏も鷹戸との関わりを整理され、天平勝宝二年に上毛野朝臣氏に代わって上毛野君氏を名乗ることとなったと考えられる。天平勝宝二年以降の田辺史氏の行く末は如何なるものであったのだろうか。第一章で抽出した主鷹司官人任官者の事例の内、弘仁九年に主鷹令史上野公祖継の名前を見出すことができる。この上野公（上毛野公）氏は、天平勝宝二年に田辺史氏から上毛野君に改姓された系統とは別である。田辺史氏の一系統は天平勝宝二年に上毛野君姓を賜わった後、弘仁元年に上毛野朝臣姓を賜わるが、相前後して上毛野公に改姓し主鷹司官人に任用される系統もまた存在したわけである。田辺史氏は改姓以前から上毛野朝臣とともに放鷹司・主鷹司官人として任用され、鷹戸支配に関わっていたのであろう。

田辺史氏の八世紀後半の上毛野改姓以降、田辺史氏の代わりに唐人や入唐者が鷹戸への関与を強めたという仮説を提示することとしたい。延暦十年の改賜姓に見える王希逸のような唐人や韓国連源のような遣唐使随行者である。放鷹に詳しい唐人を遣唐使等を介して唐から招聘したり、入唐者に命じて彼の地の放鷹文化を学ばせて帰国した後に放鷹司や諸衛府鷹飼に対して唐風の放鷹を伝授するという放鷹文化の刷新が推進されたのではなかろうか。天平勝宝二年に近い年代の遣唐使は、天平五年（七三三）度[5]、天平勝宝四年（七五二）度[6]である。唐人や入唐者が放鷹を伝授するために鷹戸として点定される必要はないが、百済伝来の放鷹文化を払拭して、放鷹の唐風化を推進する政策の一端であったということができるであろう。こうした考え方は、八世紀以来の放鷹の唐風化を想定した上で、延暦十年の改賜姓に見える唐人や入唐者の存在を重視して八世紀半ばまで遡らせたことによるものである。

このように、田辺史氏が天平勝宝二年に上毛野君に改姓されたのは、八世紀初期の上毛野朝臣の凋落と放鷹の唐風化路線に沿ったものと考えた。

孝謙朝・淳仁朝にかけては、放鷹関係の政策に関して述べる材料が少ない。放鷹や蝦夷征討・新羅征討計画と間接的に関わる政策としては、天平勝宝六年（七五四）の諸国射田の再設置、(7)天平宝字元年（七五七）の諸衛府射田の設置(8)に窺えるように、弓矢による射芸鍛錬の奨励政策を指摘することができよう。軍団制の研究で知られる橋本裕氏(9)は射田の制度と蝦夷征討・新羅征討等の事業との関わりについて述べていないが、軍事訓練という共通項において関係していたとみてよいのではないか。藤原仲麻呂の主導下で新羅征討、蝦夷征討等に備える軍備増強政策が諸国に命じられ、(10)それに伴って中央の諸衛府、地方諸国の軍団では盛んに軍事訓練を実施していたと思われる。軍事訓練は放鷹等の狩猟によっても可能であろう。岸俊男氏(11)によると、仲麻呂は、田辺史氏、それと同族の上毛野氏を家司等として召し抱え、また国司に任じて諸国に配置していた。そのことは、淳仁朝下の放鷹への重視を考える上で注目したい。仲麻呂は従来鷹戸と関わりの深かった田辺史氏、上毛野氏を中心に放鷹司の充実を図っていたと考えられるが、その意図は東アジア国際情勢の変化によって崩れたのである。

日本は新羅に朝貢を求めていたが、新羅からは対等外交を要求されていた。天平宝字二年（七五八）九月に遣渤海使小野朝臣田守が帰国して、天平勝宝七年（七五五）に起こった安禄山の乱によって唐の国内情勢が動揺しているという情報をもたらした。(12)それはすなわち唐との関係を背景とする新羅の威勢が一時的にせよ弱まったことを意味している。その機会に乗じて、藤原仲麻呂の主導で新羅征討計画が推し進められたのである。天平宝字六年には渤海使を通じて安禄山と後継者史思明の死の顚末と乱の収束が伝えられた。しかも、唐と渤海の外交関係が良好となって、日本が渤海と結んで新羅を攻撃することはできなくなった。新羅征討計画は消滅したのである。やがて、唐と新羅の各国内情勢の混乱という東アジア国際情勢の変化を受けて、日本における諸国軍団の存在意義が次第に低下していったと思われる。こうした背景の下で、諸国軍団や諸衛府などに保有された国家的武力を象徴する放鷹司の存在意義も同様に低下していったと考えてよいであろう。

新羅征討計画の頓挫が淳仁・仲麻呂の政権に如何なる影響を与えたのかについては計り知れない。孝謙太上天皇と近臣等は淳仁天皇・藤原仲麻呂勢力から政権奪取を目指し、天平宝字八年に近臣等の下に武力を結集して、淳仁天皇・藤原仲麻呂勢力を打倒して政権を掌握した。孝謙太上天皇方の軍勢が仲麻呂の軍勢を近江国に追い込んで平定した直後に早速放鷹司に関する政策を断行したのである。『続日本紀』天平宝字八年十月乙丑条に、

廃二放鷹司一置二放生司一

とあるように、「放鷹司」を廃して「放生司」を置いている。[13] 天平宝字八年は造籍の年でもあった。放鷹司及び鷹戸を停止するには丁度よい時期に当たっていた。天平宝字八年十月以降は第二次停止期間である。当該期間の放鷹司停止は、明らかに放鷹司に象徴されていた淳仁朝の対外的軍備増強政策を否定し、淳仁朝下の軍事訓練としての狩猟の盛行を否定するためであり、淳仁朝下に日本風の姓に改姓し、或いは改姓を希望していた渡来氏族の政治的進出を抑制するためであった。天平宝字八年の放鷹司停止・放生司設置は、仲麻呂の乱の直後に称徳天皇と寵僧道鏡によって打ち出された称徳朝の政策基調の宣言である。

放鷹司の代わりに放生司を設置したことは、明らかに仏教を放鷹遊猟の上に置こうとしたもので、道鏡等の僧侶の発案であろうか。道鏡は称徳朝の仏教関係政策を領導した政僧であり、その出自は河内国若江郡の弓削氏である。道鏡を生んだ弓削氏は、近接の河内国志紀郡・丹比郡に盤踞する王辰爾後裔氏族と対立していたのではないかという井上光貞氏の説が知られている。[14] 井上氏によると、弓削氏と王辰爾後裔氏族との対立関係を証明する出来事は、淳仁朝末期の慈訓・慶俊の僧綱解任である。慈訓の出自は船氏、慶俊の出自は葛井氏であった。船

氏・葛井氏は、王辰爾後裔氏族を構成する。慈訓は天平宝字七年に少僧都を解任され、その後任には道鏡があてられた。[15]そのため、孝謙太上天皇・道鏡の意図が僧綱解任に働いていたといわれている。

井上氏は淳仁朝から称徳朝への交替を重視していないが、弓削氏と王辰爾後裔氏族との対立は、当該時期の両氏族の状況を除外して論ずることはできない。弓削氏は物部氏と同祖関係を結んで、律令国家体制以前に弓を作る弓削部を統率していた。弓削氏および弓削部は、『令集解』巻四職員令造兵司条によると、律令国家体制下の兵部省造兵司の雑工戸として編成されている。ところで、六世紀末の大連物部弓削守屋は、弓削氏の女性を母として生まれたという。[16]道鏡・弓削氏が守屋を祖と仰いでいたのは偶然ではないであろう。[17]称徳朝に道鏡が重用された背景は、前代の淳仁朝下の弓削氏・弓矢生産の動向に関係するとみられる。淳仁朝における新羅征討軍備増強政策の進展は、諸国神祇への国家的な戦勝祈願を伴っていた。例えば、天下の神祇に対して幣帛とともに弓矢を奉献したのである。[18]軍備の重要な一つとして弓矢が注目されるであろう。軍備増強の結果として弓削氏・弓矢生産関係工人諸集団等への監督介入を招いたのではなかろうか。一方、王辰爾後裔氏族は、大連物部弓削守屋を倒滅した大臣蘇我臣氏と密接な関係を結んでいた。[19]七世紀後半の壬申の乱後、天武朝においては船氏を除く王辰爾後裔氏族の氏姓の変更を保留していたようである。[20]船氏と同祖の白猪史氏・津史氏は西文忌寸氏等の王仁後裔氏族と共に遅れをとっていたが、八世紀に入ると次々と氏姓を変更した。[21]

王辰爾後裔氏族・弓削氏の両氏族間の対立は、両氏族の仏教思想の差異に微妙な影響を与えていたのではなかろうかと思われる。

放鷹をめぐる考え方の相違は顕著であり、放鷹遊猟が仏教と抵触するとすれば、殺生戒に関してであった。殺生戒に関わる思想としては、新羅仏教が注目に値する。新羅仏教の高僧円光は殺生に別ありと解釈して、戦争等の公事に基づいた殺生を肯定するという見解を打ち出した[22]。この円光の殺生戒解釈を日本において如何ほど受容していたのかは寡聞にして知らないが、井上光貞氏が指摘したように、王辰爾後裔氏族等の百済系渡来氏族は大陸・半島の思想の変化に敏感に反応して受容するという特性を有していた。例えば、七世紀末以降に新羅仏教を導入して国家仏教が整備されると、百済系渡来氏族は率先して新羅仏教を受容して官僧を輩出した。八世紀後半では、慈訓・慶俊がその代表的人物である。

慈訓・慶俊等の僧綱は、淳仁朝下で律令国家の軍事的行動や軍事訓練としての狩猟を肯定していたのではないかと思う。言い換えると、律令国家の公事に基づいてやむなき殺生を肯定するように仏教思想を解釈していたのではなかろうか。慈訓・慶俊等の王辰爾後裔氏族は、西文忌寸氏・田辺史氏等と関係が深い。田辺史氏は馬文化と関わりが強く、河内国安宿郡を拠点とする馬飼の伴造的氏族である。『日本書紀』の著名な換馬伝承[23]において、河内国古市郡の西文忌寸氏が姻戚として現れている。西文忌寸氏の同族には馬史氏が存在し、田辺史氏と同じく馬飼の伴造的氏族である。田辺史氏及び王辰爾後裔氏族は馬のみならず、鷹の調習にも長じており、鷹・馬を用いる狩猟を好む者が少なくなかったと考えられる。

淳仁朝から称徳朝、光仁朝初期にかけては、放鷹司・主鷹司をめぐる政策の著しい時期である。淳仁朝の新羅征討計画は全国的に展開されるが、東アジア国際情勢の緩和によって頓挫したのであった。律令国家は、軍備増強を担っていた武器生産諸集団や、軍事訓練に従事していた諸衛府・軍団兵士等を再編成しなければならなくなった。とはいえ、称徳朝においても、公事に基づいた殺生の内で戦闘行為を全面否定するわけにはいかなかったのであろう。そこで、道鏡は王辰爾後裔氏族出自の僧綱への対抗上、戦闘の擬似的行為としての狩猟に注目してその否定に至るのではないか。称徳朝の狩猟否定路線は、天平宝字八年十月に王辰爾後裔氏族・田辺史氏に繋がる放鷹司の停止、一方で殺生の対立概念を体現する放生司の設置において具体化された。道鏡は弓削氏等の勢力を背景に、称徳天皇に働きかけて放鷹司の停止と放生司の設置を実現し、放鷹司に象徴される王辰爾後裔氏族等の新羅仏教的狩猟肯定を抑止したわけである。

放生司は設置記事以後にその存在を証するものはない。何時頃に称徳朝の放生司が廃止され、また、何時頃に兵部省主鷹司が設置されたのかについては定かでない。その手がかりとなる出来事は、称徳朝の次の光仁朝では神護景雲四年（七七〇）八月に道鏡を下野薬師寺に左遷し[24]、つづいて王辰爾後裔氏族出自の僧侶を僧綱に戻している[25]という一連の人事であろう。この年の十月一日に白壁王は即位し、宝亀元年と改元する[26]。宝亀元年は造籍の年にあたっていたので、ただちに放生司を廃止して主鷹司を再設置したのではあるまいか。律令国家の放鷹狩猟は、光仁朝以降に再び王辰爾後裔氏族出自の僧侶の周辺で肯定されるようになったのだろう。ところが、淳仁朝以降の時代は東アジア国際情勢の緊張緩和を受けていたことから、律令国家の放鷹遊猟が再開されたとしても、恐らく対新羅的敵対心を基調とする放鷹遊猟の軍事訓練的意義は縮小したのである。それを受けて、主鷹司の改編が求められていたのであろう。

桓武朝に至ると、『続日本紀』延暦七年（七八八）七月庚午条に、

従五位下多治比真人屋嗣為₂主鷹正₁、

とあるように、従五位下多治比真人屋嗣を主鷹正に補任したという記事が見える。多治比真人屋嗣は他の史料に所見がなく、人物の詳細は不明である[27]。多治比氏は宮城十二門の一つ多治比門の名前の由来となった宮城守衛氏族であったことが知られている。

多治比真人屋嗣の主鷹正補任記事は、『続日本紀』を含む六国史において唯一の補任記事である。主鷹正の官

位相当は、養老令制で従六位下に相当する。恐らく、この記事前後の時期の主鷹正は、順調に六位官人を充てていたのであろう。六位官人の補任記事は基本的に掲載されていないから、延暦七年の五位官人の主鷹正補任は初めてのことであり、異例の事態であった。この点については、兵部省被管諸司の動向を参考にしたい。松本政春氏[28]は、淳仁～桓武朝の兵部省被管諸司官人補任記事を分析して、それ以前の時代と比較して相対的に官位相当の位階が高くなっていたという事実を突き止め、淳仁～桓武朝には諸衛府の活動を支援するために兵部省被管諸司の役割が重視されたと指摘している。松本説に従えば、延暦七年の五位官人の主鷹正補任も同様に主鷹司の役割が重視されたことになる。

この記事だけに囚われると放鷹遊猟の意義はますます高まったかのようである。ところが、三年後の『続日本紀』延暦十年七月丙戌条に、

停二止鷹戸一、

とある。この措置は、主鷹正の五位官人登用と同様に厚い待遇と考えることができるであろうか。このときの鷹戸の停止は、養老五年～神亀三年の第一次停止期間、天平宝字八年～宝亀元年の第二次停止期間と違って全くの廃止であり、二度と再設置されることはなかった。これは、むしろ主鷹司の管掌下に置かれていた鷹戸への軽視であったと見ることができる。

新井喜久夫氏[29]によると、兵部省主鷹司の鷹飼は、延暦十年以降に諸衛府舎人等から選抜して任じられることとなったという。本研究でも諸衛府の鷹飼については聖武朝の事例を既に検討し、放鷹司・主鷹司の鷹戸とは異なる存在であったことを論じた。九世紀以降の諸衛府の鷹飼の動向については後述するが、新井氏の推定通り、兵部省主鷹司は、延暦十年の鷹戸廃止の際に別枠の鷹飼を組織したと見なすのが妥当であろう。

主鷹司は、延暦七年から同十年にかけて、主鷹正多治比真人屋嗣の下で再編成され、延暦十年の鷹戸廃止を以て、桓武朝の主鷹司改革の一応の完了を意味した。つまり、延暦七年から十年にかけては、決して主鷹司の衰退の時期ではなく、再編の時期であったと考えられる。主鷹司の再編成は、第一次停止、第二次停止等に何度も行なわれた。延暦十年の鷹戸の廃止は、この後に再設置されることがなかった点でそれまでにない重大な事態であろう。主鷹司の活動基盤であった鷹戸が根底から否定されたのである。

何故、鷹戸の廃止に至ったのかについては、ここで視点を変えて、延暦十年の鷹戸廃止とほぼ同時期の兵部省関係の改革に注目することにしよう。翌延暦十一年（七九二）の軍団の大幅削減がよく知られている。軍団の大幅削減は、延暦十一年六月七日であった[30]。続く六月十四日には兵士に代わって健児が置かれ、「兵庫・鈴蔵及国府等類」の守衛に充てられた[31]。軍団の大幅削減は、淳仁朝以降に東アジア国際情勢の緊張緩和によって諸国軍団の存在意義が低下した末に遂に実施されたかの感が強い。延暦十年の鷹戸廃止という兵部省主鷹司の改編は、翌年の軍団の削減と無関係ではありえないのではなかろうか。

延暦十年の鷹戸廃止、同十一年の軍団の大幅削減という二つの措置の関係を念頭に置いて、兵部卿の任官者に目を向け、軍団の削減および鷹戸の廃止に関する背景を考えてみたい。延暦十年、十一年の兵部卿は大伴宿禰潔足であるが、延暦九年三月壬戌に従四位上で兵部卿に任じられ、しかも、これに先立つ一ケ月前の二月甲午に参議に任じられていた。兵部卿潔足は参議を兼ね、桓武天皇・議政官組織の意を直接受けて、軍団の削減を押し進めたのであろう。

軍団の大幅削減計画は、既に潔足の兵部卿前任者の時期に進められていたとみられる。大伴宿禰潔足の兵部卿前任者は、多治比真人長野という人物である。多治比真人長野は、『続日本紀』延暦七年七月庚午条に[32]、

従三位多治比真人長野為二兵部卿一、近江守如レ故、

とあるように、多治比真人氏であった。この日は、多治比真人屋嗣の主鷹正任官と同日である。長野は、翌延暦八年正月己酉(33)に兵部卿従三位兼近江守のまま参議に任じられ、延暦八年十二月己丑(34)に参議兵部卿従三位のままで没した。

後任の兵部卿大伴宿禰潔足は、前任の多治比真人長野の立場を引き継いだ。そして、潔足は、延暦十一年六月に軍団の削減、続いて健児の設置を敢行してその役目を終えると、十月二日に没した。

多治比真人長野、大伴宿禰潔足という二人の兵部卿を並べてみると、山城国乙訓郡の長岡への遷都をめぐる推進派と反対派の抗争を想起する。大伴氏・多治比氏といえば、長岡京遷都をめぐる推進派と反対派の対立において反対派の構成メンバーであったと知られている。延暦四年の藤原種継暗殺事件は、推進派と反対派との対立の頂点に位置する。長岡遷都反対派が推進派の藤原種継を暗殺した事件である。遷都反対派は、桓武天皇の弟である皇太子早良親王を頂き、春宮坊関係者を中心として、大伴氏・佐伯氏・多治比氏等で構成されるグループであった。特に、大伴氏は事件で厳罰に処されることによって、大きな打撃を受けた。

事件の首謀者の一人と目された大伴家持は、事件の数日前に死没していたが、壬申功臣の大伴連長徳・安麻呂父子の子孫にして長岡遷都反対派の象徴的存在であったといっても過言ではない。事件に連座した人々は家持をはじめとして早良親王の春宮坊の官人が多いのであって、その点を強調するのが一般的な事件の位置づけであろう。

種継事件の要因については諸説あるが、近年長岡遷都をめぐる対立関係を否定して、皇位継承をめぐる対立関係を重要視する傾向が強い。しかし、皇位継承をめぐる対立が皇位継承如何で自らの立場の安否を気遣わねばな

らない人々にとって主な要因であったにしても、「親王禅師」と呼ばれ、東大寺などの大和諸寺院と密接なつながりがあったとされる皇太子早良を支持していた人々の中には長岡遷都を心よく思わない人々を数多く含んでいたのではないかと思われる。

大伴・佐伯・多治比等の長岡遷都反対派を支持する勢力は、諸衛府等の宮城守衛氏族に限られるものではなく、むしろ反対派の中心である大伴・佐伯・多治比等がお互いに近接した地域に拠点を有し、或る地域的なまとまりと広がりをもっていたとみられる。

例えば、清水みき氏[35]によると、長岡京遷都は内裏の変遷をメルクマールとして、延暦七、八年を境に時期区分して西宮（第一次内裏）、東宮（第二次内裏）と把握することができるという。第一次内裏は難波宮式の瓦が出土しているから難波宮の宮殿建物を長岡に移築したものであり、第二次内裏は平城宮式の瓦が出土しているから平城宮の宮殿建物を長岡に移築したものであると述べている。

長岡京遷都の内実が明らかとなり、長岡遷都反対派の地域的広がりを推察することができるだろう。第一次内裏の造営の際には難波宮周辺に拠る諸豪族の反対を受け、第二次内裏の造営の際には平城京やその周辺の諸豪族の長岡遷都反対を想定することが可能であろう。尤も、両地域の諸豪族が大伴氏以下の長岡遷都反対派をはじめとする、平城京・難波宮とその周辺に権益をもつ諸豪族、だいたい大和・河内・摂津・和泉等に拠点を有していた諸豪族の支持を得たと思われる[36]。

地縁的繋がり以外にも、大伴氏等の宮城守衛の職掌を介して形成されている職縁的繋がりを重視して、鷹戸の廃止および軍団の大幅削減が大伴氏等の遷都反対派の動向と関係していたのではないかと考えている。大伴氏等の者は、衛門府門部をはじめとして諸衛府の官人となる者も少なくなかった。それと関わって、大伴氏等の上官の指揮下で諸衛府の官人・トネリ等が数多く存在したのであろう。このように大伴氏等が諸衛府・兵部省の職務等を通じて所縁を重ねた中下級官人・トネリ出仕の諸豪族との関係は、中央・地方の軍制再編や諸改革を進める上で無視することができなかったはずである。しかし、兵部省の卿・大輔・少輔や五衛府の督・佐は天平勝宝年間（七四九〜七五七）まで大伴氏・佐伯氏によって圧倒的多数を占められていたが、天平宝字元年（七五七）以降に藤原氏の任官者が大伴氏を大きく引き離した。[37] 天平宝字元年には、軍団の軍毅の白丁採用を改め、兵部省が六衛府の官人・トネリの中から「器量弁了、身才勇健者」を軍毅として選抜することとなった。[38] これは軍毅採用条件から大伴氏等の地縁、血縁等の要素を排除しようとする動きであろう。この状況に対して大伴氏等が危機感を募らせており、遂に長岡遷都に直面したのである。

大伴氏等の中に長岡遷都反対の不満分子が少なくなかったと見るなら、律令国家が兵部卿として延暦七年任官の多治比真人長野、続いて延暦九年任官の大伴宿禰潔足の二名を兵部卿に起用した理由は明らかであろう。律令国家は、長岡遷都反対派の同族に与同しなかった多治比氏・大伴氏の者を兵部卿に起用して、遷都反対派の声を抑える役目を期待したのであった。

かくして長岡遷都反対派は、延暦七年（七八八）以降の多治比氏・大伴氏の兵部卿の下でその勢いを急速に失ったようである。その意味で『続日本紀』延暦十年九月甲戌条に、

仰二越前、丹波、但馬、播磨、美作、備前、阿波、伊予等国一、壊二運平城宮諸門一、以移二作長岡宮一矣、

とあるように、「平城宮諸門」の長岡宮への移作は画期であった。長岡宮造営の最終段階に至ってようやく諸門を移作したわけであって、そこに大伴氏・佐伯氏・多治比氏以下の一部の宮城守衛氏族の根強い抵抗が想像されるであろう。それにもかかわらず、律令国家は諸門の移作を強行したのであるから、多治比氏・大伴氏の兵部卿

の下で長岡遷都反対派の動きを或る程度抑えることができたと考えられる。「平城宮諸門」の長岡宮への移作は、延暦十年である。延暦十年は前述通り、兵部省主鷹司被管の鷹戸を廃止した年でもあった。諸門の移作は主鷹司の動向と軌を一にしていたと考えるのが自然であろう。鷹戸および諸国軍団の権益を固守する諸勢力は、宮城守衛氏族を中心とした長岡遷都反対派を支持していたのではなかろうか。律令国家は、かれらを抑制することによって、同十年の鷹戸の廃止、同十一年の諸国軍団の大幅削減に成功したという流れで理解することができよう。そして、同十二年には摂津国の所管官司が摂津職から摂津国司へと改組されたのである。それは、この頃までに難波宮が廃止されたことによって取られた措置であった。

以上の検討を時系列に沿ってまとめると、律令国家は、聖武朝に上毛野氏・田辺史氏等の伝統的な鷹飼統率氏族に代わる人々を放鷹司・主鷹司官人に任じてその下に鷹戸を置いた。結局、放鷹司・主鷹司は八世紀以来唐風化を推進したにもかかわらず、桓武朝の延暦十年に「平城宮諸門」の長岡宮への移作と同時期に鷹戸が停止されたのであった。それは、淳仁朝の国際的緊張の緩和に伴って諸国軍団および主鷹司の存在意義が低下した結果であると見てよい。延暦三年から同十三年までが、長岡京の時代であったことは注目すべき特徴であろう。延暦三年に長岡に遷都し、同七、八年頃に平城京を廃止すると、同十年に「平城宮諸門」を長岡宮に移作した。また、同年に鷹戸を廃止し、翌同十一年に諸国軍団を削減した。桓武朝においては、大伴氏等の主要な生活圏である大和・河内・摂津・和泉を基盤とした平城京・難波宮を離れて山城の長岡に遷都するために、大伴氏等による抵抗を抑えなければならなかったのだろう。延暦十年の鷹戸の廃止及び延暦十一年の諸国軍団の削減が遅れて長岡京時代の後期に実施された事情は、まさにかかる背景に由来したのである。

2　鷹飼の蔵人所専属

延暦十年（七九二）の鷹戸廃止以降、主鷹司は長期間かけて解体の一途を辿る。『日本三代実録』元慶七年七月五日己巳条に、

勅、弘仁十一年以来、主鷹司鷹飼卅人、犬卅牙食料、毎月充二彼司一、其中割二鷹飼十人犬十牙料一、充二送蔵人所一、貞観二年以後、無レ置二官人一、雑事停廃、今鷹飼十人、犬十牙料、永以二熟食一充二蔵人所一

とあるように、弘仁十一年（八二〇）頃からの変遷の四段階が示されている。年代順に整理すると、

（1）（延暦十年）～弘仁十一年　主鷹司鷹飼三十人、犬三十牙
（2）弘仁十一年～貞観二年　主鷹司鷹飼二十人、犬二十牙
　蔵人所鷹飼十人、犬十牙
（3）貞観二年～元慶七年　停止（第三次養鷹組織停止期間）
（4）元慶七年～　蔵人所鷹飼十人、犬十牙

となる。四段階の概要を述べると次の通りである。

主鷹司の鷹飼とは、延暦十年の鷹戸廃止後に鷹戸に代わって設置されたものである。弘仁十一年に主鷹司の鷹飼三十人・犬三十牙に給う食料から割いた鷹飼十人・犬十牙の食料を蔵人所に充て送ることとなった。これが蔵人所の鷹飼の誕生である。弘仁十一年以来、主鷹司の鷹飼二十人と蔵人所鷹飼十人とが並立していたが、貞観二年（八六〇）以降に「官人」（主鷹正、主鷹令史）を置くことがなくなり、雑事停廃した。そして今、元慶七年

（八八三）七月に至って、鷹飼十人、犬十牙の食料を永く熟食を以て蔵人所に充てることにしたという。元慶七年以降は、主鷹司の鷹飼二十人は蘇ることなく、蔵人所の鷹飼十人だけが後代に存続するわけである。ここで変遷を説かれる延暦十年以降の主鷹司の鷹飼は、旧来の鷹戸から供出された鷹飼と異なっており、諸衛府の官人・トネリの中から選抜されたのである。諸衛府官人・トネリ等から選抜された鷹飼は、鷹戸の「鷹甘邑」的地縁関係と異なって、各々の出自や本拠地を相違している。

ここで注目される点は、主鷹司の鷹飼が八世紀以来の諸衛府の鷹飼と関係するか否かであろう。八世紀においては、諸衛府官人・トネリ等の一部が鷹飼として放鷹に従事していた。兵部省主鷹司は、延暦十年に鷹戸を廃して、諸衛府官人・トネリ等の鷹飼を中心とする、全く異なった構成原理の組織へと換骨奪胎されたのである。従って、延暦十年にはもはや主鷹司の内実が失われていたといわねばならないであろう。延暦十年の鷹戸廃止、貞観二年の主鷹司停廃を一連の流れととらえることができるならば、かつてのように貞観二年の主鷹司停廃を単に放生・殺生禁断政策の一環にすぎなかったなどと消極的に評価することはできない。

延暦十年〜弘仁十一年の約三十年間に主鷹司の下に鷹飼三十人を設置しており、弘仁十一年に主鷹司の鷹飼三十人から鷹飼十人を割いて蔵人所に付けたのである。当該期間は主鷹司の下に諸衛府官人・トネリ等の鷹飼を集めたという時期であり、前後の状況に比して、如何なる意義を帯びていたのかが問題であろう。

そこで、当該時期とほぼ重なっている「国例」統制に注目したい。竹中康彦氏[39]は、律令国家が延暦・大同・弘仁期にかけて「国例」を統制していたと指摘する。律令施行以来、諸国が国毎の実状に合わせて律令格式を運用しており、かかる国毎の運用の先例は「国例」と呼ばれていた。しかし、律令国家は延暦期後半から弘仁期にかけて「国例」を認めないままで統制するようになったという。

延暦・大同・弘仁すなわち桓武朝から嵯峨朝にかけての約三十年間にわたる主鷹司の鷹飼専掌は、丁度、「国例」統制と時期的に重なっている。主鷹司の場合の「国例」統制とは如何なるものであろうか。鷹戸は、摂河泉の三国国境地帯「鷹甘邑」集住の渡来氏族を中心としていたと思われる。その選抜基準は「国例」のように国毎の行政上の慣例を示すものであり、他の諸国の養鷹組織の基準となるものであったのではなかろうか。桓武朝においては、延暦十年に鷹戸の「鷹甘邑」的伝統、言い換えると「国例」とさえ呼び得る行政上の慣例をいったん否定した上で、諸衛府の鷹飼を兵部省主鷹司の下に移管して鷹飼三十人に統合したのである。

兵部省主鷹司の鷹飼三十人は、主に諸衛府の官人・トネリを編成している。延暦十年の鷹戸廃止以降、鷹飼の構成原理は世襲制的な品部から諸衛府官人・トネリ等へと移行した。鷹飼の任用は、鷹戸の品部的な世業相伝を排して、諸衛府の官僚制的原理を介在させた点に大きな意義を認めることができる。実は、すでに八世紀初期に品部の性格を常品部から借品部へと変更したと述べた。品部的な、と述べたが、正確には常品部的な世業相伝と言い換えるべきであろうが、これを排して借品部として処遇することは延暦十年の鷹戸の廃止および鷹飼任用方式の改定と同一の方向性を指向していたのであり、その布石を敷いたものといえる。

延暦十年以降の兵部省主鷹司の鷹飼三十人は、恐らく「鷹甘邑」的な地縁的関係の前史をもたないのであるから、当初鷹飼の属していた各衛府の養鷹を背景としていたと思われる。このような状態では、鷹飼が交替で鷹を調教する場合に調教方法が異なるなど不都合が生じたことは容易に想像される。そこで、主鷹司の鷹飼三十人による養鷹技術の統一が目指されていたのではなかろうか。桓武朝下においては、特に主鷹司の養鷹技術の枠組みを成文化した書物が存在しなかったようである。養鷹の技術的統一という課題は、嵯峨朝に解決するに至った。桓武天皇の皇子で兄の平城天皇の跡を継いだ嵯峨天皇は、父桓武の遺業を継承して、養鷹技術の統一を目指そうとした。その成果が『新修鷹経』である。嵯峨天皇は『新修鷹経』を編纂して、弘仁九年（八一八）五月二十二日に主鷹司の官人に下賜した。『新修鷹経』は、日本放鷹史上、最初の養鷹書であったといわれているが、研究には殆ど利用されず、評価の定まっていない書物である。

まず、『新修鷹経』の史料的信憑性について若干の考証を行なう。この時に『新修鷹経』を下賜された主鷹司官人については、主鷹正が「正従六位下兼行備前権掾勲六等巨勢朝臣馬垂」、主鷹令史が「正七位上行令史兼美作大目上野公祖継」であった。二人の実在性を確かめる。

弘仁九年時に従六位下であった主鷹正巨勢朝臣馬垂は、『類聚国史』弘仁十年正月丙戌条[40]によると、弘仁十年に正六位上より従五位下に叙されている「巨勢朝臣馬乗」と同一人物であろう。馬垂ではなく、馬乗が正しいのかもしれない。馬乗が出た巨勢朝臣氏は、『新撰姓氏録』右京皇別上に「石川同祖、巨勢雄柄宿禰之後也、日本紀合」とあり、また、『日本三代実録』貞観三年（八六一）九月二十六日丁酉条に「先祖出レ自二武内宿禰大臣一也、大臣第五男巨勢男韓宿禰、是巨勢朝臣之祖」とあるように、建内宿禰後裔氏族の一つに数えられている名門であった。

また、もう一人、弘仁九年時に正七位上であった主鷹令史上野公祖継は、『類聚国史』弘仁十三年（八二二）十一月丁巳条[41]に「上毛野公祖継」と見えており、正六位上より従五位下に叙されている。上野公祖継の「上野公」は、上毛野公と同じものを指していて毛の字が落ちているに過ぎない。上毛野氏の中央官人としては、奈良初期の上毛野朝臣氏があった。但し、この上毛野朝臣氏は、神亀六年（七二九）の長屋王の変に連座して衰退した。その後、田辺史氏の一系統が『新撰姓氏録』左京皇別下の上毛野朝臣条に、「天平勝宝二年、改賜二上毛野公一、今上弘仁元年、改賜二朝臣姓一」とあるように、天平勝宝二年（七五〇）に上毛野公（上毛野君。公字は天平宝字年間から）、次いで弘仁元年（八一〇）に上毛野朝臣と改姓した。田辺史氏による上毛野姓の獲得である。しかし、上毛野公祖継は、弘仁年間に依然として公姓を名乗っているので、弘仁元年に朝臣姓と改姓した系統とは別の系統であろう。別系統の田辺史氏が『続日本紀』宝亀八年（七七七）正月戊午条に、

左京人従七位上田辺史広本等五十四人賜二姓上毛野公一

とあるように、遅れて光仁朝に上毛野公姓を賜姓されている。上毛野公祖継は、この系統に属したと思われる。以上のように、弘仁九年段階の状況に齟齬していない位階を帯びる主鷹正巨勢朝臣馬乗・主鷹令史上毛野公祖継の両名が実在の人物であることが確かめられた。

次の問題は、『新修鷹経』下賜の弘仁九年という年紀に何らかの必然性があるかという問題である。

『新修鷹経』下賜の弘仁九年は、主鷹司が鷹飼三十人を管掌していた延暦十年から弘仁十一年にわたる時期の末期に属する。『日本三代実録』元慶七年七月五日条によると、弘仁十一年に主鷹司の鷹飼三十人から蔵人所の鷹飼十人を分割した。弘仁十一年は、『新修鷹経』下賜の二年後に当たる。つまり、弘仁九年から十一年にかけての約二年は、『新修鷹経』を主鷹司に下賜してすぐさま鷹飼を蔵人所にも付けるのではなく、主鷹司において三十人の鷹飼が『新修鷹経』の養鷹方法を修得するために必要な期間であったのだろう。嵯峨天皇は、『新修鷹経』を主鷹司に下賜して同一の養鷹技術を修得させることにより、主鷹司鷹飼三十人の技術的均質化を目指した。技術の統一を経た上で、主鷹司鷹飼三十人から十人を分割して蔵人所に付ける。主鷹司・蔵人所の両鷹飼は、常に参照するべき『新修鷹経』を得たので、放鷹の基本を『新修鷹経』に置いて鷹飼を二分したとしても全く差し支えない状態となっていた。

『新修鷹経』下賜が弘仁九年である必然性はもう一つある。弘仁九年は、諸門号等が唐風の名称に改められた

年としてよく知られている。諸門号の変更については、文章博士の菅原朝臣清公の薨伝(42)に、

九年有㆓詔書㆒、天下儀式、男女衣服、皆依㆓唐法㆒、五位已上位記、改従㆓漢様㆒、諸宮殿院堂門閣、皆着㆓新額㆒、又肆㆓百官舞踏㆒、如㆑此朝儀、並得㆓関説㆒

とあるように、弘仁九年に天下の儀式や男女の衣服をすべて「唐法」に改めること等を命じた詔書が出された。この記事で「諸宮殿院堂門閣、皆着㆓新額㆒」と見えている中に門号の変更が含まれていたと考えられている。研究が進んでいるのは諸門のなかでも宮城十二門号の変更であり、それは次の表12の通りである。

表12　宮城十二門の門号と氏族

	平安宮の門号（弘仁九年以降）	旧門号	門号氏族
南	美福門	壬生門	壬生氏
	朱雀門	大伴門	大伴氏
	皇嘉門	若犬養門	若犬養氏
西	談天門	玉手門	玉手氏
	藻壁門	佐伯門	佐伯氏
	殷富門	伊福部門	伊福部氏
	（上西門）		
北	安嘉門	海犬養門	海犬養氏
	偉鑒門	猪使門	猪使氏
	達智門	多治比門	多治比氏
東	（上東門）		
	陽明門	山門	山部氏
	待賢門	達部門	建部氏
	郁芳門	的門	的氏

※笹山晴生『古代国家と軍隊』（中央公論社、一九七五年七月）五五頁。

宮城十二門号の変更は、旧門号の読み方に近似した漢語をあてたものにすぎないが、これこそ「唐風化」の具体策であろう。しかし、「唐風化」とは果たしてそれだけであろうか。佐伯有清氏(43)によると、変更前の宮城十二門の門号は天皇の居所を守衛した氏族名を採って名づけられたという。令制下の衛門府門部の三分の二は負名氏の者を取った。門部の負名氏は、宮城十二門号に代表される大伴、佐伯、山部、壬生、建部、玉手、的、伊福部、猪使、若犬養、海犬養、多治比等であり、他に負名氏であるか否かは分からないが、園部、紀、迹（阿刀）の諸氏族の事例が知られている。

佐伯氏や高橋富雄氏(44)の研究によると、衛門府門部は、負名氏的任用の

代表例の一つである。特に、衛門府門部の負名氏であった大伴氏、大伴氏の同祖佐伯氏、皇別の多治比氏等は伝統的な意識を持ち続けていたようである。前述通り、大伴氏は、桓武朝下において長岡遷都反対派の中心であったと考えられ、長岡への遷都で大和・河内・摂津・和泉等の勢力基盤から離れることに反対したのではなかろうか。延暦四年には大伴氏一族の継人・竹良等が遷都推進派の藤原種継を暗殺して悉く厳しい処罰を受けた。厳罰を受けた人々は、皇太子早良親王を領袖と仰いで、春宮坊職員を中心に大伴氏・多治比氏・佐伯氏等の多彩な諸氏族の一部が加わっていた。大伴氏等の長岡京遷都反対派は「平城宮諸門」の長岡宮移作だけではなく、鷹戸の廃止に対しても抵抗していたと見られ、大伴氏等の宮城守衛氏族と地縁的・職縁的関係に結ばれていた人々の支持を得ていたと考えられる。延暦十年の鷹戸廃止が長岡宮への「平城宮諸門」の移作と同年になされたということは、恐らくその背景を同じくするものであった。延暦十年の鷹戸廃止と「平城宮諸門」の移作との符合を見る時、弘仁九年の『新修鷹経』の下賜と諸門号の「唐風化」との符合に注意を向けざるをえない。

延暦十年と弘仁九年の措置が養鷹組織の再編及び諸門の変化に呼応しているわけであって、偶然の一致とは思われないのである。

延暦十年までの諸衛府の鷹飼は、宮城守衛氏族等の負名氏の影響下にあった諸氏族を多く任用していたと思われる。宮城守衛氏族等の影響下にある諸氏族が任用されていた諸衛府の鷹飼を主鷹司の下に統合するために、やはり宮城守衛氏族出自の主鷹正や令史を必要としていたのではなかろうか。そのように考えた場合、延暦七年任用の主鷹正多治比真人屋嗣の存在は大きな意義があろう。多治比真人屋嗣は初めての五位の主鷹正であった。屋嗣の主鷹正補任は、延暦十年の鷹戸の廃止および諸衛府鷹飼の統合に向けての布石であると考えてよい。

ところが、延暦十年〜弘仁十一年の鷹飼統合期間の末期にあたる弘仁九年段階の主鷹司官人の任用は、桓武朝下の任用の傾向と異なっていた。主鷹正巨勢朝臣馬乗、主鷹令史上毛野公祖継の二名が天智朝・近江朝廷の中心的勢力を構成した巨勢氏、田辺史氏の子孫であった。(45) 嵯峨朝においては巨勢氏・上毛野公氏（田辺史氏）等の近江朝廷旧臣の子孫が主鷹司官人に任用されて諸衛府鷹飼等を統轄していたことになるわけである。かくのごとく主鷹正任用者の氏族的な背景を眺めると、あたかも桓武朝の主鷹正多治比屋嗣と嵯峨朝の主鷹正巨勢馬乗とは氏族の政治的な来歴を異にするかのように見えてくるかもしれない。しかし、両氏族の過去の対立関係から、ただちに桓武朝と嵯峨朝との養鷹組織政策の違いを導くことはできない。ここでは、桓武・平城・嵯峨朝の諸政策を連続して把握する立場に立つことが有効である。養鷹組織に関する政策は、主鷹正任官者の出自を超越して、養鷹の技術的統合、鷹飼の官人化という政策基調で一貫しており、その時々の政治情勢に適う人物を任用していたのだろう。

弘仁十一年に主鷹司鷹飼三十人から鷹飼十人分を割いて蔵人所に充てたという主鷹司・蔵人所の鷹飼の並立は、計画的な措置であったといえよう。主鷹司以外に鷹飼が置かれたということは、初めてではない。元正・聖武朝に授刀寮及び諸衛府の官人・トネリによって兼任される鷹飼を設置したことがあった。八世紀の鷹飼分置の状態が長く続いたのであるから、延暦十年の鷹戸廃止、主鷹司の諸衛府鷹飼統合を経て、主鷹司から鷹飼を割いて蔵人所に置いたという措置は、不自然でなかった。しかし、弘仁十一年の主鷹司の鷹飼と蔵人所の鷹飼との分立が八世紀の放鷹司鷹戸と諸衛府鷹飼との分立と決定的に異なる点は、貞観二年に主鷹司の完全廃止に行き着いたことである。

中央の養鷹組織の再編成が延暦十年の鷹戸廃止を一つの画期とすることができるなら、貞観二年の主鷹司・蔵人所の両鷹飼の停止に始まり、貞観二年〜元慶七年の第三次養鷹組織停止期間を経て、元慶七年の蔵人所鷹飼の設置に至る時期をもう一つの画期とすることができるであろう。律令国家は主鷹司を完全に解体し、蔵人所の鷹飼を中心に位置づけている。貞観二年〜元慶七年の第三次養鷹組織停止期間は、主鷹司・蔵人所双方の鷹飼を停止して、改めて蔵人所の鷹飼だけを設置して一本化するために設けられたのである。律令国家は、主鷹司の解体を最終目的としていたといえるであろう。元慶七年に蔵人所の鷹飼が設置されて完全に単立の組織となった。

次に、蔵人所鷹飼の任用手続き、任用の実態について述べることとしたい。

蔵人所鷹飼の補任の手続きは、十一世紀後半までに成立した蔵人所関係の職務解説書『侍中群要』第十[46]に、

御鷹飼事

蔵人奉㆑勅、仰㆓検非違使・馬寮等㆒、又以㆓所下文㆒仰㆓禁野㆒、

とあるように、天皇が御鷹飼に任用すべき人を決めると、その勅を蔵人が奉じて、検非違使・馬寮等に下達し、又、蔵人所下文を以て禁野に下達した。

ここにはただ単に「禁野」と記されているが、「禁野」とは左右衛門府の官人が兼任していた禁野の管掌者「禁野専当」[47]であろう。また、蔵人が鷹飼補任を通達する諸司の内、検非違使は元々左右衛門府管下の部署である。検非違使は、嵯峨朝に左右衛門府の官人の兼任として設置された。本研究で注目すべき点は、鷹飼の身分的統制や養鷹禁制違犯の摘発に関与していたことであろう。検非違使は、恐らく、桓武朝下に長岡京遷都反対派であった大伴氏等の不満分子を含んでいた衛門府を平安京の新たな体制に取り込むために設けられた職掌であろう。宇多朝に検非違使を統轄する検非違使庁が左右衛門府に設けられてやがて左右衛門府から分離独立するが、継続して鷹飼の身分的統制や養鷹禁断を担当した令外の官司である。また、鷹飼任用で検非違使と共に仰せを受ける左右馬寮は鷹飼に官馬を提供することに関連している。

鷹飼の職掌の一つには、天皇遊猟に供奉することがあった。『侍中群要』第十の「御鷹飼」は、十世紀半ば成立の『新儀式』野行幸事(48)所見の「尋常鶏飼・鷹飼等」と同じものを指していた。それは、すなわち、

尋常鶏飼・鷹飼等之外、若有下知二猟道一親王公卿并非参議四位五位上、令レ仰下可レ供二奉鶏飼・鷹飼一之由上、

とあるように、

①尋常鶏飼・鷹飼等

②知猟道親王公卿非参議四位五位

と分類されている二種類の内、前者①にあたる。①は、衛府・馬寮等の官人等に対して鶏飼・鷹飼の兼任を命じたもので、継続的に御鶏・御鷹を調養する鷹飼であった。これが『侍中群要』第十で補任方法を述べられている「御鷹飼」の中心であろう。②は、野行幸開催に際してのみ鶏飼・鷹飼の供奉を命じられた貴族の内、「猟道を知る」者であった。そして、行幸の「前七八日」には「仰二検非違使一聴下親王公卿被レ點二鶏飼鷹飼一之輩行幸日着中摺衣上」と見えるように、検非違使に命じて行幸の日に限って摺衣の着用をゆるされており、また、①と同じく、②への統制には検非違使が関与した。また、①・②のほか、同書所見の③「鷹助」を付け加えることができる。「鷹助」は「内舎人・衛府官人」を用いて、②の親王・貴族等の放鷹を文字通り助ける役割を果たしている。衛府官人の他、内舎人という五位以上官人の子弟から任じられたトネリが「鷹助」を勤めた。正確にいえば「鷹助」は鷹飼ではないが、放鷹に通暁することが求められたのであろう。

九世紀の鷹飼任用の実態を殆ど知ることはできない。仁和二年（八八六）に至って初めて鷹飼の名前を知ることが可能となる。

表13に見える仁和二年段階の鷹飼・鶏飼は二十三名であり、そのうち六人の人名を知ることができる。まず、

表13　仁和二年九月十七日宣旨所見の鷂飼・鷹飼の装束

	鷹飼・鷂飼	許可の装束等	分類
鷹所鷹飼四烈	右近衛将曹坂上安生云々、已上四人	許二摺衣緋鞦一	尋常の鷹飼
	左兵衛権佐藤原朝臣恒興云々、已上三人	許二摺衣一	臨時の鷹飼
	左近衛日下部安人已上一人	許レ不レ帯二弓箭一	鷹助
鷂所鷂飼四烈	右兵衛権少志布勢春岡云々、已上四人	許二摺衣并緋鞦一	尋常の鷂飼
	蔭子菅原冬縁云々、已上七人	許二摺衣一	臨時の鷂飼
	左近衛下毛野松風云々、已上四人	許レ不レ帯二弓箭一	鷹助

※『政事要略』巻六十七糺弾雑事・男女衣服并資用雑物、類聚部仁和二年九月十七日宣旨。

六人の官職・身分を見ると、近衛府の官人が一人、近衛が二人、兵衛府の官人が二人、蔭子が一人である。鷂飼・鷹飼補任者で名前の判明する殆どの者が兵衛府・近衛府の官人・トネリを本官として鷹飼・鷂飼を兼任している。

次に、六人の出自を見ていく。

鷹所鷹飼四烈から見ると、右近衛将曹坂上安生の坂上氏は坂上大宿禰氏であろうか。坂上大宿禰氏は、坂上大宿禰田村麻呂の薨伝に「家世尚レ武調レ鷹相レ馬子孫伝レ業相次不レ絶」[49]とあるように、鷹の調習を家業的に受け継いでいたのである。坂上氏は、壬申の乱で大海人皇子方に味方した東漢氏系の渡来氏族の中心的存在であった[50]。また、三河国碧海郡の石村村主氏が中央進出して坂上忌寸氏と改姓した氏族の可能性もある[51]。

左兵衛権佐藤原朝臣恒興の藤原氏は、藤原北家であった。『尊卑分脈』[52]によると、房前の子末茂の流れで、末茂の子総継の孫にあたる。総継の女子には、恒興の母の他に仁明天皇の妃となって光孝天皇を生んだ者と、藤原北家の長良の妻となって基経を生んだ者がおり、恒興は光孝天皇、藤原基経と従兄弟同士であった。

左近衛日下部安人の日下部氏は、日下部宿禰であろうか。『新撰姓氏録』山城国皇別に「開化天皇皇子彦坐命之後也、日本紀合」とあるように、大和東北部・山城・近江の和邇氏系諸氏族と同祖関係を結んでいる。

鶴所鶴飼四烈を見ると、まず右兵衛権少志布勢春岡の布勢氏は、布勢朝臣であろう。『新撰姓氏録』左京皇別上に布勢朝臣は「阿倍朝臣同祖、日本紀漏」とある。同祖の阿倍朝臣は「孝元天皇皇子大彦命之後也、日本紀合、続日本紀合」とあるように、皇別氏族であった。

蔭子菅原冬縁の菅原氏は菅原朝臣であろう。菅原朝臣は、『新撰姓氏録』右京神別に「土師宿禰同祖。乾飯根命七世孫大保度連之後也」と見えるので、出雲臣氏と同祖の土師連氏の後裔であった。

左近衛下毛野松風の下毛野氏は、下毛野朝臣であろうか。『新撰姓氏録』左京皇別下に「崇神天皇皇子豊城入彦命之後也、日本紀合」と見える。笹山晴生氏[53]によると、平安中期以降に摂関家随身・御鷹飼を輩出した下毛野氏は、奈良時代初期まで政界で活躍した下毛野朝臣氏と系統を異にする可能性が高く、東国の吉弥侯部氏が下毛野公、あるいは下毛野朝臣を賜わった事例があるという。松風もまた東国の吉弥侯部氏系の下毛野氏であろう。

名前の知られるこの六人は、藤原氏、阿倍氏同祖の布勢氏、和邇氏同祖の日下部氏、東漢氏諸集団の中心的氏族坂上氏、土師氏後裔の菅原氏、東国吉弥侯部氏後裔の下毛野氏等というように系統が全く異なっている。仁和

図4　官制的養鷹の変遷

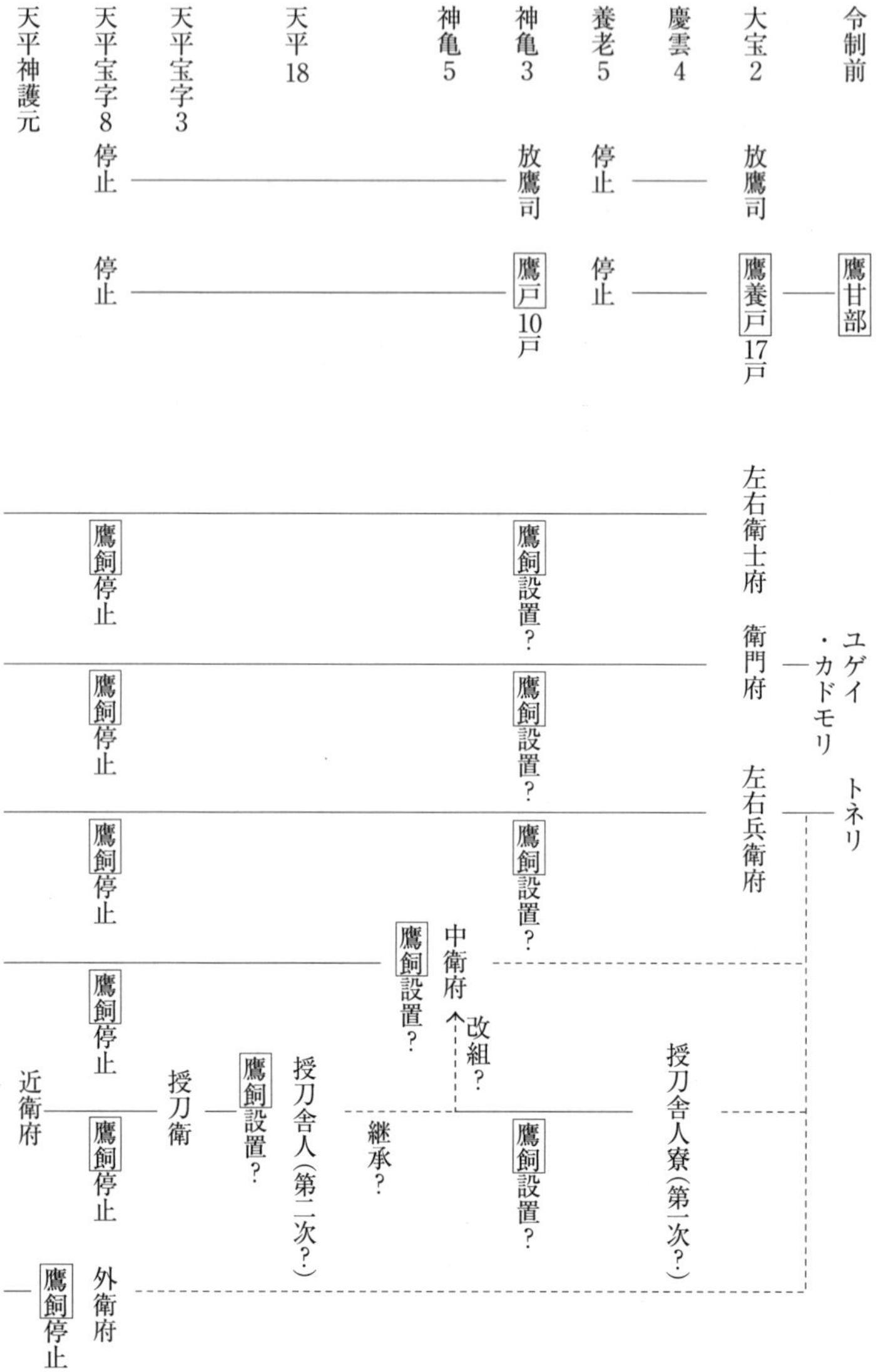
令制前
大宝2
慶雲4
養老5
神亀3
神亀5
天平18
天平宝字3
天平宝字8
天平神護元
鷹甘部
放鷹司
停止
放鷹司
停止
鷹養戸17戸
停止
鷹戸10戸
停止
ユゲイ・カドモリ
トネリ
左右衛士府
鷹飼設置？
鷹飼停止
衛門府
鷹飼設置？
鷹飼停止
左右兵衛府
鷹飼設置？
鷹飼停止
中衛府
鷹飼設置？
鷹飼停止
改組？
授刀舎人寮（第一次？）
鷹飼設置？
継承？
授刀舎人（第二次？）
鷹飼設置？
授刀衛
近衛府
鷹飼停止
外衛府
鷹飼停止

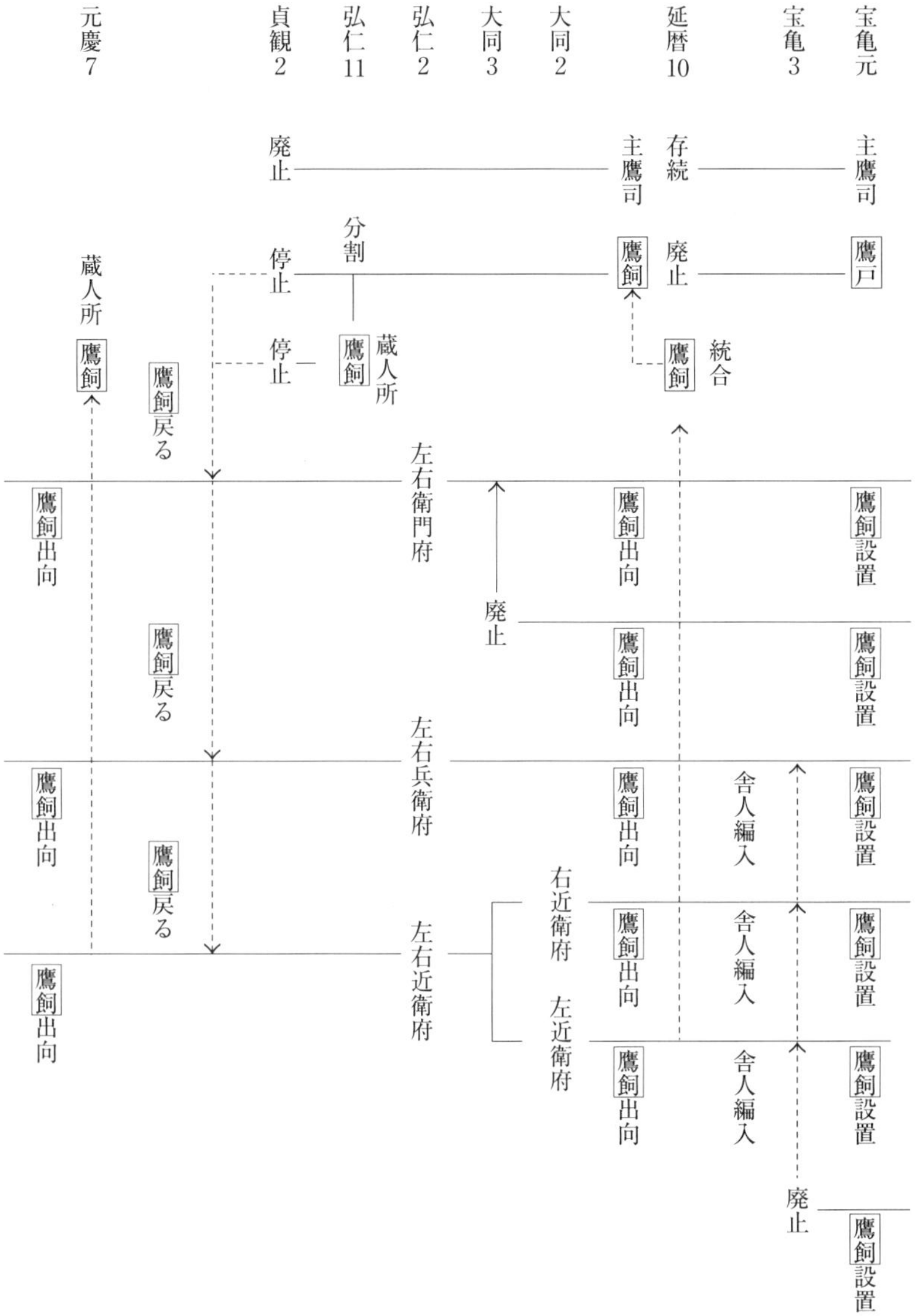
宝亀元
宝亀3
延暦10
大同2
大同3
弘仁2
弘仁11
貞観2
元慶7
主鷹司
存続
主鷹司
廃止
鷹戸
廃止
鷹飼
統合
鷹飼
分割
停止
蔵人所
鷹飼
停止
蔵人所
鷹飼
鷹飼戻る
左右衛門府
鷹飼設置
鷹飼出向
廃止
鷹飼設置
鷹飼出向
鷹飼戻る
左右兵衛府
鷹飼設置
舎人編入
鷹飼出向
鷹飼戻る
右近衛府
左近衛府
左右近衛府
鷹飼設置
舎人編入
鷹飼出向
鷹飼設置
舎人編入
鷹飼出向
廃止
鷹飼設置
鷹飼出向
鷹飼出向
鷹飼出向

二年の段階の鶺飼・鷹飼がすべて網羅されているわけではないが、延暦十年以前の主鷹司官人および鷹戸支配に関係する諸氏族の中心と推定される百済系の渡来氏族が参加していない点は注意すべきであろう。かつて延暦九年の改賜姓に与った氏族の一つ土師氏後裔の菅原氏が一人見えるばかりである。

天皇遊猟に参加した鷹飼の事例は、十世紀段階に抽出することができる。十世紀前半の事例は、醍醐朝に見えている。(54)天武系の皇別氏族の文室朝臣、天智系の皇別氏族の源朝臣、畿内の百済王族系の渡来氏族である御春宿禰、畿外から京貫した物部氏系の春道宿禰、播磨の国造系の播磨宿禰という宿禰姓諸氏族がいわゆる尋常の鷹飼に任用されていた。いずれも系統の異なった人物であり、皇別氏族や、内廷・後宮に関与する諸氏族が多いのである。尋常の鷹飼の氏族構成のばらつきに関しては、九世紀末の状況と類似している。御春宿禰氏は百済王族系統の渡来氏族であるが、八世紀においては天平年間の兵衛府の一部署「鷹所」の鷹飼の諸事例や、延暦九～十年の改賜姓の諸事例にも見出すことはできない。鷹戸支配に関与する諸氏族と異なる系統の鷹飼は、それと異なる何らかの特質を有していたのであろう。

主鷹司の鷹戸が放鷹の唐風化政策に触発され、百済から伝来した文化としての伝統意識を強調し継承していたことは、既に明らかにした。それに対して蔵人所の鷹飼は主鷹司の百済的伝統意識と異なる伝統意識を求められていたのではないかと思われる。渡唐経験者を出した氏族の人間が蔵人所の鷹飼となっていることは、注目に値する。播磨の播磨氏、(55)因幡の春道氏(56)は律令国家体制下に一族の者を遣唐使の一員として送り込んでいた。この時に、改めて唐の放鷹文化を受容したのではなかろうか。承和五年（八三八）の遣唐使が同七年に帰国したのが、事実上最後の遣唐使であった。因幡の春道氏の一族がこれに参加していたことが知られている。律令国家は大宝二年（七〇二）から承和五年までの間に渡唐の使節・留学生を送り込んで放鷹を含む唐文化の修得を目指し、帰国後それを他の人々に受け継がせたのだろう。放鷹については外来文化としての位置づけを変えずに何処の放鷹文化であるかという点だけを重要視するようになり、いわば百済的伝統に対する唐的伝統意識の醸成が図られたといえる。延暦十年に主鷹司の鷹戸が廃止され、諸衛府の鷹飼が主鷹司の下に統合されたことは放鷹の唐風化推進において画期的であった。嵯峨朝には養鷹技術を体系的にまとめて中国古代の故事等で修飾した『新修鷹経』を編纂し、主鷹司に下賜して、ようやく技術的統合を果たしたのであった。『新修鷹経』等の参照を義務づけることによって、主鷹司に対して唐的伝統意識の浸透を強化したのであろう。律令国家は『新修鷹経』を鷹飼の常に参照する書物と定めると、主鷹司の鷹飼から一部を弘仁十一年に蔵人所に分置して、主鷹司の廃止への動きを促進したのである。

第二節　養鷹の禁制

1　禁制の対象

『類聚三代格』所収の代表的な養鷹禁制である、大同三年（八〇八）九月二十三日太政官符[57]に、

　太政官符
　　応㆑禁㆔断飼㆓鷹鸇㆒事
右検㆓案内㆒、太政官去宝亀四年正月十六日下㆓弾正台左右京職五畿内七道諸国㆒騰勅符称、養㆑鷹者先既禁断、頃年以来無㆑事棄㆑日、時暫遊覧、特聴㆓一二陪侍者㆒令㆑得㆑養、欲㆑送㆓無事之余景㆒、実非㆓凡庶之通務㆒、如

聞、京畿諸国郡司百姓及王臣子弟、或詐二特聴一、或仮二勢侍臣一、争養二鷹鸇一、競馳二郊野一、允違二禁制一、理須二懲粛一、所司承知、厳加二禁断一、莫レ令二更然一、若猶不レ改者、六位已下不レ論二蔭贖一科二違勅罪一、五位已上録レ名言上者、被二右大臣宣一称、奉レ勅、私飼二鷹鸇一已経二禁断一、今一切欲レ制、事不レ獲レ已、宜下聴二親王及観察使已上并六衛府次官已上一特令上レ得レ飼、但馳二逐田畝一損二傷民産一之類、令二所司録レ名言上一、其所レ聴人等太政官給二随身験一、所司加二検校一然後聴レ飼、若無二官験一輙飼レ鷹者、六位已下禁レ身副レ鷹進上、五位已上録レ名言上、阿容不レ言者同科二違勅罪一

大同三年九月廿三日

とあって、先例の「太政官去宝亀四年正月十六日下二弾正台左右京職五畿内七道諸国一騰勅符」を引用して養鷹を禁止している。大同三年九月二十三日太政官符は『弘仁格抄』にも見えるので、養鷹禁制の規範的なものと認識されていたのである。[58]

因みに、大同三年九月二十三日太政官符の禁断対象とする鷹は、鷹一般を意味していない。本研究引用の諸史料に見える鷹の種類は鷹（オオタカか）、鸇（ハヤブサ。隼）、鷂（ハシタカ、ハイタカ）の三種類を確認することができる。鷹はオオタカを指す場合と、鸇（隼）、鷂を含めて汎称する場合があった。御鷂という用例もあるが、行論上、御鷹、私鷹と記した場合には、基本的に鷂などを含めて総称的に使用している。[59]

表14によると、神亀五年八月甲午詔以降の養鷹禁制が殆ど「私養鷹」を禁止対象としていた。一口に養鷹を禁止するといっても、その対象を基準に大別して私養鷹のみ、御鷹調養のみ、両方同時の三種類があった。[60]それぞれを発意する直接的な理由は時期によって異なる。その基本は私養鷹のみを禁止する次元であったと考えられる。従って、養鷹禁制は令制下の御鷹調養の組織を念頭に置き、それ以外の養鷹を禁止したのである。

表14　養鷹禁制の事例

西暦	年月日	史料上の形式	「私養鷹」記述等	典拠
七二八	神亀五年八月甲午	詔	朕有所思不欲養鷹天下之人亦宜勿養	続日本紀
七七三	宝亀四年正月十六日	騰勅符	養鷹者先既禁断…	三代格巻十九
七九五	延暦十四年三月辛未	勅	重禁私養鷹	日本紀略
八〇四	延暦二十三年十月二十三日甲子	勅	私養鷹鷂禁制已久…	日本後紀
八〇八	大同三年九月十六日乙未		禁私養鷹…	日本後紀
	大同三年九月二十三日	奉勅太政官符	応禁断飼鷹鸇事 私飼鷹鸇已経禁断…	三代格巻十九
	大同三年十一月二日	奉勅太政官符	春宮坊鷹令随坊験事	三代格巻十九
八一七	弘仁八年九月二十三日	宣旨	私飼鷹者頃年禁断已久	政事要略巻七十
八五五	斉衡二年四月十日戊午	勅	禁私養鷹鷂	日本文徳実録
八五九	貞観元年八月十三日	奉勅太政官符	応禁制養鷹鷂事	三代格巻十九
	貞観元年八月十三日丙申		禁畿内畿外諸国司養鷹鷂	日本三代実録
八六三	貞観五年三月十五日	奉勅太政官符	禁制国司并諸人養鷹鷂及狩禁野事	三代格巻十九
	貞観五年三月十五日丁丑		是日禁諸国牧宰私養鷹鷂…	日本三代実録
八六六	貞観八年十月二十日辛卯		禁五畿七道諸国司庶人縦養鷹鷂	日本三代実録
八七五	貞観十七年四月二十七日	式	請鷹官符家々行餌取者…	政事要略巻七十（検非違使式）
九六七	康保四年十月九日	式	凡私養鷹鸇台加禁弾	延喜式弾正台（延長五奏進）

※神亀五年から延喜式に至る養鷹禁断の単行法令、及び編纂法制集の関連条文を列挙した。同日付で典拠の異なるものもあわせて掲げた。平安時代後期の数例については別に考察を要するので省いた。

※制定・施行などの日付は区別していない。

次に、養鷹禁断の制度的な枠組みを検討する。宝亀四年正月十六日騰勅符によると、太政官が養鷹禁断の勅を騰勅符として、弾正台、左右京職、五畿内七道諸国国府に下達した。この内、弾正台は『延喜式』弾正台・私養鷹鶻条[61]に、

凡私養㆓鷹鶻㆒台加㆓禁弾㆒、

とあるように、宝亀四年以来、継続的に禁弾担当官司と位置づけられている。また、左右京職は、『延喜式』左右京職に該当条文を見ないが、宝亀四年段階では実際に禁断を加えている[62]。しかし、弘仁八年（八一七）以降には検非違使が禁断に参加することによって、従来の取締りの不備を補完したのだろう[63]。つまり、養鷹禁制は、令制内外の国家機構を介して社会全階層の養鷹を規制するものであった。

国家機構の強制力を背景として、天皇の名の下で一部の者に養鷹を勅許することが行なわれた。一部の対象者とは宝亀四年正月十六日騰勅符に「一二陪侍者」、大同三年九月二十三日太政官符に「親王及観察使已上并六衛府次官已上」と見える人々のことであった。養鷹特権勅許の手続きは、まず最初に天皇が某人に勅許し、それを受けて太政官が当人に「随身験」（「官験」）を給付するという手順を踏んでいたのである。

養鷹特権勅許者は、養鷹のために組織をつくった。「餌取を行なう者」の人数制限に関する検非違使式逸文によると、その規模を抑制されている。しかし、養鷹組織が家政機関の整備に伴って、国家的な規制を逸脱した。『貞信公記』天暦二年（九四八）七月三日条[64]に、

河面牧内山下取巣鷹一聯、加㆓出羽守所㆑送若鷹一㆒、差㆓伊尹朝臣㆒奉㆑入㆓朱雀院㆒、

とあるように、関白・太政大臣藤原忠平は自領の河面牧（摂津国武庫郡）に巣鷹（鷹の雛）等を貢納させ、出羽守某からは若鷹を送られている。忠平は、かつて仁和二年（八八六）芹川野行幸に従駕した藤原基経の子にあた

り、家領の私牧や国司を私鷹の供給源としていたのである。牧が山林原野を一円的に割いて設定した馬牛飼育場であることはいうまでもないが、河面牧のように、牧の領域内の山麓には鷹巣が存在するものもあった。また、牧に隣接した山林原野は樵夫や牧竪が放鷹して兎を捕らえるような絶好の狩猟環境であった(65)。そして、出羽守某の任国出羽国は、『藤原保則伝』(66)に、

又権門子年来求二善馬良鷹一者、猥聚如レ雲、

といわれるように、「権門子」が良質の鷹・馬を求めていた産地として知られている。「権門」とは、天皇の勅許なしに畿内を出られない藤原忠平など五位以上の貴族を指していたと思われ、かれらは子弟を鷹・馬誂求の使者として遣わしたのだろう。

ところで、選りすぐられた私鷹は、高い評価を受けている。『貞信公記』には、先の藤原忠平が河面牧の巣鷹および出羽守の若鷹を朱雀院に奉ったという記事のほか、「呼二朝忠朝臣一、昨日鷹二奉レ入二大内一、賜レ禄帰来(67)」、「内裏（朱雀天皇）・東宮（成明親王）各貢二鷹二聯一、以二中将・宮権一為レ使(68)」という記事が散見する。忠平の私鷹が天皇等の養鷹をいくらか支えていたのは明らかである。

藤原忠平の例に見られた私鷹供給ルートの存在は、少なくとも八世紀後半から九世紀までの時代に遡る。宝亀四年正月十六日騰勅符によると、違犯者の「京畿諸国郡司百姓并王臣子弟」が「侍臣」の威勢を仮りたというものが早い事例であろう。それは違犯者が特権者に鷹を献上し、或いは逆に特権者の鷹を預かる等の具体的な交渉を指していると思う。延暦二十三年（八〇四）十月甲子勅によると、違犯者（「臂鷹人」）が特権者（「一二王臣」）の私鷹を預かって調養していた関係を読みとれる。榎村寛之氏は、特権者の鷹が違犯者の鷹より優れているという先入観に縛られて、両者が質的に隔絶していたとみておられるようであるが、違犯者の私鷹を没収して天皇の

許に進上せよという養鷹禁制の規定を見る限り、必ずしも違犯者の鷹が特権者の鷹より劣っているとはいえないのである。

違犯者の養鷹の中では、国司・郡司の養鷹に注目するべきであろう。延暦二十三年十月甲子勅の末尾によると、もし規制を加えてなお違犯が有れば、国司・郡司もまた違犯者と同様に処罰せよと規定しているが、実際には国司・郡司自身が鷹を飼っていた。それは、養鷹禁断対象の焦点となっていたのである。

『類聚三代格』貞観五年（八六三）三月十五日太政官符[69]に記された諸国の情況は、

> （前略）今聞、或国司等多養二鷹鷂一、尚好二殺生一、放以二猟徒一縦二横部内一、強二取民馬一乗騎駈馳、疲極則棄不レ帰二其主一、黎庶由レ其悲吟農耕為レ之闕怠、苟云二朝寄一、豈当レ如レ斯、自今以後、此事有レ聞、則責以二違勅一、解二却見任一、又罷二殺生之遊一故施二禁野之制一、而今或聞、軽狡無頼之輩私自入狩、以擅レ場、鳥窮民苦更倍二昔日一、国司聞見無レ心二糺察一、並非二国家之宿懐一、何其未レ思之甚矣、（後略）

とあるように、前半の「今聞」以下では国司等が多くの鷹を飼い、部内に「猟徒」を横行させていたと述べている。後半の「而今或聞」以下では禁野に入って狩猟をする「軽狡無頼之輩」に対して国司が糺察する心無しとしている。後半にいう国司と「軽狡無頼之輩」との関係は、前半にいう国司とその鷹を操る「猟徒」との関係に対応すると考えてよいであろう。「猟徒」「軽狡無頼之輩」の結節点に位置していた国司は、必ず任国に所在するとは限らず、国守が遙任ならば下僚に実務を委任する。いずれにせよ、国司は諸国の養鷹委任の中心に位置して、任国内の「猟徒」「軽狡無頼之輩」を糾合した。

良馬・良鷹の著名な産地としては、陸奥国・出羽国がある。時代は下るが、十世紀の摂関家の藤原忠平は出羽守某から若鷹を送られていた。また、中央貴族等の王臣家が子弟を派遣して良馬・良鷹を買い求めた出羽国の状況が先の『藤原保則伝』に見えている。中央貴族等が良馬・良鷹を買い求めるという動向は陸奥国においても同様で、『類聚三代格』延暦六年正月二十一日太政官符に、(70)

太政官符

応下陸奥按察使禁中断王臣百姓与二夷俘一交関上事

右被二右大臣宣一称、奉レ勅、如聞、王臣及国司等争買二狄馬及俘奴婢一所以弘羊之徒苟貪二利潤一略レ良竊レ馬、相賊日深、加以無知百姓不レ畏二憲章一、売二此国家之貨一買二彼夷俘之物一、綿既着二賊襖一冑鐵亦造二敵農器一於レ理商量、為レ窖極深、自今以後、宜二厳禁断一、如有三王臣及国司違二犯此制一者、物即没レ官、仍注レ名申上、其百姓者一依二故按察使従三位大野朝臣東人制法一随レ事推決、

延暦六年正月廿一日

とあるように、王臣・国司等が陸奥国の夷俘から「狄馬及俘奴婢」を買っていた。違犯百姓の処罰は「故按察使従三位大野朝臣東人制法」によれと命じているように、大野東人が蝦夷支配の整備に尽くした天平年間には既に夷俘交関禁断の「制法」が存在していたのである。この官符は「夷俘之物」を「狄馬及俘奴婢」に代表させて述べているにすぎない。鷹は「狄馬及俘奴婢」と同様の状況に置かれていたのである。

王臣・国司等の夷俘との交関に関する具体例は、間接的であるが、坂上大宿禰氏を挙げることができる。例えば、坂上大宿禰氏は鷹・馬の調養技術を子孫に伝業したが、鷹・馬の供給源を何処に求めていたのだろうか。田村麻呂の父苅田麻呂が授刀少尉の時に、天平宝字八年（七六四）の藤原仲麻呂の乱鎮圧で行動を共にした部下に授刀将曹牡鹿連嶋足がいたことは注目に値するであろう。(71)牡鹿連嶋足は、陸奥国牡鹿郡の郡領級豪族の出自で、中央に出身し、後に道嶋宿禰と改姓した人物であり、早くから苅田麻呂と懇意にしていたらしい。両者の関係は

苅田麻呂の子田村麻呂、嶋足の後継とみられる御楯の世代に移行しても続いていたのか、共に蝦夷征討に赴くよう命じられている。[72]坂上大宿禰氏が陸奥国の郡領級豪族と密接な関わりを結んで、鷹・馬をはじめとする物産を入手したのであろう。坂上大宿禰氏の鷹・馬調養技術の子孫伝業を支えた良鷹・良馬の主要な供給源の一つは、職務等を通じて所縁を重ねた牡鹿連氏、後の道嶋宿禰氏であったと推定する。

このように、中央貴族と地方豪族との間にくりひろげられた物産を介する政治的社会的関係の展開は、その物産を獲得することで象徴される社会的地位の上昇志向と無関係ではありえない。遠隔地で不穏な情勢下の陸奥・出羽両国から遥々入手した物産は、入手を可能にした社会的地位の標示物となるのである。しかも、獲得量が少ない物ほど希少価値を生んだと想像することができる。鷹も同様であり、『大和物語』第一五二段で御手鷹の「磐手」を陸奥国磐手郡産とする設定が「いはでおもふぞいふにまされる」の「いはで」に懸けただけでなく、名も知れず消えた陸奥国産の良鷹を連想しうるものであった。

『類聚三代格』延暦六年正月二十一日太政官符は、陸奥物産への交関規制が聖武朝に成立したという。それは、聖武朝の陸奥按察使大野東人の「制法」として作られたのであった。大野東人の「制法」は、蝦夷支配における一種の規範の成立を窺うことができる。桓武朝においては、延暦の蝦夷征討の直前に、聖武朝成立の大野東人の「制法」に則して王臣・百姓と蝦夷との交関を禁止しているわけである。

養鷹の展開は、馬・奴婢の交関等に代表される八世紀前半の状況に胚胎していたのではなかろうか。養鷹の委任関係の全国的展開が神亀の蝦夷征討で注目を集めて、初めて神亀五年（七二八）に養鷹禁制の原初的なものが発せられたのである。養鷹禁制は私馬や私的従者と同じく全面的禁止には至らず、しかも一部の養鷹を特権的に勅許している。問題は特権的な養鷹であった。中心的な養鷹特権の勅許対象である貴族層は私牧牧司に鷹を貢納させ、或いは子弟を諸国に派遣して諸国国司・郡司等から鷹を調達するなど、養鷹禁断の制約を超える養鷹の委任関係を編成したのであった。実のところ、それを基盤にして、天皇と近侍者の間にみられる御鷹のアヅケ、養鷹特権勅許、天皇遊猟の鷹飼供奉等が連動して成り立っていたのである。

宝亀四年正月十六日騰勅符に「如聞、京畿諸国郡司百姓及王臣子弟、或詐二特聴一、或仮二勢侍臣一、争養二鷹鸇一、競馳二郊野一、允違二禁制一」とあるように、郡司・百姓・王臣子弟が或いは天皇から特別に許可されたと詐称し、或いは「侍臣」の勢いを借りて、争って鷹を養うと、競って郊野を馳せたという状況を伝えている。この状況は、「郊野」すなわち平城京の近郊を指して述べていた。ここから読み取れる重要なことは、郡司・百姓・王臣子弟が鷹を養い、それを手に平城京近郊の野で狩猟を行なうという振舞いによって天皇や「侍臣」の勢いを表象していた点である。「京畿諸国郡司百姓及王臣子弟」の行動については、『日本後紀』延暦二十三年（八〇四）十月甲子条[73]に、

勅、私養二鷹鶻一、禁制已久、如レ聞、臣民多蓄、遊猟無レ度、故違二綸言一、深合二罪責一、宜二厳禁断一、勿レ令二重犯一、但、一二王臣、聴レ養有レ差、仍賜二印書一以為二明験一、自余輙養、将レ寘二重科一、其印書外過レ数者、捉二臂鷹人一進上、自余王臣五位已上録レ名言上、六位已下及臂鷹人、並依レ法禁固、科二違勅罪一、遣二レ使捜検一、如有二違犯一、国郡官司亦与同罪、

とあるように、参考になる文句を見出すことができる。

ここでは、勅の文中の「臂鷹人」という見慣れない存在に注目したい。勅では二箇所に「臂鷹人」が出てくる。勅の文中の「臂鷹人」の語義は、文字通り、鷹を臂（ただむき。肘から手首までの部分）にとまらせた人と理解することができる。[74]「臂鷹人」と並べられた「王臣」（「一二王臣」「自余王臣」）は、官職を特定しないが、京官

を中心とする有位者層を指しており、そこには当然地方官の国司（遙任国司を含む）を含んでいたに相違ない。要するに、「王臣」と「臂鷹人」（有位・無位）との関係性は、宝亀四年正月十六日騰勅符に見えるように、平城京郊野で放鷹を展開する「侍臣」と「京畿諸国郡司百姓及王臣子弟」との関係に一致するわけではないがきわめて近い。このように、養鷹禁制の対象は養鷹を介する中央貴族と国司・郡司百姓との諸関係であり、官僚制的原理に基づいた統属関係とは異質であった。

ところが、諸国における養鷹禁制の実施は、国司・郡司等によっても担われていた。国司・郡司は地方支配として養鷹を禁止する一方、自ら養鷹禁制の違犯を犯す者も少なくないことが禁制の文中に窺える。しかし、国司・郡司自身の養鷹が官の養鷹に属するか、私的な養鷹に属するか、言い換えると、公事であるか、私事であるかという点で今ひとつ明確に区分されていなかった。八世紀半ばの越中守大伴家持のように国内の人心掌握の方法として放鷹を用いるケースも見えている。場合によっては、有効な支配の手段であったのだろう。十世紀の出羽守某のように摂関家藤原忠平に鷹を贈るケースもあった。出羽国内で獲得した鷹を中央貴族層に贈与するルートは国司・郡司によって支えられていたのであろうから、律令国家の側では黙認せざるを得なかったと思われる。ところが、貞観元年（八五九）の諸国貢鷹の停止、同二年の主鷹司の廃止は、官の養鷹に寄生する様々な養鷹の諸関係を整理することとなり、国司・郡司の養鷹掌握の実態に目を注ぐ契機となった。律令国家は、前掲の貞観五年（八六三）三月十五日太政官符を諸国に下し、国司・郡司によって養鷹禁制違犯者を摘発する。九世紀においては、国司が養鷹禁制を梃子に管内の養鷹の諸関係を集中していた事態が大きな問題となっていたのである。

2　禁制の違犯

養鷹禁制の原初的なものは、八世紀初期の神亀五年（七二八）に初見した。その後、八世紀では殆ど見えなくなるが、光仁朝以降に入ると何度か発令されたのである。つまり、八世紀後半・九世紀における養鷹禁制の度重なる発令は、奈良時代から平安時代へという移行期に放鷹の国家的位置づけが変質したことを示しているのではなかろうか。放鷹の国家的位置づけの変質を明らかにするために、養鷹禁制の初例が現れた聖武朝、続いてその政策を意識して新たな展開を遂げた光仁・桓武朝に注目する必要があろう。

養鷹禁制の成立について初めて検討した研究は、吉井哲氏[75]の研究である。吉井氏は、鷹が「山野支配の表象」であるという前提に立って、古代王権が養鷹禁断を以て鷹を独占することによって山野支配を実現したと論じている。吉井説は、養鷹禁制の法的効力の有効性を前提としていたようである。

しかし、宝亀四年（七七三）正月十六日騰勅符[76]によると、平城京周辺では違犯者が続出したという。「京畿諸国郡司百姓及王臣子弟」が或いは特に放鷹を天皇から許可されたと偽り、或いは天皇の側近の威勢を仮りて争って鷹を飼い、それを手に競って郊野を馳せて狩りに用いていたということが説明されている。宝亀四年正月十六日騰勅符の文言を見ると、禁断の徹底は困難を極めたと推察することができる。

放鷹の盛行は、都の周辺におさまらない広がりを見せていたのである。やや後代であるが、前掲の『類聚三代格』貞観五年（八六三）三月十五日太政官符では、諸国国司の違犯を指摘している。国司は地方支配の要であって、各国内に養鷹禁制を施行するべきである。ところが、国司の中には違犯取締を怠るばかりか、ややもすれば自ら違犯者達の先頭に立っていた者もまた存在したのである。到底、吉井氏のいう桓武朝の山野支配の確立が妥当であるとは思われない。そこで、律令国家が国司の違犯をどのように処理したのかという視点から検討することにしたい。

国司の養鷹禁制違犯の具体例は、管見の限り、桓武朝の一例に限られている。すなわち、『日本後紀』延暦十八年（七九九）五月己巳条に、

　尾張国海部郡主政外従八位上刑部粳虫言、権掾阿保朝臣広成不レ憚二朝制一、擅養二鷹鷂一、遂令下二当郡少領尾張宿禰宮守一、六斎之日、猟中於寺林上、因奪レ鷹奏進、勅、須下有二違犯一先言中其状上、而凌二慢国吏一、輙奪二其鷹一、宜三特決杖解二却其任一、

とあるように、この日に尾張国司の養鷹禁断違犯及び六斎日殺生禁断違犯に対する勅裁が下った。当該記事は、原史料から転載する過程で文章を簡略化したのか、やや文意を取りにくい。

そのために、かつては勅裁で誰を処罰したのかをめぐって解釈が分かれていた。新野直吉氏[77]は、郡司制の研究に関連して引用し、尾張国海部郡少領尾張宮守が尾張権掾阿保広成の鷹を奪う程の実力を振るっていたと解している。つまり、新野氏は、処罰対象を少領尾張宮守と見做しているが、明らかな誤解である。他にも類似の誤解があり、『古代氏族系図集成』所収「阿保朝臣系図[78]」の広成の譜文に「尾張掾、延暦十八年五月廿六日坐事」と記し、また、『国司補任[79]』では「五月廿六日解却（後紀）」と注記しているように、処罰対象を権掾阿保広成と見做していたのである。

しかし、例えば、佐伯有清氏[80]は、鷹を奪った方の主政刑部粳虫が「特決杖解二却其任一」の処罰を受けたとしている。佐伯氏と同様に解して、更に一歩踏み込んでその法的特質を考察したのは、梅村恵子と長谷山彰の両氏で

ある。

梅村恵子氏(81)は、六国史所見の犯罪の一つとして当該記事を取り上げ、官僚機構内部における上下の秩序を乱す犯罪に分類している。そして、「養鷹の禁令は、宝亀二年八月十三日、天平勝宝四年閏三月十三日等度々発布されており、月六斎日并寺辺二里内での殺生も宝亀二年八月十三日の官符で禁断されている。この官符によれば、違反者には違勅罪を科すことになっているが、本件では告発者たる粳虫が、断獄律17条、闘訟律11条の違反により罰せられた。決杖については断獄律30条によると思われる。一方、告発された宮守の処遇は明らかではないが、違法の告発は審議されることはないという〃律の糺弾主義〃により不問とされたのであろう」と考察した。

長谷山彰氏(82)は、養鷹が神亀五年八月甲午勅、宝亀四年正月十六日官符によって禁止され、六斎日および寺辺二里内の殺生も宝亀二年八月十三日官符によって禁止されていたと指摘する。そして、それらの勅・官符等の格には、いずれも格違反を意味する違勅罪の適用を規定しているという特徴に注目し、「尾張国司阿保広成がこれらの格に違反したため、海部郡主政刑部粳虫が鷹を奪って罪状を奏上したのであるが、これに対する勅断は、違反があれば先に其状を言上すべきであり、鷹を奪った粳虫の行為は国吏凌慢にあたるとして杖罪を科している。ところが、肝心の広成に対する違勅罪の適用については何ら触れていないのである」と解した。梅村説と似ているが、告発者粳虫への処罰をもとに、違勅罪の量刑が「勅断によってその都度決定されていた」という指摘が新しい。

両氏ともに粳虫および勅裁が各々依拠した律や格を比定している。比定に若干問題があるものの、梅村氏が律に重点を置き、長谷山氏が格に重点を置いた違いが解釈の違いを生んでいる。私見によると、長谷山氏の指摘どおり、勅裁が違勅罪を規定する格に依拠して処断の主導権を発揮し、被告ではなく告発者を罰した点に注目するのが妥当であろう。言い換えると、事件の処理では、粳虫の依拠した諸禁制よりも、勅裁の立脚する論理が優先されたことになるのである。

梅村・長谷山両氏は、粳虫が依拠した養鷹禁制および月六斎日并寺辺二里殺生禁制の典拠をあげている。いずれの典拠比定にも誤りが見られるので、細説にわたるが訂正しておきたい。梅村氏は、「養鷹の禁令」の典拠を「宝亀二年八月十三日、天平勝宝四年閏三月十三日等」の官符に求める点が誤りであろう。前者は、氏自身も続けて指摘するように、「月六斎日并寺辺二里内での殺生」禁断を定めていた「宝亀二年八月十三日の官符」を指している。「養鷹の禁令」の典拠を月六斎日并寺辺二里殺生禁制の典拠と混同し、同じ官符を別種の官符として二度利用したのである。また、後者の「天平勝宝四年閏三月十三日」は、貞観四年（八六二）十二月十一日付の月六斎日并寺辺二里殺生禁制の先例として「宝亀二年八月十三日の官符」と並んで引用しており、これもまた「養鷹の禁令」ではない。(83)

両説は若干の誤りもあるが、確かに両説の通り、粳虫が養鷹禁断および月六斎日并寺辺二里の殺生禁断を根拠に挙げて国司の違犯を告発したことは明らかである。

国司の諸違犯が発覚する場合、官司による職務上の摘発と個人的な告発を想定することができる。尤も、禁断における国司の役割に関しては、たとえば月六斎日并寺辺二里殺生禁断の宝亀二年（七七一）八月十三日太政官符(84)に、

　　太政官符
　　　応レ禁二断月六斎日并寺辺二里内殺生一事
　右被二内大臣宣一称、奉レ勅、前件事条禁制已久、雖レ逕二時序一豈合二違越一、今聞、京職畿内七道諸国比年曾不二

遵行一、三宝浄区還為二漁猟之場一、六斎戒日更成二屠羊之節一、非三直穢二黷法門一、誠亦軽二慢朝憲一、永言二斯事一、深乖二道理一、自今以後、厳加二禁断一、准レ勅施行、如有二違犯一者必科二違勅之罪一、

宝亀二年八月十三日

とあるように、太政官が勅の内容を京職・諸国に伝達するが、近年京職・諸国は「遵行」していないと述べている。この太政官符は、京職や国司が職務上摘発する際の手続きに関して規定していた。粳虫が国司告発の際に参考すべき手続きの規定を記していなかったのである。

同じことは、養鷹禁制においても該当するであろうか。すなわち、宝亀四年正月十六日騰勅符によれば、弾正台、左右京職、五畿七道諸国が違犯摘発を分掌し摘発した違犯者の取扱いを五位以上と六位以下の二つに区別していた。国司は位階に即していえば五位以下の官人が多く任命されていたのであって、養鷹禁制違犯摘発の対象に含まれているのである。但し、国司は違犯摘発の担当者であるから、しばしば違犯摘発の手を逃れることができる。

粳虫の尾張権掾阿保広成告発は、職務上の摘発ではなかったわけである。刑部粳虫のこのケースは、個人的な告発に当てはまる。粳虫のような部内の郡司百姓等が国司の違犯を告発する際に、いかなる手続きを踏んでいたのかについては問題となるであろう。訴訟の開始は、通常、公式令訴訟条[85]に、

訴訟皆従レ下始、各経二前人本司本属一、若路遠及事礙者、経二随近官司一断之、

とあるように、最初は告人刑部粳虫の属した海部郡に提訴するわけであった。しかし、『日本後紀』延暦十八年五月己巳条の記事に、粳虫が国司の鷹を「奏進」したと見えている。粳虫は、郡・国を飛び越えて直接中央に告発したのである。

官人の不正や犯罪を告発する際、公式令陳意見条[86]に、

若告三言官人害政及有二抑屈一者、弾正受推、当レ理奏聞、不レ当レ理者弾之、

とあるように、弾正台が告発を受け付けるように規定されていた。条文中の「害政」「抑屈」の語句は、『令集解』公式令陳意見条[87]に、

古記云、抑屈者、被二枉断一也、害政者、非レ法聚斂也、

と解釈されている。「抑屈」は「枉断」すなわち「断を枉げる」、断罪に際しての不当な判定をいい、「害政」は「非法聚斂」すなわち不当な租税の取り立てを意味する。いずれもそのままでは尾張権掾阿保広成の諸違犯に当てはまらないが、粳虫が尾張権掾阿保広成の「寺林」侵害を告発した契機は、「寺林」ひいては寺院に対して何らかの被害を与えたことによると見るべきであろう。恐らく、陳意見条に準拠したものと考えてよい。

他に、陳意見条に準拠した事例がある。『続日本紀』天平七年（七三五）九月庚辰条に、

先レ是、美作守従五位下阿部朝臣帯麻呂等故二殺四人一、其族人詣レ官申訴、而右大弁正四位下大伴宿禰道足、中弁正五位下高橋朝臣安麻呂、少弁従五位上縣犬養宿禰石次、大史正六位下葛井連諸会、従六位下板茂連安麻呂、少史志貴連広田等六人坐レ不レ理二訴人事一、於レ是下二所司一科断、承伏既訖、有レ詔並宥之、

とあるように、天平七年（七三五）、美作守阿部帯麻呂の殺人に対する提訴の顛末について、弁官等が被害者の族人の告訴を受理しなかったことが発覚し、「所司」（刑部省）に下して弁官を科断させたというものである。これも粳虫のケースと同様、犯罪者の処断については何も述べられていないという記事であったといえるであろう。もし被害者の族人が申訴した際に弁官がそれを受訴していたならば、被告阿部帯麻呂を処断して、当該記事にはならなかった筈である。実は改めて阿倍帯麻呂は処断されたが、記事に書かれなかったにすぎないとも考え

られるが、それは定かではない。

右弁官の六人が何故訴えを受理しなかったのか、という点は問題であろう。右弁官六人の出自氏族の拠点を見ると、県犬養宿禰氏は古市郡、葛井連氏は丹比郡、板茂連氏は石川郡、志貴連氏は志紀郡である[88]。また、大伴氏の一拠点が「石川大伴村」[89]に置かれていたらしい。このように、右弁官の内五人の出自氏族は、河内国の中部・南部の近隣諸郡にそれぞれの一拠点を有していた。五人が地縁的かつ職縁的な関係をもとに結託して国守故殺の訴えを斥けたのではなかろうか。この一件は、国司管内住人が貴族層に属する国司を訴え出ることの困難さを示している。

この一件で注意すべき点は、本来ならば、弁官が受訴しなければならないという点である。弁官の受訴は、公式令陳意見条の「弾正受推」規定に整合していないが、『令集解』同条所引古記には前引の「抑屈」「害政」の注釈に続けて「弾正受推」に関して、

今行事、弁受推之、

としている。古記は、周知のとおり天平十年（七三八）頃成立の大宝令の注釈書であるから、少なくとも「今」（天平十年頃）以降、弁官が弾正の告発受推機能の一部を吸収して、官人の不正や犯罪に関する告発を受理していたのである[90]。

以上のことを見ると、粳虫が最初に提訴した官司は、海部郡や尾張国ではなく、弁官であったと推定することができる。森田悌氏[91]は弁官が受推した後、奏聞前に事実調べを行なったと指摘している。粳虫の一件の場合、事実調査の可否について窺うことはできないが、粳虫が国司の鷹を証拠として進上しているように、何らかの事実調査が行なわれたのであろう。

奏聞後に「勅」で断罪（判決）が下りたことは、疑問の余地がないのである。国司の鷹を奪ったという行動を除けば、粳虫は正当な手続きを踏んで告発に及んだわけである。尾張国海部郡主政刑部粳虫が勅裁を求めて尾張権掾阿保広成を告発し、一人の郡司の告発に応じて天皇がそれを裁定するに至ったという、その手続き自体が何ら問題視されていない点は重要であろう。言い換えれば、延暦十八年以前より郡司等に対して国司による養鷹禁断と月六斎日并寺辺二里殺生禁断の違犯を見つけ次第告発してよいと法制上保障されていたことを推定できる。実際に郡司が国司の諸違犯を進言したことは史料上殆ど見られないかもしれないが、粳虫は越訴を活用したのである。この事例を見る限り、養鷹禁制と月六斎日并寺辺二里殺生禁制を違犯した国司についての告発は、勅裁を求めることができたと考える。

ここに、律令国家が養鷹禁制を通じて勅裁を下すことによって天皇の権威と権力を誇示しようとした意図を見て取ることができよう。

その養鷹禁制が天皇の勅裁を前面に押し出して八・九世紀に励行された理由は何だろうか。貢鷹制度に寄生する養鷹の諸関係の中心は国司・郡司であるから、養鷹禁制を施行する者たちがそのまま養鷹を展開する主体にもなり得るのである。郡司が国司を訴えることは難しいとしても、その逆のケースは少なくなかったと思われる。養鷹禁制に乗じて貢鷹制度に寄生する養鷹の諸関係を明るみに出して、鷹・鷹飼を天皇の下に集めて優れたものを選抜し、体制内部に組み込んでいく回路が形成されてくるという点が重要である。ただし、養鷹禁制を励行した結果、中央・地方の養鷹組織の再編成を促すこととなったと考えるか、それとも始めから養鷹組織の再編成が目的であったのかというところは判断が難しい。しかし、養鷹禁制の初見である神亀五年（七二八）八月甲午詔は神亀三年の鷹戸十戸設置を受けて出され、延暦十四年三月辛未勅は延暦十年の鷹戸停止を受けて出され、貞観元年八月十三日太政官符や貞観五年三月十五日太政官符が貞観二年の主鷹司廃止前後に出されている事実を押さえると、養鷹禁制の励行は養鷹組織の再編成と響き合い、補い合うような関係において捉え直すことが可能であると考える。

鷹や鷹飼を禁制違犯の名目で天皇の下に集めるといういわば一つの収集機能も、養鷹禁制と養鷹組織との関連において位置づけなければならないのである。刑部粳虫が「奪レ鷹奏進」したその鷹はやはり桓武天皇の眼に触れたと解するのがよいと思う。阿保朝臣広成や尾張宿禰宮守は恐らく刑部粳虫の告発手続きの不備によって特にお咎め無しとなったばかりでなく、桓武の眼に触れた鷹の良し悪しに従って鷹や鷹飼にかかわる何らかの役目を負うこととなったのではないかと憶測するのである。尾張宿禰氏は九世紀以降にも依然として海部郡郡領の譜第であり続けたのであり(92)、また広成はその後延暦二十四年に造宮少進として所見するのであった(93)。

第三節　養鷹の勅許

1　勅許と遊猟

養鷹に関する規制は、違犯者に対してだけではなく、特権的に勅許を受けた人々に及んでいた。養鷹禁制の初見の神亀五年（七二八）八月甲午詔(94)は「其待二後勅一、乃須レ養レ之」とあるように、後に勅が下されるのを待って養うことができると規定しているばかりであって、何の条件も提示していない。宝亀四年（七七三）正月十六日騰勅符も同様に勅許の内容については明確に規定していなかった。

特権的に勅許を受けた人々への規制の内容は、私鷹の飼育数、餌を調達する人の員数、猟場の指定である。私鷹の飼育数については、『日本後紀』延暦二十三年（八〇四）十月甲子条に、

勅、私養二鷹鶏一、禁制已久、如レ聞、臣民多蓄、遊猟無レ度、故違二綸言一、深合二罪責一、宜二厳禁断、勿レ令二重犯一、但、一二王臣、聴レ養有レ差、仍賜二印書一以為二明験一、自余輙養、将レ寘二重科一、其印書外過レ数者、捉二臂鷹人一進上、自余王臣五位已上録レ名言上、六位已下及臂鷹人、並依レ法禁固、科二違勅罪一、遣二レ使捜検一、如有二違犯一、国郡官司亦与同罪、

とあるように、特権の勅許者各々に賜う「印書」（大同三年九月二十三日太政官符所見の「随身験」「官験」）に記載することになっていた。たとえば、『日本三代実録』貞観三年（八六一）三月二十三日丁酉条に、

詔二河内摂津両国一、聴下二品行式部卿兼上総太守仲野親王以二私鷹鷂（鶏カ）各二聯一遊中猟禁野之外上、

とあるように、仲野親王の鷹と鷂（鶏か）とをそれぞれ二聯ずつと定めている。その都度個別に指定された鷹の種類と数は、勅許対象者各々で異なっていた。

また、養鷹で不可欠な餌の調達は「餌取」と呼ばれ、『政事要略』所引の検非違使式逸文に、[95]

請二鷹官符一家々行二餌取一者、三位以上各二人、四位以下各一人、

とあるように、「鷹官符」を請けた家々の「餌取を行なう者」の人数が三位以上に各二人、四位以下に各一人と定められている。例えば、仲野親王は二品であるが、品位を三位以上の内に含む扱いで、二人の「餌取を行なう者」の使役を許可されたことになる。

猟場の指定に関しては養鷹禁制に見えないが、仲野親王の事例には、詔を河内・摂津両国に下して禁野以外の遊猟を聴せとする。禁野の獲物を天皇の供御用に進上するため、禁野以外の野と制限したのである。[96] 禁野が四至

を限るのに対し、大同三年九月二十三日太政官符によると禁野以外の野は耕地と錯綜して存在するから、狩猟を行なえば野からはみ出し耕地を馳逐して損壊せざるをえない。なお、猟場の畿内諸国限定は、いうまでもなく親王や五位以上の貴族が天皇の許可なしに畿内を出られない行動規制を前提とする。源朝臣信などのようにまれに畿内諸国所在の特定の禁野を賜るケースもあった。(97)要するに、特権勅許対象者の猟野も対象者毎に別に指定されたのである。

以上のさまざまな制約によると、皇親・貴族の放鷹従事が在地社会に少なからぬ影響を与えていたことは否めない。しかし、養鷹禁制の成立事情は、在地社会の「民産」の維持が本来の目的ではなかった。それよりもまず、養鷹特権を勅許する天皇と勅許される人々との共通利害を考えていくことが重要である。

養鷹を勅許された人々は、天皇への奉仕を求められていた。その奉仕形態の一つには天皇遊猟の鷹飼供奉がある。

『続日本後紀』天長十年（八三三）九月戊寅条に、

天皇幸二栗栖野一遊猟、右大臣清原真人夏野在二御輿前一、勅令レ着レ笠、便幸二綿子池一、令丙二神祇少副正六位上大中臣朝臣磯守一放下所二調養一隼上払乙水禽甲、仙輿臨覧而楽レ之、日暮還宮、賜二扈従者禄一、

とあるように、仁明天皇の栗栖野遊猟の際に、神祇少副正六位上大中臣朝臣磯守が調養した隼を放って水禽を捕獲したという。磯守は、明らかに天皇の命令に従って隼を使っている。この隼は磯守が天皇から預かった御鷹であるか、或いは磯守が独自に入手した私鷹であるか、俄に判断できないが、ともあれ、天皇遊猟（後に野行幸と称す）は、養鷹禁制施行下で特権的に許された者にとって鷹調養の成果を天皇に披露する機会であった。

天皇遊猟の鷹飼供奉についてはその実態をもう少し明らかにしたい。弓野正武氏が取り上げた仁和二年（八八

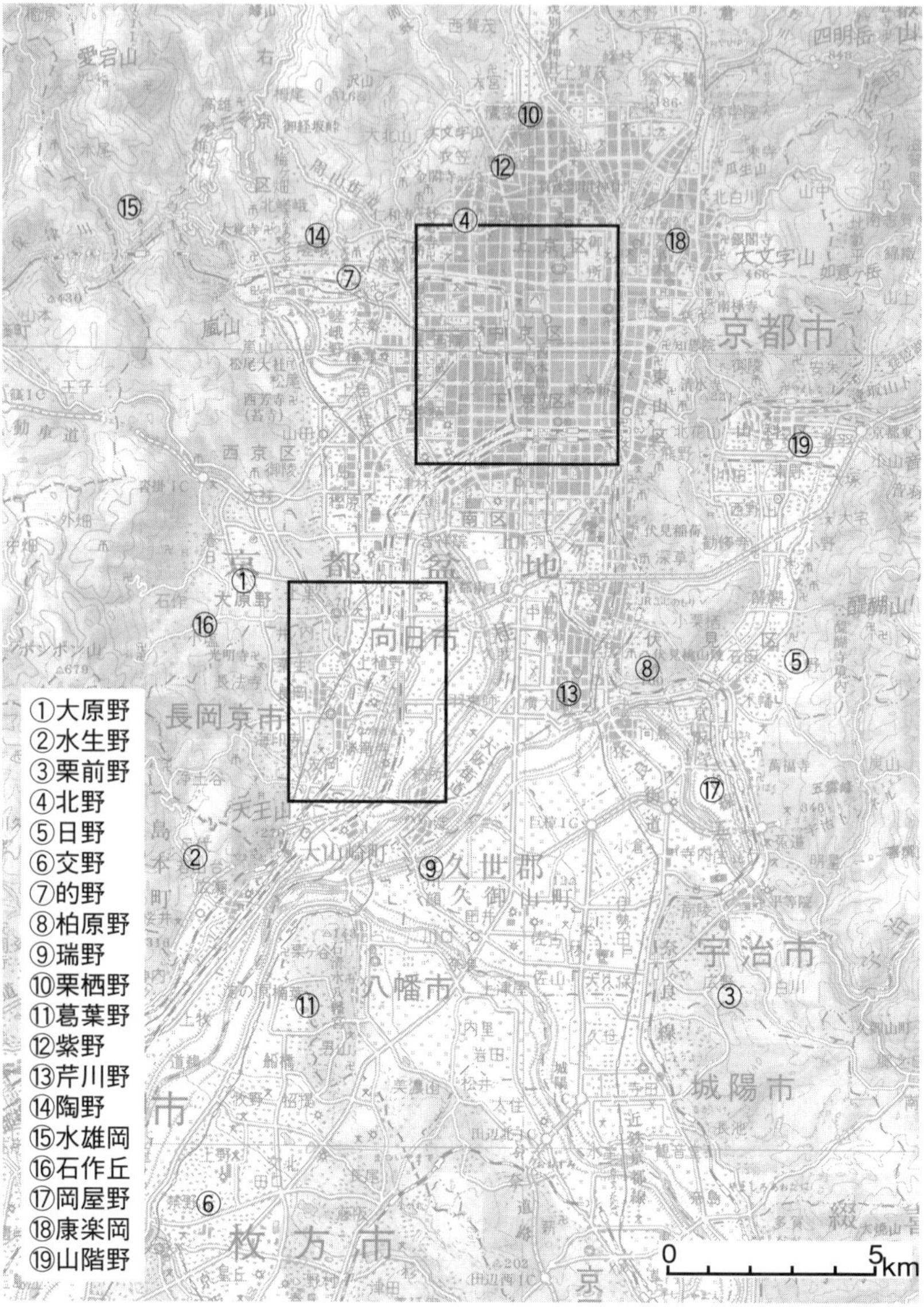
①大原野
②水生野
③栗前野
④北野
⑤日野
⑥交野
⑦的野
⑧柏原野
⑨瑞野
⑩栗栖野
⑪葛葉野
⑫紫野
⑬芹川野
⑭陶野
⑮水雄岡
⑯石作丘
⑰岡屋野
⑱康楽岡
⑲山階野
京都市
向日市
長岡京市
宇治市
城陽市
八幡市
枚方市
京都盆地
0
5km

図５　九・十世紀の主な禁野

六）十二月十四日の光孝天皇の芹川野行幸を再検討する。『日本三代実録』仁和二年十二月十四日戊午条に、行二幸芹川野一、寅二尅、鑾駕出二建礼門一、到二門前一駐レ蹕、勅賜二皇子源朝臣諱朱雀太上天皇帯劔一、是日、勅、参議已上着二摺布衫行騰一、別勅二皇子源朝臣諱、散位正五位下藤原朝臣時平二人一、令レ着二摺衫行騰一焉、辰一尅至二野口一、放二鷹鶏一、払二撃野禽一、山城国司献レ物、并設二酒醴一、飲二猟徒一、日暮、乗輿幸二左衛門佐従五位上藤原朝臣高経別墅一、奉レ進二夕膳一、高経献レ物、賜二従レ行親王公卿侍従及山城国司等禄一各有レ差、夜鑾輿還宮、

とあるが、この行幸の記録が中世の源氏物語注釈書に引用されている。その一つの『河海抄』(98)の当該部分を引用すると、

光孝天皇仁和二年十二月十四日戊午　寅四尅行二幸芹河野一、為レ用二鷹鶏一也、式部卿本康親王、常陸大守貞固《カタ》親王、太《基経》政大臣藤原朝臣、左大臣源朝臣、右大臣源朝臣、大納言藤原朝臣良世、中納言源朝臣能有、在原朝臣行平、藤原朝臣山蔭已下参議扈従、其狩猟之儀一(衍カ)には依二承和故事一、或考二旧記一、或付二故老曰語一而行事、乗輿、於二朱雀門一留レ輿砌、　上勅召二太政大臣一ヲ、三皇子源朝臣　定(省脱カ)(割注カ)宇多院宜レク賜二佩劔一ヲ、太政大臣伝レ勅、定拝舞《ハイフ》、輿前帯レ劔騎レ馬、皇子源朝臣、正五位下藤原時平権着二摺衣一ヲ、午三剋亘二ル猟野一ヲ、於二淀河辺一ニ供二ス朝膳一（後略）、

とあるように、『日本三代実録』よりもやや詳しい。弓野正武氏(99)は「依二承和故事一」云々という記述を手懸かりに仁和二年芹川野行幸の歴史的位置を明らかにした。すなわち、六国史の遊猟記事によると、天皇遊猟は桓武、平城、嵯峨、淳和、仁明の各天皇の時代に頻繁に行なわれたが、続く文徳、清和、陽成の天皇三代には途絶える。陽成の跡を嗣いだ光孝天皇が父仁明天皇に倣って復興した遊猟が仁和二年芹川野行幸であったと位置づけて、儀式としての「野行幸」の成立を説いたのである。

この記録は『日本三代実録』仁和二年十二月十四日条と比較すると、時刻の記載が異なり、或いは「皇子源朝臣諱」（源定省）の名を「源定」と記し、或いは帯劔を賜った場所の建礼門を朱雀門としていて、両記事の関係には疑問点が少なくない[100]。それでもなお、『北山抄』巻第八野行幸事には「旧式并仁和芹川行幸等記」とあるように、詳細な記文の存在そのものは確かであるから、とりあえず原記文が諸書引用及び転写の過程で誤脱した結果が『河海抄』所載記文の状態であると考えて差し支えあるまい。

従って、仁和二年芹川野行幸は、仁明朝以前の天皇遊猟の基本的形態を踏まえて整備した集大成であったといえるし、また、復興後の十世紀の天皇遊猟はこれを重要な先例と位置づけているから、九・十世紀の天皇遊猟の典型として扱うことが許されるであろう[101]。

さて、芹川野行幸に従駕した者のうち中納言以上を列挙すると、

式部卿	本康親王	二品	仁明天皇皇子、光孝天皇兄弟
常陸太守	貞固親王	四品	清和天皇皇子
太政大臣	藤原朝臣基経	従一位	藤原北家
左大臣	源朝臣融	正二位	嵯峨天皇皇子
右大臣	源朝臣多	従二位	左大将、仁明天皇皇子
大納言	藤原朝臣良世	正三位	右大将、太皇太后宮大夫、基経叔父
中納言	源朝臣能有	従三位	左衛門督、検非違使別当、文徳天皇皇子
中納言	在原朝臣行平	正三位	民部卿、陸奥出羽按察使、平城天皇孫
中納言	藤原朝臣山蔭	従三位	藤原北家魚名流

となる。このように、大納言藤原朝臣冬緒を除いて中納言以上は殆ど従駕していた。冬緒の名がない理由は翌年に高齢を以て致仕した事実[102]に窺えるので、記録じたいの信憑性を高めることになるであろう。また、この時の参議は、源朝臣冷（兼官は宮内卿・右兵衛督）、源朝臣光（左兵衛督・播磨権守）、藤原朝臣諸葛（右衛門督）、藤原朝臣国経（皇太后宮大夫）、藤原朝臣有実（左中将、近江権守）、源朝臣是忠（近江守）、橘朝臣広相（左大弁）、源朝臣直（右中将、美濃守）の八名[103]であるが、これらの者は全員が従駕したとみるべきである。

　これらの参議以上のうち、どのくらいの人々が養鷹特権勅許を受けて行幸の鷹飼供奉を担ったのかという点を確認してみよう。仁和二年芹川野行幸以降、主に醍醐朝の野行幸を参照して記述された『新儀式』野行幸事[104]に、

　　尋常鶻飼鷹飼等之外、若有下知二猟道一親王公卿并非参議四位五位上、令レ仰下可レ供二奉鶻飼鷹飼一之由上、

とあるように、野行幸供奉の鷹飼は、①尋常鶻飼・鷹飼等、②知猟道親王公卿并非参議四位五位、という二種類に分かれている。①が通常に鶻飼・鷹飼兼任を命じられ、御鶻・御鷹を調養した衛府や馬寮の官人等であり[105]、一方②は、野行幸開催に際してのみ鶻飼・鷹飼供奉を命じられた「知二猟道一親王公卿并非参議四位五位」すなわち貴族のうち「猟道を知る」者であった。そして、行幸の「前七八日」には「仰二検非違使一聴下親王公卿被レ點二鶻飼鷹飼一之輩行幸日着中摺衣上」とあるように、行幸の日に限って摺衣着用を許されている。つまり、仁和二年の芹川野行幸では、摺衣を着用した本康・貞固両親王及び参議以上と光孝天皇皇子源朝臣定省、藤原朝臣時平が鷹飼供奉を勤めたとみることができる。

　弓野氏が論じ残した問題は、②の鶻飼・鷹飼供奉貴族の用いた鷹が御鷹と私鷹のどちらであったのかという点である。太上天皇の遊猟の事例ではあるが、紀長谷雄著述の昌泰元年十月二十日競狩記[106]の一節に、

　　惟世、亦臂レ鶻到来□（云）、所□□（放逸カ）鶻、邂逅求得、献二小鳥十一翼一、雖レ不二分明一、人無二具探一、其後熟問、実是供

取彩御鷂、詐称㆓己鷂㆒耳、所㆑献之獲□（物カ）知㆑非㆑真、非㆓唯惟世以搆㆒㆑之、皆遂知㆓間諜無心之至㆒、

とあるように、これは宇多太上天皇の川島原遊猟の最中に起きた小事件を書き留めた箇所である。鷂飼の右兵衛佐平朝臣惟世が「御鷂」を「己鷂」と詐って用いその獲物を献上し、後に露顕したものであった。御鷂でとらえた獲物は「非㆑真」と見做されているから、やはり基本的に惟世が自ら調達した私鷂を使わねばならなかったようである。それは天皇の遊猟においても同様であったと考える。「猟道を知る」鷹飼供奉の貴族は予め天皇から勅許されて私鷹を調養し、その技術を練り、遊猟の鷹飼供奉を命じられて私鷹を天皇に披露した。先の大中臣磯守が仁明天皇の遊猟で披露した隼について御鷹か私鷹か俄に判断できないと述べたが、鷹飼供奉に伴う私鷹であったといえる。

以上のように貴族の鷹飼供奉が私鷹調養を踏まえたとすると、他方で貴族が天皇の御鷹を預けられて調養するという奉仕形態が見えてくる。御鷹をアヅケル―アヅカルという事例は、一説話に典型的に示されているのである。十世紀後半成立の『大和物語』第一五二段(107)に、

同じ帝、狩いとかしこく好みたまひけり。陸奥国、磐手の郡よりたてまつれる御鷹、よになくかしこかりければ、になうおぼして、御手鷹にしたまひけり。名を磐手となむつけたまへける。それをかの道に心ありて、預り仕り給ひける大納言にあづけたまへりける、夜昼これをあづかりて、とりかひ給ふほどに、いかゞしたまひけむ、そらしたまひてけり。心肝をまどはしてもとむるに、さらにえ見出ず。山々に人をやりつゝもとめさすれど、さらになし。自らもふかき山にいりて、まどひありきたまへどかひもなし。このことを奏せでしばしもあるべけれど、二三日にあげず御覧ぜぬ日なし。いかゞせむとて、内裏にまいりて、御鷹の失せたるよしを奏したまふ時に、帝物も宣はせず。きこしめしつけぬにやあらむとて又奏したまふに、面をの

みまもらせ給うて物も宣はず。たいぐ〵しとおぼしたるなりけりと、われにもあらぬ心ちしてかしこまりていますかりて、「この御鷹の、求むるに侍らぬことを、いかさまにかし侍らむ。などか仰せ言もたまはぬ」と奏したまふに、帝、「いはでおもふぞいふにまされる」と宣ひけり。かくのみ宣はせて、異事も宣はざりけり。御心にいといふかひなく惜しくおぼさる、になむありける。これをなむ、世の中の人、本をばとかくつけける。もとはかくのみなむありける。

とあるように、養鷹の実績をあげて天皇の信頼を得ていた大納言が御鷹に逃げられて天皇に報告するが、天皇は惜しさのあまり絶句して「いはでおもふぞいふにまされる」とだけ洩らしたという筋である。この説話は人口に膾炙した「いはでおもふぞいふにまされる」という下の句の起源説話で、登場人物を実在の人物に特定することはできない。句の由来を説明するために、なぜ天皇が貴族に御鷹を預けるというモチーフで組み立てたのかと設問したとき、むしろ十世紀に浸透していた貴族層の養鷹に対する共通認識に注目すべきではないだろうか。たとえば、登場人物の大納言という官職の設定が、大同三年九月二十三日太政官符の「親王及観察使已上并六衛府次官已上」のような養鷹特権勅許対象者の範囲や『新儀式』野行幸事の「親王公卿并非参議四位五位」にいう鷹飼供奉の範囲に照応しており、実際の養鷹を介する天皇と貴族の関係性を説話化したものであるといってよい。むしろ説話であるという点がこの関係性の最も純粋なかたちを示しているのであろう。

ここでは御鷹のアヅケが養鷹特権勅許とどう関係するかという視点から、この説話をよみ直してみたい。御鷹は「御手鷹」と記されるが、多くの御鷹のうち天皇自らの手で愛翫する鷹である。天皇が「御手鷹」の「磐手」を預けた大納言については「かの道に心ありて、預り仕り給ひける大納言」と表現する。この表現は、天皇が「磐手」を預ける以前に、大納言が何度か別の御鷹を預けられて調教したという実績を示しているようである。

さらにいえば、天皇が最初だれかに御鷹を預ける時、既に「かの道」＝養鷹の道に心ある者がだれなのかを把握していたのではなかろうか。その前提で説話を構成したとしなければ、天皇が大切な御鷹を大納言に預けた理由を納得しがたい。大納言は天皇に勅許された養鷹の技術を練ると、「御手鷹」を預かって調養し、その成果を天皇に侍して披露するという、個別的な恩恵と奉仕の関係を天皇と結んだ。御鷹調養披露の最も華やかな舞台は天皇遊猟であったが、『大和物語』にはその状況設定を欠いており、必ずしも唯一の舞台とは定まっていなかった。

御鷹をアヅケル―アヅカルという局面で天皇と貴族との間に結ばれた恩恵と奉仕の関係は、アヅカル側による養鷹技術の習得・保持を前提に成り立っている。養鷹特権を勅許された貴族は私鷹を披露して成功をおさめて天皇の目にとまれば、御鷹を預けられたのではなかろうか。養鷹が貴族全員の義務とならなかったのは、人毎に養鷹技術の巧拙の差が大きいものであったからであろう。養鷹特権勅許対象者の選択と養鷹技術の巧拙との関係には、養鷹技術の継承および養鷹組織編成の問題が介在しているのである。

2　勅許の対象

養鷹特権勅許対象の範囲は、先述の通り天皇遊猟の鷹飼供奉貴族の範囲と近いが、仁和二年（八八六）の芹川野行幸では参議以上とあり、十世紀半ばの『新儀式』野行幸事では「猟道を知る」五位以上貴族とあるように変化している。弓野正武氏[108]は、『日本後紀』以下国史薨卒伝記事から集めた鷹を好んだ人物が四位以上に収まるのでそれを養鷹特権勅許対象の範囲と見なし、その範囲が大同三年（八〇八）九月二十三日太政官符の「親王及観察使已上并六衛府次官已上」、『新儀式』の「猟道を知る」五位以上貴族へと拡大したと述べている。しかし、国史は基本的に四位以上の薨卒伝記事を載せていた。(109)そのために、四位以上に限定したように見えるだけであって、この考え方は成り立ちがたい。

ここで改めて養鷹禁制の勅許規定に注目したいが、初見の養鷹禁制である神亀五年八月甲午詔は勅許対象の範囲を指示していないので、勅許の条件を知るには八世紀後半以降に下る必要があるだろう。

宝亀四年（七七三）正月十六日騰勅符は勅許対象の範囲を「一二陪侍者」に限るが、この「陪侍者」の内容は天皇の側近に侍する臣という意味以上には明らかではない。(110)延暦二十三年（八〇四）十月甲午勅の「一二王臣」は尚更である。続く大同三年九月二十三日太政官符の指定範囲「親王及観察使已上并六衛府次官已上」で初めて具体的な範囲を設けたのであろう。五位以上で特定の官職に就いていることが条件であった。大同三年九月二十三日太政官符にいう職事官の親王のほか、公卿(111)および六衛府の長官・次官という範囲指定は、仁和二年の芹川野行幸に鷹飼供奉した参議八名中の五名が衛府の長官・次官を兼ねていた頃にまで通じている。ただし、衛府の長官・次官全員が鷹飼供奉を担っているわけではなく、やはり大同三年九月二十三日太政官符の指定範囲は大同三年当時の基準ではあっても、それ以降の絶対的基準ではなかった。なお、天長十年（八三三）に隼を披露した大中臣朝臣磯守は、神祇少副・正六位上を帯び、大同三年九月二十三日太政官符の指定範囲を逸脱する事例である。大同三年以降天長十年までに鷹調養の成果披露に必要な官職・位階の制限が拡大したともみられるが、類似の記事が他にないから、六位以下が天皇遊猟で私鷹を披露した特例として明記されていたと考える。

では、位階や官職を基準に養鷹特権勅許対象の範囲を区切ると、特権勅許者が勅許当初から鷹調養技術を維持することができたのだろうか。はなはだ疑問であるといわざるをえない。従来、このような養鷹技術の維持の問題については全く考慮されていないのである。養鷹特権勅許の具体的事例は、貞観年間の忠良親王、仲野親王、源朝臣信、源朝臣融、源朝臣定、連扶王、坂上大宿禰貞守、安倍朝臣三寅の八名がある。そこで、彼らが養鷹に接した条件について各々の成育環境を中心に見ていくこととしたい。養鷹禁制の規定内容からは直接うかがえないような実態を明らかにできるであろう。

表15のごとく仲野親王は桓武天皇皇子であり[112]、忠良親王[113]、源朝臣信[114]、源朝臣融[115]、源朝臣定[116]の四人は嵯峨天皇皇子であるが、後三者は源朝臣賜姓後に議政官への昇進を果たし、皇親と王臣の中間的存在であった。

以上五名は自ら養鷹に熟達した桓武、嵯峨両天皇の薫陶を受け、たとえば、源朝臣信は「大臣率性淵雅、風尚不レ恒、好読二書伝一、兼善二草隷一、又工二図画一、丹生之妙、馬形写レ真、太上天皇親自教習、吹笛鼓琴箏弾琵琶等之伎、思之所レ渉、究二其微旨一、乃至鷹馬射猟尤所レ留レ意[117]」とされるように、少年の頃から父嵯峨の様々な技芸に関する教習を受けていたのである。他の四名も父の天皇から同様の教習を受けて育ったのではなかろうか。

また、養鷹の勅許を受けた親王・一世源氏は、母方の氏族の影響をも受けていた可能性が高い。仲野親王の母は藤原朝臣河子[118]、源融の母は大原全子[119]であるが、忠良親王の母は百済王貴命[120]、源定の母は百済王慶命[121]、源信の母は広井宿禰氏[122]として知られている。後者の三名は、いずれも百済系の渡来氏族であった。父の教習以外に母方の外戚にあたる渡来氏族が親王・一世源氏の放鷹の習熟に関与していたということができる。

なお、連扶王は、系譜関係未詳で、皇親の範囲（四世王まで）に入るかは不明である。斉衡二年（八五五）に無位から従五位下に叙され[123]、許可時点では従五位下内膳正であった。天皇の食物供御を管掌する内膳正を長く勤めた実績がその特権勅許と関わったと思う。

残る二人のうち、安倍朝臣三寅は系譜関係未詳[124]であり、貞観六年（八六四）に従五位下に叙され、左近衛将

表15　貞観年間の養鷹特権勅許

特権勅許者	年月日	鷹の種、数	猟場指定	勅許時の位階・官職	身分
忠良親王	二年閏十月四日	鷹2	五畿内禁野辺	二品兵部卿	親王
	八年十一月十八日	鷹2、鷂2		二品式部卿	
仲野親王	三年三月二十三日	鷹2、鷂2		二品式部卿・上総太守	
	八年十一月二十九日	鷹3、鷂1	河内・摂津国禁野外	二品	
源朝臣信	元年四月二十日		摂津国為奈野	左大臣従一位	公卿
	八年十一月十八日	鷹3、鷂2		左大臣正二位	
源朝臣融	二年十一月三日		大和国宇陀野	参議正三位右衛門督	
	八年十一月二十九日	鷹2、鷂2		正三位中納言陸奥出羽按察使	
源朝臣定	三年二月二十五日		山城・河内・和泉・摂津等国禁野外	大納言正三位右大将	
連扶王	八年十一月二十九日	鷹1		従五位下内膳正	五位官人
坂上大宿禰貞守	八年十一月二十九日	鷹1		従五位上丹波権守	
安倍朝臣三寅	八年十一月二十九日	鷹3		従五位下近江権大掾	

※貞観年間に養鷹を許可された者を掲げ、猟場を指定されている者はその記事を加えた。
※典拠はすべて日本三代実録による。

監、三河権介、近江権大掾・同介、右馬助、左馬助を経て、元慶八年（八八四）三月鎮守府将軍、仁和二年二月因幡権守というように、武官及び国司に任じられている。

もう一人の坂上大宿禰貞守は、『坂上系図』[125]によると、征夷大将軍田村麻呂の弟鷹主の子である。承和十四年（八四七）に従五位下に叙され、右馬助、左馬助、但馬・越前・美濃・丹波等の国司、左近衛少将、左馬頭、近江国固関使に任じられたが、最終的に五位にとどまった。許可時点の官位は従五位上行丹波権守である[126]。その卒伝に「貞守善相二鷹馬一、凡其所レ説、駑駿之骨、及所生之地、一無二相違一」[127]と評されるように、鷹・馬の善し悪しを見分け、その産地を言い当てたと伝えられている。

八名の経歴を考えてみると、八名全員が大同三年九月二十三日太政官符の「親王及観察使已上并六衛府次官已上」を大きく逸脱していない。仲野・忠良両親王と源氏の三人はその条件を満たしているが、連扶王、坂上大宿禰貞守、安倍朝臣三寅の三名は五位以上の条件を備える一方で、官職の条件を満たしていないのである。但し、貞守と三寅の二人は、過去に衛府・馬寮の官人に任じられていたと知られ、すでに尋常の鷹飼に補任され得る条件を有した時代を経ている。鷹飼供奉の経験者と考えてよい。このように、参議以上・六衛府次官以上以外の官職に就く者に対して勅許する際には、鷹の調養に対する造詣の深さを第一の基準としたのであろう。そして、養鷹への造詣の深さは、氏族の養鷹継承と関わる問題であった。

そこで、『日本後紀』以下五国史の薨卒伝記事から鷹を好んだと特記されている最終位階四位以上の官人を抽出すれば表16の通りとなる。

表16の抽出人数は、薨卒伝記事の総数に比べると非常に少ない。薨卒伝に鷹愛好を特筆されない養鷹勅許対象者も存在したであろうが、大体の傾向は窺える。諸王三人のほか、皇室から分派して賜姓された氏族が源朝臣、良峯朝臣、橘朝臣、律令国家体制以前からの畿内有力氏族の末裔が伴宿禰、安倍朝臣、巨勢朝臣、藤原朝臣であった。他に、百済王族の末裔である百済王、漢人系の渡来氏族の坂上大宿禰、百済系の渡来氏族で元は池原公を名乗っていたが延暦十年（七九一）に改氏姓した住吉朝臣である。この中で先の貞観年間の養鷹特権勅許対象と重なる者は源朝臣信一人に過ぎないが、全体的に天皇近侍者及び武官、国司の歴任者が多い。特に、坂上大宿

禰、安倍朝臣は養鷹に秀でた氏族という共通点をもっている。

先ず、坂上大宿禰氏は、渡来系の東漢氏系諸氏族の中心的な位置を占める。『日本後紀』弘仁二年（八一一）五月丙辰条の坂上大宿禰田村麻呂の薨伝に、

大納言正三位兼右近衛大将兵部卿坂上大宿禰田村麻呂薨、正四位上犬養之孫、従三位苅田麻呂之子也、其先阿智使主、後漢霊帝之曾孫也、漢祚遷レ魏、避二国帯方一、誉田天皇之代、率二部落一内附、家世尚レ武、調レ鷹相レ馬、子孫伝レ業、相次不レ絶、田村麻呂赤面黄鬚、勇力過レ人、有二将帥之量一、帝壮レ之、延暦廿三年拝二征夷大将軍一（後略）、

とあるように、武を尊び、鷹を調え馬を相《み》る家風を記しているが、要するに鷹・馬の相（観相）と調（調教）の技術である。田村麻呂の甥にあたる貞守も先祖伝来の鷹・馬の調養技術を受け継いで研鑽を積み、優れた識別眼を備えることができたのである。このように位階の上下に関わりなく、鷹・馬の調養技術を子々孫々継承していた実情が判明する。

次いで安倍朝臣氏では、平安初期に男笠および雄能麻呂という養鷹の名手を輩出した。男笠は、『類聚国史』天長三年（八二六）五月丁卯朔日条[128]に、

散位従四位上安倍朝臣男笠卒、延暦十七年叙二従五位下一、任二右兵衛佐一、遷二任左馬頭一、兼二参河守一、弘仁初叙二従五位上一、任二駿河守一、俄叙二従四位下一、拝二任主殿頭一、尋授二従四位上一、性質素無二才学一、歴二職内外一、不レ聞二善悪一、調レ鷹之道、冠二絶衆倫一、桓武天皇寵レ之、屢侍二龍顔一、卒時年七十四、

とあるように、「調レ鷹之道」にぬきん出ていたので桓武天皇に寵愛され、鷹の調養の成果を見せるためか、しばしば近侍したといい、その待遇は『大和物語』第一五二段の大納言を髣髴とさせている。もう一人の雄能麻呂

表16　薨卒伝所見の貴族の放鷹

薨卒年月日	氏名（薨卒年齢）	叙五位年 最終官位	関連記述	典拠
延暦24・2・庚戌	住吉朝臣綱主（77）	延暦9・2・癸巳（後紀） 散位従四位下	以二善射一為二近衛一後歴二将曹将監一為レ人恪勤宿衛不レ怠好愛二鷹犬一多得二士卒心一仕至二少将一	後紀
弘仁2・5・丙辰	坂上大宿禰田村麻呂（54）	延暦4・11・丁巳（後紀） 大納言正三位兼右近衛大将兵部卿	家世尚レ武調レ鷹相レ馬子孫伝レ業相次不レ絶	後紀
弘仁7・12・14	巨勢朝臣野足（68）	延暦8・10・己丑（後紀） 中納言従三位勲三等	為レ人好二鷹犬一云々	公卿
弘仁13・2・丙戌	藤原朝臣道継（67）	弘仁1以前 散位従四位下	武芸小得好二酒及鷹一	類史
弘仁14・7・甲戌	伴宿禰弥嗣（63）	延暦19 越後守従四位下	頗便二歩射一苦好二鷹犬一	類史
天長3・5・丁卯	安倍朝臣男笠（74）	延暦17 散位従四位上	延暦十七年叙二従五位下一任二右兵衛佐一遷二任左馬頭一兼二参河守一弘仁初叙二従五位上一任二駿河守一俄叙二従四位下一拝二任主殿頭一尋授二従四位上一性質素無二才学一歴二職内外一不レ聞二善悪一調レ鷹之道冠二絶衆倫一桓武天皇寵レ之屢侍二龍顔一	類史
天長3・8・丁酉	安倍朝臣雄能麻呂（卒年齢不明）	弘仁1 散位従四位上	初以レ調レ鷹得レ達無二他才学一品秩顕要一身之幸也	類史
天長7・7・5	良峯朝臣安世（46）	大同4 大納言正三位	少好二鷹犬一事二騎射一自余技芸皆称二多能一	公卿
承和10	伴宿禰友足（66）	弘仁5	延暦廿二年任二内舎人一弘仁之初除二左衛門大尉一五年叙二従	続後紀

・正・甲午		散位従四位上	五位下一拝二右兵衛佐一天長六年拝二加賀守一遷二遠江守常陸介一十年任二左衛門佐一授二従四位下一友足為レ人平直不レ忤二物情一頗有二武芸一最好二鷹犬一	
承和10・2・壬戌	大野朝臣真鷹（62）	弘仁12 散位従四位下勲七等	弘仁元年任二春宮坊主馬首一漸歴二左兵衛右衛門少尉一十二年叙二従五位下一至二散位頭大監物左兵衛佐一淳和天皇践祚天長之初任二右近衛権少将一以二旧臣一也尋授二正五位下一転二中将一九年授二従四位下一天皇脱屣御レ閑之日猶以留二真鷹身於公家一（中略）真鷹雖下素無二文学一且好中鷹犬上（略）	続後紀
斉衡1・4・丙辰	橘朝臣百枝（卒年齢不明）	弘仁13 散位従四位下	延暦十八年為二内舎人一大同二年為二常陸員外掾一弘仁十三年叙二従五位下一天長七年正月叙二従五位上一為二伊勢介一（中略）百枝不レ解二文書一好在二鷹犬一	文実
斉衡2・6・癸卯	雄風王（42）	散位従四位下	為レ人沈敏弱冠入レ学帝在二東宮一時引為二侍者一頗習二鷹馬一践祚之日授二従四位下一除二左馬頭一補二次侍従一給二事殿中一進退閑雅性素寛裕	文実
斉衡2・7・戊寅	百済王勝義（76）	弘仁7 散位従三位	少游二大学一頗習二文章一（中略）年老致仕閑二居河内国讃良郡山畔一頗使二鷹犬一、以為二養痾之資一	文実
斉衡2・8・己丑	当世王（卒年齢不明）	散位従四位下	仲野親王第四子天性羸弱悪レ当二風雨一頗好二鷹犬一不二敢出遊一	文実
天安2・7・己巳	正行王（卒年齢不明）	正四位下弾正少弼兼美作権守	万多親王第二子初与二兄正躬王一受二業大学一初太上天皇有レ詔徴レ之命直二嵯峨院一天長十年三月授二従四位下一為二侍従一時十八（中略）鷹馬之類愛翫殊甚	文実
貞観10・閏12・28	源朝臣信（59）	左大臣正二位	性淵雅風尚不レ恒好読二書伝一（中略）鷹馬射猟尤所レ留レ意	三実

※弓野正武氏作成の表を訂正し、新たに抽出した数名を加えて項目を増やしたものである。
※典拠史料は、後紀—日本後紀、公卿—公卿補任、類史—類聚国史、続後紀—続日本後紀、文実—日本文徳天皇実録、三実—日本三代実録である。
※なお、ここで掲げた人々は最終位階が四位以上に限られる。各々がいつの時点で養鷹を勅許されたのかは、表15と重複する源朝臣信を除いて殆ど不明である。また、薨卒伝記事の有無に限らず、鷹を飼った者も存在したと思われる。

は、男笠より遅れて弘仁元年（八一〇）に従五位下に叙された人物で、「初以レ調レ鷹得レ達」[129]したといわれる。抑も安倍朝臣のアベの語源がアヘ（饗）と解されるように、饗宴用の供膳を調えた氏族の末裔であった[130]。供膳用に放鷹の代表的な獲物である雉、その他の鳥類を調達したのだろう。その氏族的伝統が鷹調養に秀でる男笠・雄能麻呂・三寅を育んだのである。

鷹を扱う者の成育環境、なかんずく養鷹の伝業が養鷹習熟の度合いに大きく影響している点では、天皇、皇太子、太上天皇等の近侍者においても同様の傾向を認めることができる。たとえば、天皇の居所を警衛する諸衛府官人・舎人のうち三十人は、鷹飼となって主鷹司に、後には蔵人所に出向した。それは『新儀式』野行幸事の「尋常鷂飼鷹飼」のことである。始めは養鷹にすぐれた才能を認められて鷹飼に任命されたのだろう。

皇太子に近侍する人々も、養鷹技術を修練していた。それは『類聚三代格』大同三年（八〇八）十一月二日太政官符[131]に、

太政官符
春宮坊鷹令レ随二坊験一事
右太政官去九月廿三日下二台并両職一符称、親王及観察使已上六衛府次官已上特聴レ養レ鷹、仍太政官給二随身験一、所司加二検校一然後聴レ之者、今右大臣宣、奉レ勅、件鷹宜三使令レ随二坊験一、但雖レ有二其験一、於レ民致

㆑妨、随㆑事勘当、一依㆓先符㆒、

　大同三年十一月二日

とあるように、春宮坊が独自に「坊験」を発行する権限を有し、そこで調養された鷹は御鷹に准ずる位置を与えられていたのである。春宮坊所属の鷹を管理した部署は不明であるが、鷹犬を好んだ大野朝臣真鷹が弘仁元年に春宮坊の主馬首に任じられており[132]、春宮坊所属の馬と共に鷹を管理したと考えられなくもない。春宮坊の鷹調養環境は、たとえば、桓武天皇の孫にあたる雄風王が文徳天皇の東宮時代に「侍者」となって頗る鷹・馬を習ったように[133]、東宮近侍者には鷹を扱う機会が与えられた。とするならば、皇太子が天皇即位後に改めて旧来の臣に養鷹特権を勅許するという慣例の存在を想像することもできよう。また、太上天皇については、たとえば嵯峨太上天皇の命令で嵯峨院に宿直する正行王が鷹・馬を愛翫していたといわれるが、やはりそのとき嵯峨太上天皇の薫陶を受けたのだろう。太上天皇が近侍する人々に鷹を預けた可能性は高い。

　皇太子、天皇、太上天皇の各地位はそれぞれ即位前・在位・退位後と一連の流れで捉えることができるわけであるが、各段階で近侍した人々が主人と精神的な紐帯を築き上げ、鷹を預かることもあった。たとえば、天皇や太上天皇の危篤の際に鷹を放棄して、去り行く鷹を見送って侍臣等が涙したのは[134]、天皇の生を象徴し天皇と近侍者の関係を繋いだ鷹の位置を窺わせるもので興味深い。

　諸皇子や諸王が皇太子、天皇、太上天皇の居所で鷹を扱う機会があり、或いは坂上大宿禰氏のような王臣家が養鷹技術を「子孫伝㆑業」えたとすれば、いま一度、宝亀四年正月十六日騰勅符の列挙する養鷹禁制違犯者のうち「王臣子弟」の存在が注目されよう。それは、やはり家・氏族内部で子弟に養鷹技術を伝習していた実情を示唆するものである。若くして養鷹技術を身につけると、安倍男笠のように「履侍㆓龍顔㆒」る待遇を受けた。各家、各氏族の養鷹技術継承の状況を考慮に入れて、養鷹特権を勅許する対象者が選ばれたとみてよかろう。基本的には五位以上が国家的保障下に養鷹特権の資格を有したが、実際には皇親が若い頃から皇太子・天皇・太上天皇の庇護を受けてその鷹を預かって狩猟に出ることもあり、また、五位以上を輩出する貴族層が子弟等を使って組織的に養鷹を展開していたのである。

(1)『日本書紀私記（甲本）』所引『弘仁私記序』、八頁。
(2) 当史料の注意点は、ここに見える四氏族の相互関係である。上毛野公氏は田辺史氏の分流であり、住吉朝臣氏は池原君氏の分流であった。田辺史氏と池原君氏という二つの系統については、一体的に把握している。始祖の名称が思須美・和徳の二人であるということは今まで殆ど注意を向けられていないが、二人の始祖が二つの系統それぞれに対応し、田辺史氏が思須美を祖と仰ぎ、また、池原君氏が和徳を祖と仰いでいたのではあるまいか。
(3) 佐伯有清「上毛野氏の性格と田辺史氏」（『新撰姓氏録の研究』研究篇、吉川弘文館、一九六三年四月）。
(4) 三品彰英「荒田別・田道の伝承」（『朝鮮学報』三一、一九六四年六月）。
(5)『続日本紀』天平五年閏三月癸巳条、四月己亥条。
(6)『続日本紀』天平勝宝四年三月庚辰条、閏三月丙辰条。
(7)『続日本紀』天平勝宝六年十月己卯条。
(8)『続日本紀』天平宝字元年八月辛丑条。
(9) 橋本裕『律令軍団制の研究　増補版』（吉川弘文館、一九九〇年十月）。
(10)『続日本紀』天平宝字三年六月壬子、九月壬午条、九月庚寅条。
(11) 岸俊男『藤原仲麻呂』（人物叢書、吉川弘文館、一九六九年三月）三四六〜三五六頁。
(12)『続日本紀』天平宝字二年九月丁亥条、十二月戊申条。
(13)『続日本紀』では「放鷹司」と記しているが、淳仁朝以降は養老令制施行下に属していた。天平勝宝九年五月に施行された養老令制では「放鷹司」と記すことなく、「主鷹司」と表記していたはずであろう。但し、『続日本紀』

の淳仁朝以降の記事は、「放生司」の「放」字に引かれて「放鷹司」と記したものであると考える。

(14) 井上光貞「王仁の末裔氏族と其の氏族」(『史学雑誌』五四―九、一九四三年九月。『日本古代思想史の研究』岩波書店、一九八二年三月、所収)。

(15) 『続日本紀』天平宝字七年九月癸卯条。

(16) 『先代旧事本紀』天孫本紀・物部尾輿連公条。尾輿は、弓削連倭古連の二女子を娶って七児をもうけている。七児の一人が守屋である。

(17) 『続日本紀』天平宝字八年九月甲寅条。道鏡の大臣禅師任命を宣言した勅に、道鏡が「先祖之大臣」の跡を継ごうとしていると讒言した者があったと述べられている。「先祖之大臣」は、物部弓削守屋であると考えられている。

(18) 『続日本紀』天平宝字六年十一月庚寅条、庚子条。

(19) 『日本書紀』皇極天皇四年六月己酉条。

(20) 『日本書紀』天武天皇十二年十月己未条。

(21) 『続日本紀』養老四年五月壬戌条、天平宝字二年八月丙寅条。

(22) 江田俊雄「新羅仏教と護国思想」(『朝鮮』二三九、一九三五年九月。『朝鮮仏教史の研究』国書刊行会、一九七七年十月、所収)。鎌田茂雄「円光と金庾信」(『新羅仏教史序説』大蔵出版、一九八八年一月)。

(23) 『日本書紀』雄略天皇九年七月壬辰朔条。

(24) 『続日本紀』宝亀元年八月庚戌条。

(25) 『続日本紀』宝亀元年八月乙卯条。

(26) 『続日本紀』宝亀元年十月己丑朔条。

(27) 『日本後紀』延暦二十三年四月壬子条に造東寺次官に任じられた「従五位下多治比真人家継」は、「屋嗣」の同音で異なる表記の同一人物であるかもしれないが、十六年間も従五位下のまま据え置かれている理由が特にないから、別人と判断する。

(28) 松本政春「造兵司の復置年代について」(『日本歴史』四二一、一九八三年七月)。

(29) 新井喜久夫「品部雑戸制の解体過程」(弥永貞三先生還暦記念会編『日本古代の社会と経済』上巻、吉川弘文

館、一九七八年五月）。なお、主鷹司の犬飼・餌取は鷹飼と別であって、従来の鷹戸を再編成して充てるのか、あるいは新たに衛府の鷹飼の下に置かれたのかについて判然としないと述べてそれ以上の推測を自制されている。

(30)『類聚三代格』巻十八軍毅兵士鎮兵事、延暦十一年六月七日勅。
(31)『類聚三代格』巻十八健児事、延暦十一年六月十四日太政官符。
(32)『続日本紀』延暦七年七月庚午条。
(33)『続日本紀』延暦八年正月己酉条。
(34)『続日本紀』延暦八年十二月己丑条。
(35)清水みき「長岡京造営論」（『ヒストリア』一一〇、一九八六年五月）、同「桓武朝における遷都の論理」（門脇禎二編『日本古代国家の展開』上巻、思文閣出版、一九九五年十一月）。
(36)伊藤純「摂津職官人の本拠地からみた難波京」（『大阪文化誌』一四、財団法人大阪文化財センター、一九八二年三月）。
(37)笹山晴生『日本古代衛府制度の研究』（東京大学出版会、一九八五年四月）一一八～一二一頁。
(38)『続日本紀』天平宝字元年正月甲寅条。
(39)竹中康彦「国例の成立に関する基礎的考察」（『ヒストリア』一三四、一九九二年三月）、同「平安前期における国例の展開」（『ヒストリア』一三八、一九九三年三月）。
(40)『類聚国史』巻九十九職官四叙位、弘仁十年正月丙戌条。
(41)『類聚国史』巻九十九職官四叙位、弘仁十三年十一月丁巳条。
(42)『続日本後紀』承和九年十月丁丑条。
(43)佐伯有清「宮城十二門号と古代天皇近侍氏族」（『続日本紀研究』二―四・五、一九五五年六月。『新撰姓氏録の研究』研究篇、吉川弘文館、一九六三年四月、所収）。以下、衛門府門部に関する見解は、これによる。
(44)高橋富雄「負名氏の系譜とその意味」（『歴史評論』一〇六、一九五九年四月）。
(45)『日本書紀』天智天皇十年正月庚子条、天武天皇元年七月甲午条。
(46)目崎徳衛校訂『侍中群要』（吉川弘文館、一九八五年二月）。
(47)『平安遺文』一二三〇・一二三八号。

(48)『新儀式』第四、野行幸事（群書類従第六輯公事部）。
(49)『日本後紀』弘仁二年五月丙辰条。
(50)『日本書紀』天武天皇元年六月甲申是日条、六月己丑条。
(51)『続日本紀』天平神護元年四月丁亥条。この時は左京人外衛将監従五位下石村村主石楯等三人と三河国碧海郡人従八位上石村村主押縄等九人が申請して坂上忌寸と賜姓されている。石楯は仲麻呂の乱で追討軍に加わって仲麻呂の首を斬った人物であり、その功によって外衛府官人に任じられた。
(52)『尊卑分脈』第二篇、三五五～三五六頁。
(53)笹山晴生『日本古代衛府制度の研究』（東京大学出版会、一九八五年四月）二九三～三一〇頁。
(54)延喜十八年十月十九日北野行幸（『西宮記』巻十七、二九六頁）、延長四年十一月六日北野行幸（『西宮記』巻十七、二九五頁）、延長六年十二月五日大原野行幸（『吏部王記』延長六年十二月五日条。『西宮記』巻十七、二九五頁）。
(55)『続日本紀』神亀二年十一月己丑条、天平二年三月辛亥条。
(56)因幡国の物部氏が春道宿禰と改氏姓した系統の出自である（『続日本後紀』承和六年八月甲戌条。『日本三代実録』貞観六年五月十一日丙申条）。また、別系統の河内国の川上造氏が春道宿禰と改氏姓したものがある（『続日本後紀』承和元年十二月乙未条）。承和度の遣唐使の随員として春道宿禰吉備成を送り出した（『続日本後紀』承和三年閏五月丙子条）。佐伯有清氏は、吉備成を「遣唐画師」と推定する（「承和の遣唐使をめぐる諸問題」佐伯有清編『日本古代政治史論考』吉川弘文館、一九八三年九月。『日本古代氏族の研究』吉川弘文館、一九八五年四月、所収）。
(57)『類聚三代格』巻十九禁制事、大同三年九月二十三日太政官符。
(58)『弘仁格抄』下、格巻第九、刑部の項目に「応レ禁レ飼レ鷹事　大同三年九月廿三日」とある。
(59)『日本後紀』延暦二十四年十月庚申条に、佐渡国の「官鶃」の用例がある。これは、佐渡国府が管理した官有の鶃という意味になるが、管見の限り、鷹には「官鷹」という用例はなく、「御鷹」が通例である。
(60)吉井哲「古代王権と鷹狩」（『千葉史学』一二、一九八八年五月）。
(61)『延喜式』巻第四一弾正台、私養鷹鸇条。新訂増補国史大系本の「鷹鸇」の傍訓に「オホタカハシタカ」としているが、「鶻」はハヤブサの意である。なお、日本古代では概ねオオタカ、ハヤブサ、ハシタカ（ハイタカ）の三種類を放鷹に用いている。漢字の表した種類が現在と同じものを指したのか否かという点は今後の課題である。

(62)『朝野群載』巻十一廷尉、大治五年（一一三〇）十月七日太政官符では、弾正台、検非違使と共に左右京職に下されている。

(63)『法曹至要抄』中・禁制、弘仁八年九月二十三日宣旨（群書類従第六輯律令部）。

(64)『貞信公記抄』天暦二年七月三日条。

(65)『日本三代実録』元慶六年十二月二十一日己未条。

(66)『古代政治社会思想』（日本思想大系）。

(67)『貞信公記抄』天慶二年正月二十日条。

(68)『貞信公記抄』天慶八年十月二日条。

(69)『類聚三代格』巻十九禁制事、貞観五年三月十五日太政官符。

(70)『類聚三代格』巻十九禁制事、延暦六年正月二十一日太政官符。

(71)『続日本紀』天平宝字八年九月乙巳条。道嶋宿禰氏と坂上大宿禰氏の関係については、井上光貞「陸奥の族長、道嶋宿禰について」（『日本古代国家の研究』岩波書店、一九六五年十一月）、伊藤玄三「道嶋宿禰一族についての一考察」（高橋富雄編『東北古代史の研究』吉川弘文館、一九八六年十月）を参照。

(72)『日本後紀』延暦二十三年正月甲辰条。

(73)『日本後紀』延暦二十三年十月甲子条。引用文中の「一二王臣」は、新訂増補国史大系本の「三王臣」を訂した部分である。「三王臣」が三人の王臣、三代にわたる天皇の王臣等と解する従来の見解に対して、宝亀四年正月十六日騰勅符の「一二陪侍者」の用例を参照すると、『日本後紀』転写過程で元来の「一二王臣」を誤写したと解する。また、「並依レ法禁固、科二違勅罪一」は、新訂増補国史大系本の「並依勅レ法禁固、科二違罪一」を朝日新聞社本六国史の拠る底本に従い、文意の通るように訂した部分である。

(74)「臂鷹人」は不思議な言葉である。何故「養鷹人」ないし「鷹養人」ではいけないのか。「養鷹人」「鷹養人」としないで、「臂鷹人」と表現した理由を考慮せねばなるまい。ただし、二箇所それぞれの「臂鷹人」の指示内容は、微妙に異なっていた。第一の箇所の「臂鷹人」は、「一二王臣」配下の者である。有位・無位の区別はとりあえず関係していないが、印書の指定数を超えた余剰の鷹を臂にとまらせている人を捉えて進上せよと見える。そこで、第二の箇所の「臂鷹人」と関わってくる。第二の箇所の「臂鷹人」は、「六位已下」の王臣と並べて記しているから、文脈上すべて無位の「臂鷹人」を指していることはまず間違いない。すなわち、「一二王臣」配下の無位の「臂鷹人」とともに、「自余王臣」（「五位已上」・「六位已下」の有位者）配下の無位の「臂鷹人」すべてを含んでいる。とすれば、第一の箇所である「一二王臣」配下の「臂鷹人」は、捉えて進上する対象となり得る「六位已下及臂鷹人」を指していた。六位以下の者と無位の者とをあわせた広い範囲を意味するとみてよい。つまり、「臂鷹人」は、鷹の所有者であるか否かというニュアンスの違いを排除して、現に鷹を臂にとまらせている人間という、視覚的なイメージを喚起する言葉であったといえる。

(75)　吉井哲「古代王権と鷹狩」（『千葉史学』一二、一九八八年五月）。
(76)　『類聚三代格』巻十九禁制事、大同三年九月二十三日太政官符所引宝亀四年正月十六日騰勅符。
(77)　新野直吉『日本古代地方制度の研究』（吉川弘文館、一九七四年十一月）五一六～五一八頁。
(78)　宝賀寿男編『古代氏族系譜集成』上巻（古代氏族研究会、一九八六年四月）所収「阿保朝臣系図（一）」。
(79)　『国司補任』一、尾張国、延暦十八年（続群書類従完成会、一九八九年十一月）。
(80)　佐伯有清『伝教大師伝の研究』（吉川弘文館、一九九二年十月）三六九～三七〇頁。
(81)　梅村恵子「六国史にみえたる官人の犯罪」（『お茶の水史学』二〇、一九七七年十二月）。梅村氏の言及する律条文の番号は、律令研究会編『訳註日本律令』三・律本文篇下（東京堂出版、一九七五年八月）によるもので、闘訟律11条は殴制使府主県令条、断獄律17条は応言上不言条、断獄律30条は断罪決配而収贖条を指している。
(82)　長谷山彰『律令外古代法の研究』（慶応通信、一九九〇年四月）一六九～一七〇頁。
(83)　『類聚三代格』巻十九禁制事、貞観四年十二月十一日太政官符。
(84)　『類聚三代格』巻十九禁制事、宝亀二年八月十三日太政官符。
(85)　『令義解』公式令訴訟条から令文のみを引用して義解を省略した。
(86)　『令義解』公式令陳意見条から令文のみを引用して義解を省略した。
(87)　『令集解』公式令陳意見条所引古記。
(88)　吉田晶「「河内飛鳥」の氏族たち」（『講演・河内飛鳥』第五集、河内飛鳥を守る会、一九八八年五月）。

(89)『日本書紀』敏達天皇十二年是歳条。
(90)弁官受推に関しては、石尾芳久「律令国家の裁判制度」(『日本古代法の研究』法律文化社、一九五九年七月)、森田悌「弁官について」(『日本古代官司制度史研究序説』現代創造社、一九六七年十一月)、大隅清陽「弁官の変質と律令太政官制」(『史学雑誌』一〇〇―一一、一九九一年十一月)参照。
(91)森田悌「弁官について」(『日本古代官司制度史研究序説』現代創造社、一九六七年十一月)。
(92)『類聚符宣抄』第七諸国郡司、応和三年八月二十一日尾張国司解。
(93)『叡山大師伝』(『伝教大師全集』巻五、世界聖典刊行協会、一九七五年四月)二二一～二二三頁。
(94)『続日本紀』神亀五年八月甲午条。
(95)『政事要略』巻七十糺弾雑事・鷹鸇事、検非違使式。撰進年代等の使式の位置づけに関しては、森田悌「『検非違使式』の研究」(『平安時代の歴史と文学』歴史編、吉川弘文館、一九八一年十一月)を参照。
(96)『類聚三代格』巻十六山野藪沢江河池沼事、嘉祥三年四月二十七日太政官符。
(97)『日本三代実録』貞観元年四月二十日乙巳条。
(98)『河海抄』巻十一(『国文註釈全書　河海抄・花鳥余情・紫女七論』国学院大学出版部、一九〇八年六月)二六八頁から必要部分に返り点を補って引用した。弓野氏は参照した『紫明抄』『河海抄』がいずれの刊本或いは写本であるのか明示していないが、『紫明抄』からの引用文を『河海抄』で対校している。しかし、その引用文では、文章表現上、むしろ『紫明抄』よりも『河海抄』の語句を参照しているようである。なお、『紫明抄』の該当箇所は、『未刊国文古註釈大系』第十冊(清文堂出版、一九六八年十月復刻版)一四九～一五〇頁を参照。
(99)弓野正武「平安時代の鷹狩について」(『民衆史研究』一六、一九七八年五月)。
(100)再校中に気づいた阪本龍門文庫所蔵『河海抄』(江戸時代初期写本)には「…依承和故事、或　上勅…」とあり、「或」と「上勅」の間の二十一字を欠いている。後考を要する。また、国文註釈全書からの引用文中の疑問箇所「三皇子源朝臣定宇多院」は阪本龍門文庫所蔵本に「三皇子源朝臣定―宇多院」と記され、源定省(宇多天皇)を指していることは明らかであり、疑念も解ける。なお、この写本の該当部分については奈良女子大学のホームページで公開されている写真画像を参照した。
(101)榎村寛之氏は、弓野氏の指摘を受けて六国史の天皇遊猟記事表記の変化をまとめ、天皇遊猟が八世紀の鹿狩から九世紀の鷹狩に移行して「野行幸」が成立したとする。榎村寛之「野行幸の成立」（『ヒストリア』一四一、一九九三年十二月）を参照。但し、鹿狩が天皇遊猟から消えた訳ではない。鷹狩はあくまで中心的な狩猟技法として位置づけられたのである。

(102)『日本三代実録』仁和三年四月十三日丙辰条。

(103)『公卿補任』第一篇、仁和二年項。

(104)『新儀式』第四、野行幸事（群書類従第六輯公事部）。

(105)「尋常鷂飼・鷹飼」は、他書に同じ用例を見ないが、蔵人所所属の鷂飼・鷹飼として御鷂、御鷹を調養する者を指している。弓野正武「平安時代の鷹狩について」（『民衆史研究』一六、一九七八年五月）を参照。たとえば、『政事要略』巻六十七糺弾雑事、男女衣服并資用雑物事、類聚部仁和二年九月十七日宣旨によると、鷹所・鷂所の鷹飼・鷂飼を兼ねた衛府の官人・舎人等が存在し、彼らを『新儀式』では「尋常鷂飼・鷹飼」と表現したのである。

(106)『紀家集巻第十四断簡』（『図書寮叢刊　平安鎌倉未刊詩集』宮内庁書陵部、一九七二年三月）。『菅家文草　菅家後集』参考附載六七八。

(107)「同じ帝」とは「ならの帝」を指し、この説話の前後数話を合わせて一連の「ならの帝」説話群を構成している。「ならの帝」のモデルは文武、聖武、平城の各天皇に分かれている。文武説および聖武説は一五二段の内容をみれば、あまり必然性がない。大同三年九月二十三日太政官符の典型例的位置を見ると、平城説が最も有力である。しかし、「ならの帝」のモデルを実在の天皇に求めることには意味がなく、平安京居住の貴族層に伝承された奈良とゆかりの深い天皇にまつわる諸説話が「ならの帝」説話群として把握されたと考える。

(108)弓野正武「平安時代の鷹狩について」（『民衆史研究』一六、一九七八年五月）を参照。

(109)林陸朗「『続日本紀』掲載の伝記について」（岩橋小弥太博士頌寿記念会編『日本史籍論集』上巻、吉川弘文館、一九六九年七月）を参照。その指摘は、『日本後紀』以下四国史についても当てはまる。

(110)律令では「侍臣」「陪侍者」等と専称する職員を規定していない。「侍臣」は、『令義解』巻二十四宮衛令車駕臨幸条のいう少納言・侍従・中務少輔以上を指しているか、またはそこに内舎人を足した『律』巻三職制律従駕稽違条のいう範囲を指示する。古瀬奈津子「昇殿制の成立」（青木和夫先生還暦記念会編『日本古代の政治と文化』吉川弘文館、一九八七年二月）によると、称徳朝末期以降の饗宴記事に見える「侍臣」が次侍従以上という一種の資格を指したとする。

(111) 大同三年九月二十三日太政官符の「観察使已上」は、周知の通り、平城朝の観察使が従来の参議に代わる新しい官職として設置され、平城朝の終焉と同時に、再び参議に代置されたのであるから、嵯峨朝以降に大同三年太政官符を理解する際、「観察使已上」を「参議已上」と読み替えていたことは十分に考えられる。

(112) 『日本三代実録』貞観九年正月十七日戊午条。

(113) 『日本三代実録』貞観十八年二月二十日戊辰条。

(114) 『日本三代実録』貞観十年閏十二月二十八日丁巳条。

(115) 『日本紀略』寛平七年八月二十五日己酉条。

(116) 『日本三代実録』貞観五年正月三日丙辰条。

(117) 『日本三代実録』貞観十年閏十二月二十八日丁巳条。

(118) 『日本三代実録』貞観九年正月十七日戊午条。

(119) 『尊卑分脈』第三篇、一〇頁。

(120) 『尊卑分脈』第三篇、一頁。

(121) 『日本三代実録』貞観五年正月三日丙辰条。

(122) 広井宿禰氏は、もと広井造氏であり、カバネを連姓、宿禰姓へと改変した。広井連として『新撰姓氏録』摂津国諸蕃に百済国避流王より出ると見えている。

(123) 『日本文徳天皇実録』斉衡二年正月戊子条に無位から従五位下に叙すとある。

(124) 宝賀寿男編『古代氏族系譜集成』上巻（古代氏族研究会、一九八六年四月）によると、三寅は阿部比羅夫の子孫であると伝わる。

(125) 『坂上系図』（続群書類従第七輯系図部）。

(126) 『日本三代実録』貞観八年正月二十三日庚子条によると、養鷹許可の数ヶ月前に丹波権守に任命されている。

(127) 『日本三代実録』貞観十八年九月九日癸未条。

(128) 『類聚国史』巻六十六、人部、薨卒四位、天長三年五月丁卯朔条。

（129）『類聚国史』巻六十六、人部、薨卒四位、天長三年八月丁酉条。
（130）志田諄一「阿倍氏とその伝承」（『茨城キリスト教大学紀要』一、一九六七年十一月。『古代氏族の性格と伝承』雄山閣、一九七一年二月、所収）を参照。
（131）『類聚三代格』巻十九禁制事、大同三年十一月二日太政官符。
（132）『続日本後紀』承和十年二月壬戌条。
（123）『日本文徳天皇実録』斉衡二年六月癸卯条。
（134）その初見は、『日本後紀』延暦二十四年正月甲申条の桓武天皇である。桓武の例は、『西宮記』巻十二天皇崩事によると定例化したようである。

終章

本研究の目的は、律令国家体制の成立・展開期における養鷹の実態を究明して、放鷹文化の構造を解明することであった。

序章では、宮内省式部職編『放鷹』をはじめとして放鷹文化に関する先行研究を整理して問題点を指摘した。すなわち、従来の研究は、放鷹に関する断片的な史料によって平安初期に重点を置いたものが多く、律令国家体制成立期からの一貫した見通しを持っていない。そして、貴族社会への仏教の浸透が放鷹の衰退を招いたと見なされていたのである。また、『放鷹』編纂意識の基調であった対朝鮮半島的意識を読み取っていなかった。そして、あたかも律令国家の放鷹が近隣諸外国や日本国内の地方の放鷹と隔絶しているかのごとく理解されてきた。さらに大きな問題点としては、王権論の視点から放鷹を研究しているために天皇遊猟を取り上げることが多かったという点であろう。放鷹とは、確かに実際に鷹を用いて狩りを行なうことである。放鷹は鷹を養育する養鷹と一体であるが、放鷹は養鷹を前提としているといえよう。しかし、従来の研究は鷹を養育する側の養鷹から放鷹文化を見るという視点が欠落していたのではなかろうか。そこで、本研究では養鷹すなわち鷹の養育過程に注目することが重要であり、これによって放鷹文化がもつ社会的裾野の広さを見つめ直すことの必要性を強調しようと試みた。

第一章「官制的養鷹の二元性」は、律令国家が放鷹を外来の文化と位置づけ、そして、養鷹の拠点を兵部省主鷹司と諸衛府の鷹飼という二元的構成として作り上げたことを解明した。

第一節「鷹戸の百済的伝統」では、放鷹司・主鷹司官人の任用の事例、放鷹司・主鷹司による鷹戸支配に関与していた諸氏族の事例を手がかりに、律令国家の養鷹政策の計画性を跡付けて放鷹司・主鷹司の実態を明らかにした。

まず、大宝令制の放鷹司、養老令制の主鷹司の制度的変遷をとりあげ、重要な画期がいずれも諸制度上、政治史上の画期に該当する点を指摘した。ここで放鷹司・主鷹司の官人の事例を見ると、その時々の政治情勢が放鷹司官人の任免を左右していたことが分かった。すなわち、鷹戸であったか、あるいは鷹戸支配に関与していたとみられる百済系渡来氏族の先祖が上毛野氏の先祖によって日本に連れてこられたという伝承によると、近江朝廷の旧臣である上毛野氏等が放鷹司の官人に任用されていたと推定した。しかし、上毛野氏は元正・聖武朝の鷹戸の規模縮小を転機として放鷹司官人への任用から排除され、折しも長屋王の変に連座して没落した。その代わりとなる諸氏族を放鷹司官人に登用した。

次いで、放鷹司官人によって鷹戸に点定されていたか、あるいは放鷹司官人となって鷹戸支配に関与していたと思われる諸氏族の名を明らかにした。鷹戸の前身は鷹飼部である。『日本書紀』の記事によると、仁徳朝に放鷹が百済王族によってもたらされ、「鷹甘部」（鷹飼部）を設置し、鷹飼部の居住地を「鷹甘邑」と称したという。「鷹甘邑」の伝承地は摂津国住吉郡の東端の地域であり、その北隣には百済系渡来氏族の集住地域であった摂津国百済郡と接し、南側には磯歯津道を挟んで依網屯倉の故地と向かい合っていた。かつて鷹戸として点定されたか、鷹戸支配に関与していたと思われる諸氏族の名前は、延暦九〜十年（七九〇〜七九一）の改賜姓に見出されるのであり、その諸氏族の構成によれば百済系の優位を窺える。これらの史料によると、放鷹司官人および鷹戸とは百済系渡来氏族等を中心とした人々であったと考えられる。放鷹司に関与した諸氏族における百済系渡来氏族の優位によって、放鷹文化の淵源は百済に求められたのであった。

　第二節「鷹飼の二元的構成」では、大宝令制の放鷹司が元正・聖武朝に再編されたことについて明らかにし、放鷹司以外の鷹飼が設けられていたことを論じた。

　養老五年（七二一）～神亀三年（七二六）の第一次養鷹組織停止期間は、開始年と終了年を造籍年とするのであり、計画的に設定されたものである。その点を押さえた上で、養老五年の放鷹司等停止は旧飼部の生業の停止を意味し、同年の隼人征討終了の事後処理に関わる点に注目した。律令国家は、征隼人軍に従軍した諸豪族が捕虜の隼人を吸収して養鷹など旧飼部の生業に従事させていた事態を回避するため、諸豪族の戸内から隼人等を排除して別の戸を構成した。養老五年の旧飼部の生業の停止が霊亀三年（七一七）～天平十二年（七四〇）の郷里制施行下になされていることから、公民支配の徹底に資したと思われる。天平九年の天然痘の大流行に続き、天平十二年の郷里制廃止に至って、再び隼人等が諸豪族の戸に吸収されたのだろう。このような状況下において、神亀三年には、鷹戸が十七戸から十戸へと減じられた。これは、鷹戸の性格を常品部から借品部へと変化させて規模を縮小し、放鷹司・国司による鷹戸の点定を強化したのである。

　一方、同時期には、放鷹司のほかに「鷹所」が存在していた。二条大路木簡によると、「鷹所」木簡に書き記されている十数名の人名はいずれも兵衛府の官人・トネリであった。鷹戸に点定されたか、あるいは鷹戸支配に関与していた諸氏族とは異なっていた。そこで、兵衛府の官人・トネリが鷹飼として「鷹所」に勤務していた人々であると判断した。八世紀には放鷹司の鷹戸と諸衛府の鷹飼という二種類の鷹飼が存在したことが、こうして明らかになった。

　以上の考察を通じてまとめると、鷹飼の二元的な構成は元正・聖武朝に形作られたのであり、その後、九世紀に一元化されるまでの養鷹組織の様態を規定していくこととなったのである。

第二章「国司養鷹の展開」では、七世紀後半から八世紀半ばにかけて中央の放鷹司・主鷹司の成立に対応して進められた地方諸国の貢鷹制度の整備について明らかにし、貢鷹制度に寄生していた中央貴族・国司・郡司・百姓等の養鷹を介する社会的結合の様相を解明した。

第一節「貢鷹制度の基盤」では、放鷹司・主鷹司等の鷹を供給していた地方諸国の貢鷹の実態について具体的に検討した。

まず、律令国家体制下の諸国の貢鷹制度の様態を鷹の捕獲、調養、貢進、御覧、班給の段階毎に区別して考察した。すなわち、諸国では「鷹取」と呼ばれる人々が野生の鷹を捕らえて国府に売っていた。国府は買い取った鷹を「鷹養人」に預けて調養を任せ、五ケ月の調教後、一部の鷹・犬を残して他を御鷹部領使に付けて貢上させたのである。御鷹部領使は京に着くと鷹・犬を侍臣に引き渡し、侍臣は手に鷹を据えて内裏の侍所で天皇に披露する御鷹御覧儀を行なう。御覧儀の後、親王や律令国家の鷹飼等に鷹・犬を分給した。少なくとも、鷹の調養・貢進については、七世紀半ばに唐・新羅に滅ぼされ渡来した高句麗・百済の遺臣・遺民を東山・東海両道の諸国に移配し、また、七世紀前半以前に渡来した畿内居住の渡来氏族を北陸等の諸国に移配してこれらの任に当たらせた。貢鷹を担当した国々の多くは辺境諸国であるが故に負担が大きく、諸国の国家への服属を意味したのであった。

このような養鷹組織の整備は、律令国家体制成立期において浄御原令制の兵政官、大宝令制の兵部省による武力編成の路線を踏んでいた。浄御原令制下においては、壬申功臣大伴氏等が国家武力編成への影響力を及ぼしていたと思われる。しかし、近江朝廷の旧臣である藤原氏は浄御原令制から大宝令制への移行を企図し、とりわけ浄御原令制下の国家武力編成から大伴氏等の武門を徐々に排除すべく、その勢力基盤となっていた河内・越前・上総等の国々を分断したのであった。

第二節「養鷹の社会的結合」では、貢鷹制度の中心である国司に注目して、国司の養鷹の実態を明らかにした。

まず、七世紀後半に諸国に移配された新旧の渡来氏族が国司の養鷹を支えていたことが分かった。国司は貢鷹制度に寄生して任国内の渡来氏族等に養鷹を委任し、また郡司百姓等を駆使して鷹を入手すると中央貴族へも貢上していたことを解明した。

こうした国司の養鷹を物語る史料として、『万葉集』の越中守大伴家持作「放逸せる鷹の歌」を取り上げた。これによると、家持は愛鷹の逃亡に憤り、鷹の調養を任せていた渡来氏族の山田史君麻呂に怒りをぶつけ、作歌を通じて恨みをのぞいたという。さらに、「放逸せる鷹の歌」の作歌の時期は、天平十一～十八年（七三九～七四六）の軍団削減の直後であり、また、天平十七～十九年（七四五～七四七）の一切の宍を食すことの禁止の最中にあたっている。一切の宍を食すことの禁止の最中にあたることから、家持の養鷹は違法であった。にもかかわらず、越中守という立場に即して見るなら、天平元年（七二九）の国司長官の祭祀権掌握に基づいて越中国府の近傍の二上山祭祀に放鷹を用いたのではないかと思う。しかし、鷹の逃亡は国司による管内の祭祀の失敗を意味し、管内住人の求心力の動揺をもたらしたのだろう。越中守大伴家持の養鷹が管内住人と隔絶しているように見えるが、渡来氏族など管内住人の鷹取、鷹飼によって維持されていたのであり、かれらの支えによる祭祀を通じて天平十八年の軍団復活による混乱の収拾を図っていたのであろう。

以上の考察を通じて、七世紀後半から八世紀初めにかけての貢鷹制度の整備が中央の養鷹組織の整備に対応していたのであり、養鷹と関わりの深い渡来氏族を諸国に移配するなど国府の養鷹の主要な担い手と位置づけていたことから、貢鷹制度をめぐる中央―地方の関係は密接不可分であり、両方の動向を一体的にとらえることができると分かった。

第三章「養鷹の統合と天皇」では、八世紀後半・九世紀に官制的養鷹が統合されていく過程を辿った。

第一節「蔵人所鷹飼の成立」では、九世紀に鷹飼を掌握する中心的な官司が主鷹司から蔵人所へと交替したことを検討した。

八世紀から放鷹の唐風化政策が進展し、それによって放鷹文化における百済系渡来氏族の伝統意識が喚起されてきた。百済王族伝来の放鷹文化を重んじた鷹戸と近しい百済系の渡来氏族でありながら、放鷹司・主鷹司官人として放鷹の唐風化を担ったのは田辺史氏等であったと考えられる。孝謙朝以降、田辺史氏は八世紀初に凋落した上毛野の姓を公認されるに至った。淳仁朝の軍備拡充路線に伴い放鷹の唐風化が展開したとみられるにもかかわらず、称徳朝の第二次養鷹組織停止期間を通過した後、光仁朝の主鷹司復活を経て、桓武朝の延暦十年（七九一）に鷹戸が廃止されたのは重要であろう。これは唐の衰微による東アジア国際情勢の緊張緩和を受けた政策であり、諸国軍団の大幅削減という律令軍制の縮小と同じ路線であった。軍団と交渉のあった鷹戸に代わって、諸衛府の鷹飼を主鷹司の下に統合した。言い換えると、主鷹司の鷹飼は鷹戸に代わって、主に諸衛府の官人・トネリから任用されることとなったのである。嵯峨朝の弘仁十一年（八二〇）には、主鷹司から一部の鷹飼を割いて蔵人所の下に置いたが、九世紀後半の清和朝の貞観二年（八六〇）に主鷹司・蔵人所の鷹飼を停止するに至った。清和・陽成朝の第三次養鷹組織停止期間を経て元慶七年（八八三）に蔵人所鷹飼十人を再び設置した。主鷹司の鷹飼も蔵人所の鷹飼も主に諸衛府の官人・トネリから任命されるが、主鷹司と蔵人所という所属官司の性格の違いによって区別されていたにすぎないともいえよう。それにも拘わらず、主鷹司から蔵人所へと推移したのであるから、蔵人所の鷹飼支配は主鷹司と異なる特質を備えようとしていたのだろう。そのように考えてみると、律令国家は、養鷹組織の統合と関わって、八世紀初期から放鷹司の百済的伝統に対抗して中国系の放鷹文化の伝統意識の醸成に努めていたのであった。嵯峨朝には、日本放鷹史上の最初の養鷹書である『新修鷹経』を編纂して中国系の放鷹文化を掲げ、それをもとに技芸的統合を達成することによって初めて、弘仁十一年に主鷹司の鷹飼三十人のうち三分の一を割いて蔵人所にも置くことができたのである。清和・陽成朝に主鷹司・蔵人所の鷹飼を停止して蔵人所の鷹飼のみを再び設置し、ようやく蔵人所が一元的に鷹飼を支配することとなった。その結果、蔵人所は諸国貢上の鷹を一括してあつかい、諸国の猟野に狩使を派遣して雉等の獲物を調達し、天皇への供御や朝廷儀式の饗膳に提供することが可能となった。

養鷹の統合過程の基本線は、主鷹司から蔵人所鷹飼へという転換であることが分かる。とりわけ、鷹戸の廃止が諸国軍団の大幅削減、長岡京遷都、難波宮の廃止と関わり、大伴氏等によって反対されていたようである。都が長岡京から平安京に遷るが、依然として衛門府にはかつての大伴氏等の長岡京への遷都に反対する不満分子を抱えていたのだろう。これに対して、薬子の変後、嵯峨朝には平安京を「万代の宮」と定めて、遷都反対派の旧平城京への還都の希望を絶つことになる。衛門府の官人を検非違使に任じて鷹飼の身分的統制に関与させることによって、かつての反対派の不満分子を取り込んだのであった。蔵人所の鷹飼による現業的養鷹を基幹部分として、検非違使による養鷹への統制を以て補完することにより、養鷹の統合は九世紀に推進されたといえるだろう。それに加えて、主鷹司に代表される百済系の放鷹文化の伝統意識に対して中国系の放鷹文化の伝統意識を醸成することによって、九世紀半ばに蔵人所による養鷹の一元的な支配を確立したのである。

第二節「養鷹の禁制」では、養鷹組織の再編を促した要因として、八・九世紀の養鷹の禁制を検討し、かつ禁制違犯の実例を取り上げて統制の具体的側面を明らかにした。

養鷹の禁制は聖武朝に初見するものであり、光仁朝以降清和朝までに何度も出された。中央貴族と地方豪族との間に結ばれた養鷹の委任関係が蝦夷征討等を通じて広範に展開し、その過度の広がりが交易規制に抵触して中央・地方の養鷹組織の再編成を促したのである。その結果、貞観元年（八五九）の諸国貢鷹の停止、貞観二年の主鷹司の廃止に至り、これによって律令国家体制下の貢鷹制度が解体し、貢鷹制度に寄生する養鷹の諸関係が規制を受けることとなった。それだけにとどまらず、律令国家は国司管内の住人による国司の違犯についての越訴を認めており、その訴えの奏上が可能となったことを、延暦十八年（七九九）の国司・郡司の養鷹禁制等違犯の事件の検討を通じて指摘した。

こうした養鷹の禁制は、地方諸国の行政に対して小さくない影響を与えていた。にもかかわらず、何度も禁制が出されたのは、諸国各地の養鷹を中央に吸収しようとしたからであろう。その点で、違犯者の鷹を天皇の許に集めたことは興味深い。違犯者の鷹を天皇に進上するという規定は、すなわち中央貴族や地方諸国の国司・郡司等の庇護下に置かれているために埋もれていて知られることの少なかった良鷹や優れた鷹飼を入手する意味をも有していたと考えられる。

第三節「養鷹の勅許」では、養鷹組織の再編を促したもう一つの要因として、養鷹禁制に定められた養鷹の勅許制度に注目し、養鷹特権の勅許を蒙った者の実態を解明した。

勅許を蒙った者の具体例を見るために、六国史の薨卒伝記事等から養鷹に親しんだ貴族を抽出した。勅許を蒙った者は太政官符を授かり、鷹の種類・数、餌取の人数、猟野の指定という制約を受けた。時には、天皇から鷹を預かることもあり、その場合調教した鷹を天皇に披露したのである。勅許の前提条件は、養鷹への習熟であろう。いくつかの貴族においては子弟に放鷹を伝習していたこと、皇族・貴族の子弟が皇太子・天皇・太上天皇に近侍すると養鷹の機会を与えられたこと等を示して、勅許が氏族内の伝習や職場での実習を前提とするものであったと指摘した。

貴族は、太政官を通じて天皇から特権的な養鷹を許されることによって勅許の権威を帯びる。貴族独自のルートで調達された鷹は、天皇の御鷹に準ずる存在であった。律令国家は、貢鷹制度のルートに乗らないような良鷹を貴族層の家政組織の調達能力に委ねて間接的に把握しようとしたのだろう。違犯者の鷹のみならず、特権者の鷹を把握して、養鷹の統合を複線的に押し進めたのである。国家が養鷹の禁制を諸国に度々指令した九世紀は、八世紀以来の養鷹の統合が急激に進展した時代であると評価することができる。

本研究は、以上のように総括されるが、最後に嵯峨朝における『新修鷹経』について言及しておきたい。桓武朝から嵯峨朝にかけての鷹飼の統合の期間は、蔵人所鷹飼への展開を進める上で必要な時間であり、その到達点として嵯峨朝における『新修鷹経』の成立が注目されるからである。この『新修鷹経』は、放鷹文化の伝統意識を考える上で看過することはできない書物であろう。

嵯峨天皇の勅撰と伝わる『新修鷹経』は、原本がなく、中世末期以降の写本が殆どであり、その書誌学的検討も今後の課題である。『新修鷹経』は、漢文体で記され、中国古代の故事を引用していたことから、平安初期の勅撰漢詩文集の表現傾向と通底する。かつて文学史の時代区分では、平安初期が文章経国思想に基づく漢詩文の隆盛の時代、いわゆる国風暗黒時代と評されており、つづく国風時代への前段階と見なされていた。しかし、漢詩文が平安時代を通じていわば表芸であったことは、近年とみに指摘されている。平安初期の勅撰漢詩文集はかかる背景を有するが、『新修鷹経』の場合は漢詩文集ではなく、経書であり、しかも内容的には雑書として軽視されてきたきらいがあろう。本研究では、『新修鷹経』は養鷹組織の技芸的統合の一画期として位置づけることができるばかりではなく、古代における養鷹・放鷹の具体的方法を知ることができる貴重な史料でもあると見なしている。『新修鷹経』の養鷹・放鷹の方法は具体的というより即物的であり、古来の諸説を突き合わせて検討した上で体系的に編纂したものである。

『新修鷹経』は、弘仁九年（八一八）に嵯峨天皇から主鷹司官人に対して下賜されている。このことは二年後に、主鷹司鷹飼を分割して蔵人所の下に付ける予定であったことを考慮する必要があろう。それにもかかわらず、主鷹司から蔵人所への鷹飼の移管が完全におこなわれなかった。結局、弘仁十一年の鷹飼の分割措置は、主鷹司配下の諸衛府鷹飼の所属官司が主鷹司と蔵人所とに分割されるという暫定的な措置であろう。同じ性格の鷹飼が二つの官司に分かれて所属させられたのは、やはり主鷹司から蔵人所鷹飼へという完全な移管が困難を極めた証拠であるといわねばならない。敢えて鷹飼の所属官司を二つに分けてワンクッションを置くことにより、主鷹司の全廃を押し進めたのである。

本研究では主鷹司の廃止が段階的に進められたと見なす独自の視点を提示したが、主鷹司の完全廃止は困難であったといわざるを得ない。それは、主鷹司が律令国家体制下の軍団と密接な交渉をもち、また軍団と同じような境遇に置かれていたことと関係しているのであろう。兵部省主鷹司の鷹戸が廃止された翌年に諸国の軍団が大幅削減されたのは、主鷹司と軍団との立場上の共通性を物語る。軍団で養鷹・放鷹を行なっていたのか否かについては実際のところ未詳であるが、軍団の軍事訓練の際には鷹を用いたと見なすのが妥当であろう。諸国では、国司が国内の軍団を統率していた。律令国家は、国司を介して軍団の養鷹・放鷹を統制したはずである。九世紀半ばには、主鷹司の停止に対応して諸国の貢鷹制度が一旦停止し、それまで貢鷹制度に寄生していた国司・郡司・軍団等の養鷹への統制を強化した。蔵人所による鷹飼支配の確立とともに、新たな貢鷹制度が確立したのである。

主鷹司から蔵人所への鷹飼支配の移行は、もう一つの困難を抱えていた。律令国家による養鷹への統制が養鷹の特権化を伴っていたことは興味深いが、これが養鷹の統合を妨げていた実情を否定することはできないであろう。律令国家は、国司・郡司等を介して社会全階層の養鷹への統制を強化するに従い、一部の養鷹を特権化した。養鷹特権の勅許制度が八世紀半ばに初見して、続く八世紀後半・九世紀に徐々に整備されていったのである。貴族層の特権的な養鷹の実態については、十世紀後半成立の『大和物語』、中世の源氏物語注釈書引用の記文等を利用し、また従来の研究で殆ど使われなかった『紀家集』所引の昌泰元年の競狩記を利用することによって描き出した。これらの史料は『新修鷹経』の養鷹の方法論とも関連して、貴族の養鷹の具体像を知り得る史料として今後重要な位置を占めるに違いない。これらの史料から窺うに、貴族の養鷹は、律令国家から様々な制約を受けてその監視下に置かれることとなった。律令国家の様々な制約を見ると、律令国家は、貴族の特権的養鷹を単なる遊戯の許可としてではなく、「御鷹」の調達ルートに乗らない社会中下層の養鷹を吸収して把握するための補助的な収集ルートとして位置づけていたと思われる。

養鷹の統合過程のいくつかの側面を一体的に眺めると、律令国家がありとあらゆる方法を駆使して社会全階層の養鷹を統合して、一つの緩やかなシステムとして取り込もうとしていたといえる。それが何を目指したのかについては、本研究で論じたように政治的、文化的な問題として扱うべきではなかろうか。かつてのように貴族社会への仏教の浸透がただちに養鷹・放鷹の衰退を招いたという考え方は、主鷹司の廃止を養鷹・放鷹の低迷なる印象に結びつけるという、史料の表面的な理解に基づくにすぎないものであろう。律令国家が主鷹司以外に諸衛府の鷹飼を設けたことや、主鷹司の廃止が諸衛府の改編や軍団の削減と同時に行なわれたことや、貴族層の養鷹の特権化を進めたこと等を見ると、決して仏教の浸透による養鷹・放鷹の衰退であるとはいえない。たしかに社会全階層への仏教の浸透は避けられないものであり、仏教への篤信が養鷹・放鷹の自粛の要因となることはあるだろう。但し、いうまでもないことではあるが、全ての古代人が仏教篤信者であったとは限らない点が重要であるといえよう。むしろそれ故に、養鷹・放鷹に従事し、何らかの形で関与する人々の動向を一つのシステムとして把握することにも大きな意義があるわけである。『新修鷹経』では、儒教的徳目を駆使して鷹の性質を説いている。それは、仏教との差別化の表れであろう。

本研究は、養鷹の統合過程において立ち現れてくる放鷹文化の伝統意識を動態的に捉えることにより、単なる遊興の道具ではない放鷹文化の特質を明らかにしたつもりである。実は、仏教も、放鷹も、『日本書紀』では百済から伝来したものであると位置づけられていた。両者は歴史上しばしば対立的に捉えられているが、同じ百済から享受した外来文化であった。言い換えると、日本古代の人々にとっては、仏教、放鷹のいずれも体制外部からもたらされた文化である。放鷹は、仏教と同じように、古代において外来の文化としての位置づけを終始変えることがなかったのだろう。何故なら、放鷹に従事する人々の世界においては外来の文化を尊重していたのであり、そのことは『日本書紀』の放鷹伝来記事や『新修鷹経』の中国故事引用、大伴家持の「放逸せる鷹の歌」等の史料の端々に象徴的に示されているからである。これらの史料を見ると、日本の放鷹文化は外来の文化への憧憬を思想的背景としていたといえよう。はじめは百済系の放鷹文化が重視されていたらしい。百済の支配層は、高句麗と同じ扶余族を称していたから、両国の養鷹は共通性を有していたのだろう。百済・高句麗・伽耶諸国、そして半島を統一した新羅、高句麗の故地に建国された渤海を一括して朝鮮半島系の放鷹文化と呼称することができる[1]。

律令国家体制下の放鷹文化は、七世紀半ばの唐・新羅の強大化という東アジア国際情勢の変動を受け、新来の高句麗・百済の遺臣・遺民や旧来の渡来氏族の力を恃みとしていたのである。その結果、主鷹司に代表される朝鮮半島系の放鷹文化の伝統意識が前面に押し出されたのは当然であろう。しかし、朝鮮半島系の放鷹文化の伝統意識は、七世紀後半以降の遣新羅使の往還、八世紀初頭の遣唐使の再開、続いて始まった渤海との通交で変質を余儀なくされ、遣新羅使・遣唐使・遣渤海使等を経由して中国系の放鷹文化を受容することによって、新たな放鷹文化の伝統意識が醸成されることとなった。こうした状況に対して、律令国家は、朝鮮半島系と中国系という二極に分かれた放鷹文化の伝統意識を、主鷹司と諸衛府鷹飼という二種類の養鷹組織に具現しようとした。そのために、聖武朝に「天下之人」の養鷹を禁止して養鷹の統合を開始することによって、律令国家体制の内外を絶え間なく横断し展開する養鷹の社会的諸結合をシステムとして把握しようとしたものである。それが律令国家の主導によるものであることは、外来の文化の受容が或る面においては外交や内政の手段ともなったことから肯けるところである。

従って、律令国家は、『日本書紀』に見られる百済系の放鷹文化としての伝統意識、遣唐使等を介して受容された中国系の放鷹文化としての伝統意識という二つの極をたえず意識していたと思う。九世紀には、放鷹文化の二つの伝統意識という両極が一つの体系となった。放鷹文化の伝統意識の体系化は、八世紀後半に唐の衰微によって東アジア国際情勢の緊張が緩和したことによるものである。その影響を受けて、八世紀後半に朝鮮半島系の放鷹文化から中国系の放鷹文化へという変化が顕著に現れ始めた。律令国家体制下の主鷹司及び貢鷹制度が九世紀半ばの貞観元年の諸国貢鷹の停止、同二年の主鷹司の廃止で完全に解体したことにより、主鷹司によって象徴される朝鮮半島系の放鷹文化は後退した。そして、蔵人所の下で養鷹は統合されるに至った。蔵人所では朝鮮半島系の放鷹文化をその技術的基礎に置きつつも、中国系の放鷹文化の伝統意識を強調したのであった。

本研究は、八・九世紀を通じて中国系の放鷹文化が朝鮮半島系の放鷹文化の上位に価値序列化され、さまざまな養鷹を統合する機軸として位置づけられていく過程を提示することができたと思う。こうした養鷹の統合が、嵯峨朝における『新修鷹経』という学芸的養鷹書の完成に象徴されていると考えたのである。

(1)　本研究では史料上の制約や、考察対象として設定した時代による制約から、高句麗・新羅・伽耶諸国・渤海の放鷹文化に対する意識については殆ど言及できず、八・九世紀における放鷹文化の百済的伝統を検出するにとどまった。渡来氏族の中で高句麗・伽耶諸国・新羅等から渡来した人々の比重は決して小さくなかったはずである。『日本書紀』における百済的伝統の強調は、百済から渡来した人々と百済以外の諸外国から渡来した人々との関係性の中で捉えるべきであるかもしれない。今後の課題としたい。

史料出典刊本一覧

【叢書】

○新訂増補国史大系
『日本書紀』『続日本紀』『日本後紀』『続日本後紀』『日本文徳天皇実録』『日本三代実録』『類聚国史』『日本紀略』『令義解』『令集解』『律』『類聚三代格』『弘仁格抄』『延喜式』『政事要略』『朝野群載』『類聚符宣抄』『尊卑分脈』『日本書紀私記（甲本）』『先代旧事本紀』『公卿補任』

○日本古典文学大系
『古事記』『風土記』『万葉集』『凌雲集』『日本霊異記』『大和物語』『今昔物語集』『菅家文草　菅家後集』

○新日本古典文学大系
『続日本紀』

○日本古典文学全集
『万葉集』『日本霊異記』

○新訂増補故実叢書
『西宮記』『北山抄』

○史料纂集
『吏部王記』『権記』

○群書類従
『新儀式』『法曹至要抄』『紀氏系図』『本朝皇胤紹運録』『新修鷹経』

○続群書類従
『口遊』『坂上系図』

○大日本古記録
『貞信公記抄』『小右記』

○日本思想大系

『寛平御遺誡』『藤原保則伝』（以上は『古代政治社会思想』所収）
『大日本国法華経験記』（『往生伝・法華験記』所収）
○大日本古文書（編年）
「正倉院文書」「東寺文書」
○大日本古文書（家わけ）
「東大寺文書」
○図書寮叢刊
「紀家集巻十四断簡」（『平安鎌倉未刊詩集』所収）

【その他】
奈良国立文化財研究所編『平城京発掘調査出土木簡概報』二十四、二条大路木簡二（奈良国立文化財研究所、一九九一年五月）
奈良国立文化財研究所編『平城宮発掘調査出土木簡概報』三十、二条大路木簡四（奈良国立文化財研究所、一九九五年五月）
佐伯有清『新撰姓氏録の研究』本文篇（吉川弘文館、一九六二年七月）
沖森卓也・佐藤信・矢嶋泉『藤氏家伝　鎌足・貞慧・武智麻呂伝　注釈と研究』（吉川弘文館、一九九九年五月）
目崎徳衛校訂『侍中群要』（吉川弘文館、一九八五年二月）
正宗敦夫編纂校訂『倭名類聚抄』（風間書房、一九七四年十月）
正宗敦夫編纂校訂『類聚名義抄』全二巻（風間書房、一九七五年五月）
比叡山専修院附属叡山学院編『伝教大師全集』巻五（比叡山図書刊行会、一九二六年四月初版、世界聖典刊行協会、一九七五年四月復刻版）
契沖『萬葉集代匠記』全五輯（早稲田大学出版部、一九〇二年九月～一九〇五年三月）
鹿持雅澄『萬葉集古義』全十巻（国書刊行会、一八九八年七月）
鴻巣盛広『萬葉集全釈』全六冊（大倉広文堂、一九三〇年七月～一九三五年十二月）

佐佐木信綱・尾上八郎『萬葉集総釈』全十二巻（楽浪書院、一九三五年五月～一九三六年十二月）
武田祐吉『増訂萬葉集全注釈』全十四巻（角川書店、一九五七年一月～九月）
高木市之助他校注『萬葉集』全四巻（日本古典文学大系、岩波書店、一九五七年五月～一九六二年五月）
澤瀉久孝『萬葉集注釈』全二十二巻（中央公論社、一九八二年十一月～一九八四年九月）
窪田空穂『窪田空穂全集』第十三～十九巻・萬葉集評釈（角川書店、一九六六年一月～一九六七年三月）
土屋文明『萬葉集私注』全二十巻（筑摩書房、一九四九年五月～一九五六年六月）
小島憲之他校注『萬葉集』全四巻（日本古典文学全集、小学館、一九七一年一月～一九七五年十月）
青木生子他校注『萬葉集』全五巻（新潮日本古典集成、新潮社、一九七六年十一月～一九八四年九月）
伊藤博他校注『萬葉集全注』全二十巻（有斐閣、一九八三年九月～続刊）
室松岩雄校訂編輯『国文註釈全書　河海抄・花鳥余情・紫女七論』（國學院大学出版部、一九〇八年六月）
吉澤義則編『未刊国文古註釈大系』第十冊（帝国教育会出版部、一九三七年七月初版、清文堂出版、一九六八年十月復刻版）
宮内庁編『明治天皇紀』全十三巻（吉川弘文館、一九六八年七月～一九七七年三月）
唐徐堅他編『初学記』全三冊（中華書局、一九六二年一月）
王欽若他編『冊府元亀』全二十冊（中華書局、一九六七年五月）

参考文献一覧

【著書】

阿部武彦『日本古代の氏族と祭祀』(吉川弘文館、一九八四年五月)
石母田正『日本の古代国家』(岩波書店、一九七一年一月)
磯貝正義『郡司及び采女制度の研究』(吉川弘文館、一九七八年三月)
井上薫『日本古代の政治と宗教』(吉川弘文館、一九六一年七月)
井上辰雄『正税帳の研究』(塙書房、一九六七年十一月)
井上満郎『平安時代軍事制度の研究』(吉川弘文館、一九八〇年五月)
今井啓一『百済王敬福』(綜芸舎、一九六五年十二月)
今井啓一『帰化人』(綜芸舎、一九七四年十一月)
上田正昭『藤原不比等』(朝日新聞社、一九七六年三月)
王勇『唐から見た遣唐使』(講談社選書メチエ、講談社、一九九八年三月)
大津透『古代の天皇制』(岩波書店、一九九九年十二月)
大山誠一『長屋王家木簡と奈良朝政治史』(吉川弘文館、一九九三年一月)
小野寛『大伴家持研究』(笠間書院、一九八〇年三月)
加藤謙吉『蘇我氏と大和王権』(吉川弘文館、一九八三年十二月)
加藤謙吉『大和政権と古代氏族』(吉川弘文館、一九九一年十一月)
加藤謙吉『大和政権とフミヒト制』(吉川弘文館、二〇〇二年十二月)
門脇禎二『葛城と古代国家』(教育社、一九八四年九月)
門脇禎二『日本海域の古代史』(東京大学出版会、一九八六年九月)
金沢庄三郎『日鮮同祖論』(刀江書房、一九二九年四月)
鎌田元一『律令公民制の研究』(塙書房、二〇〇一年三月)

川口久雄『平安朝の漢文学』（吉川弘文館、一九八一年十一月）
岸俊男『藤原仲麻呂』（人物叢書、吉川弘文館、一九六九年三月）
北山茂夫『大伴家持』（平凡社、一九七一年九月）
宮内省式部職編『放鷹』（吉川弘文館、一九三一年十二月初版、一九八三年七月再版）
倉本一宏『日本古代国家成立期の政権構造』（吉川弘文館、一九九七年一月）
小島憲之『国風暗黒時代の文学』中（上）（塙書房、一九七三年一月）
小島憲之『国風暗黒時代の文学』下Ⅰ（塙書房、一九九一年六月）
佐伯有清『日本古代の政治と社会』吉川弘文館、一九七〇年五月）
佐伯有清『伝教大師伝の研究』（吉川弘文館、一九九二年十月）
笹山晴生『日本古代衛府制度の研究』（東京大学出版会、一九八五年四月）
笹山晴生『古代国家と軍隊』（中央公論社、一九七五年七月）
佐藤宗諄『平安前期政治史序説』（東京大学出版会、一九七七年三月）
高橋昌明『武士の成立　武士像の創出』（東京大学出版会、一九九九年十一月）
田中日佐夫『二上山』（学生社、一九六七年十月）
土橋寛『古代歌謡と儀礼の研究』（岩波書店、一九六五年十二月）
寺崎保広『長屋王』（人物叢書、吉川弘文館、一九九九年二月）
虎尾俊哉『班田収授法の研究』（吉川弘文館、一九六一年三月）
直木孝次郎『持統天皇』（人物叢書、吉川弘文館、一九六〇年三月）
直木孝次郎『日本古代の氏族と天皇』（塙書房、一九六四年十二月）
中西進『大伴家持』三（角川書店、一九九四年十二月）
中村明蔵『新訂隼人の研究』（丸山学芸図書、一九九三年九月）
奈良国立文化財研究所編『平城京長屋王邸宅と木簡』（吉川弘文館、一九九一年一月）
新野直吉『日本古代地方制度の研究』（吉川弘文館、一九七四年十一月）
丹生谷哲一『日本中世の身分と社会』（塙書房、一九九三年二月）

西嶋定生『日本歴史の国際環境』（東京大学出版会、一九八五年一月）
仁藤敦史『古代王権と都城』（吉川弘文館、一九九八年二月）
仁藤智子『平安初期の王権と官僚制』（吉川弘文館、二〇〇〇年九月）
根崎光男『将軍の鷹狩り』（同成社、一九九九年八月）
野田嶺志『律令国家の軍事制』（吉川弘文館、一九八四年四月）
野村忠夫『律令官人制の研究』（吉川弘文館、一九六七年六月）
野村忠夫『律令政治の諸様相』（塙書房、一九六八年四月）
野村忠夫『後宮と女官』（歴史新書、教育社、一九七八年七月）
橋本達雄『大伴家持』（王朝の歌人二、集英社、一九八四年十二月）
橋本達雄『万葉集の作品と歌風』（笠間書院、一九九一年二月）
橋本裕『律令軍団制の研究　増補版』（吉川弘文館、一九九〇年十月）
長谷山彰『律令外古代法の研究』（慶応通信、一九九〇年四月）
早川庄八『日本古代官僚制の研究』（岩波書店、一九八六年十一月）
林陸朗『上代政治社会の研究』（吉川弘文館、一九六九年九月）
針原孝之『大伴家持研究序説』（桜楓社、一九八四年十月）
藤田富士夫『古代の日本海文化』（中公新書、中央公論社、一九九〇年七月）
前田晴人『日本古代の道と衢』（吉川弘文館、一九九六年二月）
松原弘宣『古代の地方豪族』（吉川弘文館、一九八八年十月）
宮城栄昌『延喜式の研究　論述篇』（大修館書店、一九五七年三月）
武者小路穣『天平芸術の工房』（教育社歴史新書、教育社、一九八一年二月）
村尾次郎『桓武天皇』（人物叢書、吉川弘文館、一九六三年十月）
森公章『「白村江」以後』（講談社選書メチエ、講談社、一九九八年六月）
森公章『長屋王家木簡の基礎的研究』（吉川弘文館、二〇〇〇年五月）
森岡照明他編『図鑑日本のワシタカ類』（文一総合出版、一九九五年八月）

安田政彦『平安時代皇親の研究』（吉川弘文館、一九九八年七月）
山中章『日本古代都城の研究』（柏書房、一九九七年五月）
横田健一『道鏡』（人物叢書、吉川弘文館、一九五九年三月）
吉川真司『律令官僚制の研究』（塙書房、一九九八年二月）
吉田孝『律令国家と古代の社会』（岩波書店、一九八三年十二月）
吉田東伍『日韓古史断』（冨山房、一八九三年十二月）。
米沢康『越中古代史の研究』（越飛文化研究会、一九六五年十月）
米沢康『北陸古代の政治と社会』（法政大学出版会、一九八九年十二月）
米田雄介『郡司の研究』（法政大学出版局、一九七六年三月）
渡辺直彦『日本古代官位制度の基礎的研究』（吉川弘文館、一九七二年十月）
渡辺三男『列伝人物と門流』（蒼洋社、一九八五年十一月）

【単行論文】
阿部武彦「伴造・伴部考」（坂本太郎博士還暦記念会編『日本古代史論集』上、吉川弘文館、一九六二年九月）
阿部武彦「国造の姓と系譜」（『史学雑誌』五九―一一、一九五〇年十一月）
新井喜久夫「官員令別記について」（『日本歴史』一六五、一九六二年二月）
新井喜久夫「品部雑戸制の解体過程」（弥永貞三先生還暦記念会編『日本古代の社会と経済』上巻、吉川弘文館、一九七八年五月）
池田三枝子「家持の『怨』」（『上代文学』七五、一九九五年十一月）
石井正敏「八・九世紀の日羅関係」（田中健夫編『日本前近代の国家と対外関係』吉川弘文館、一九八七年四月）
石尾芳久「律令国家の裁判制度」（『日本古代法の研究』法律文化社、一九五九年七月）、
石上英一「律令国家財政と人民収奪」（永原慶二他編『日本経済史を学ぶ』上・古代中世、有斐閣選書、有斐閣、一九八二年四月）。
石母田正「古代官僚制」（『日本古代国家論』第一部、岩波書店、一九七三年五月）

石母田正「古代家族の形成過程」(『社会経済史学』一二―六、一九四二年八月)
伊藤玄三「道嶋宿禰一族についての一考察」(高橋富雄編『東北古代史の研究』吉川弘文館、一九八六年十月)
伊藤純「摂津職官人の本拠地からみた難波京」(『大阪文化誌』一四、財団法人大阪文化財センター、一九八二年三月)
伊藤千浪「律令制下の渡来人賜姓」(『日本歴史』四四二、一九八五年三月)
井上辰雄「筑後国正税帳の諸問題」(『熊本大学法文論叢』一八、一九六五年七月。『正税帳の研究』塙書房、一九六七年十一月、所収)
井上辰雄「地方豪族の歴史的性格」(『日本歴史』二八〇、一九七一年九月)
井上満郎「奈良時代の健児」(『日本歴史』二七六、一九七一年五月)
井上光貞「大和国家の軍事的基礎」(『日本古代史の諸問題』思索社、一九四八年八月)
井上光貞「陸奥の族長、道嶋宿禰について」(『日本古代国家の研究』岩波書店、一九六五年十一月)
井上光貞「王仁の後裔氏族と其の仏教」(『史学雑誌』五四―九、一九四三年九月。『日本古代思想史の研究』岩波書店、一九八二年三月、所収)
今井啓一「藤原不比等と田辺史大隅」(『続日本紀研究』八―一二、一九六一年十二月)
上田設夫「放逸せる鷹の歌」(『文学』五二―二、一九八四年二月)
上田正昭「社会と環境」(『国文学・解釈と鑑賞』二四―六、一九五九年六月)
上田正昭「大化前代における軍事団の諸問題」(『国史学』七二・七三、一九六三年八月。『日本古代国家論究』塙書房、一九六八年十一月)
請田正幸「七世紀末の兵政官」(『ヒストリア』八一、一九七八年十二月)
請田正幸「フヒト集団の一考察」(直木孝次郎先生古稀記念会編『古代史論集』上、塙書房、一九八八年一月)
梅村恵子「六国史にみえたる官人の犯罪」(『お茶の水史学』二〇、一九七七年十二月)
江田俊雄「新羅仏教と護国思想」(『朝鮮』二三九、一九三五年九月。『朝鮮仏教史の研究』国書刊行会、一九七七年十月、所収)
榎村寛之「野行幸の成立」(『ヒストリア』一四一、一九九三年十二月)
追塩千尋「道昌をめぐる諸問題」(『南都仏教』六七、一九九二年十二月)

大越喜文「家持長歌制作の一側面」(『上代文学』六六、一九九一年四月)
大隅清陽「弁官の変質と律令太政官制」(『史学雑誌』一〇〇—一一、一九九一年十一月)
大隅清陽「儀制令と律令国家」(池田温編『中国礼法と日本律令制』東方書店、一九九二年三月)
太田晶二郎「『桑華書志』所載『古蹟歌書目録』」(『日本学士院紀要』一二—三、一九五五年四月)
大谷治孝「南摂四郡の郡境と難波京」(直木孝次郎先生古稀記念会編『古代史論集』上、塙書房、一九八八年一月)
大津透「律令国家と畿内」(横田健一編『日本書紀研究』一三、塙書房、一九八五年三月。『律令国家支配構造の研究』岩波書店、一九九三年一月、所収)
大塚徳郎「平安初期の政治史上における平城朝」(『史潮』六九、一九五九年十月)
大坪秀敏「百済王氏交野移住に関する一考察」(『龍谷史壇』九六、一九九〇年七月)
大山誠一「官員令別記の成立をめぐる諸問題」(『日本歴史』三七二、一九七九年九月。『日本古代の外交と地方行政』吉川弘文館、一九九九年十二月、所収)
折口信夫「恋及び恋歌」(『新潮』三一—八、一九三四年八月。『折口信夫全集』第八巻、中央公論社、一九五五年十月初版、一九六六年六月新訂版、所収)
折口信夫「鷹狩りと操り芝居と」(広田栄太郎編『国文学者一夕話』六文館、一九三二年七月。『折口信夫全集』第十七巻、中央公論社、一九五六年九月初版、一九六七年三月新訂版、所収)。
筧敏生「律令官司制の成立と品部・雑戸制」(横田健一編『日本書紀研究』一九、塙書房、一九九四年二月)
加藤謙吉「境部の職掌について」(竹内理三先生喜寿記念会編『律令制と古代社会』東京堂出版、一九八四年九月。『大和政権と古代氏族』吉川弘文館、一九九一年十一月、所収)
加藤謙吉「河内における蘇我氏と渡来人」(『講演・河内飛鳥』第五集、河内飛鳥を守る会、一九八八年五月)
加藤謙吉「『野中古市人』に関する一考察」(佐伯有清『日本古代中世の政治と文化』吉川弘文館、一九九七年十二月)
加藤謙吉「東文氏とヤマトノフミヒト」(『日本歴史』六〇七、一九九八年十二月)
門脇禎二「河内飛鳥の歴史的位置」(門脇禎二・水野正好編『古代を考える　河内飛鳥』吉川弘文館、一九八九年十月)
鐘江宏之「『国』制の成立」(笹山晴生先生還暦記念会編『日本律令制論集』上巻、吉川弘文館、一九九三年九月)
狩野久「品部雑戸制の再検討」(『史林』四三—六、一九六〇年十一月。『日本古代の国家と都城』東京大学出版会、一九

九〇年九月、所収）
鎌田茂雄「円光と金庾信」（『新羅仏教史序説』大蔵出版、一九八八年二月）
川口常孝「越中万葉の動物」（高岡市万葉のふるさとづくり委員会編『大伴家持と越中万葉の世界』雄山閣、一九八六年十二月）
神堀忍「家持と池主」（『万葉集を学ぶ』第八集、有斐閣、一九七八年十二月）
岸俊男「古代村落と郷里制」（藤直幹編『古代社会と宗教』若竹書房、一九五一年二月）
岸俊男「但波吉備麻呂の計帳手実をめぐって」（『史林』四八―六、一九六六年二月）
北啓太「県犬養橘宿禰三千代をめぐる憶説」（末永先生古稀記念会編『古代学論叢』同会、一九六七年十月）
北啓太「軍団兵士の訓練に関する一考察」（『続日本紀研究』二二四、一九八二年十二月）
鬼頭清明「天平四年の節度使」（土田直鎮先生還暦記念会編『奈良平安時代史論集』吉川弘文館、一九八四年九月）
鬼頭清明「七世紀後半の国際政治史論」（『朝鮮史研究会論文集』七、一九七〇年六月）
鬼頭清明「二条大路出土の門号記載木簡について」（虎尾俊哉編『律令国家の政務と儀礼』吉川弘文館、一九九五年七月）
櫛木謙周「国衙徴発力役の構造と変遷」（楠瀬勝編『日本の前近代と北陸社会』思文閣出版、一九八九年五月）
熊谷公男「畿内の豪族」（山中一郎・狩野久編『新版古代の日本』五、角川書店、一九九二年三月）
熊倉浩靖「上毛野氏と東国六腹の朝臣」（原島礼二・金井塚良一編『古代を考える　東国と大和王権』吉川弘文館、一九九四年一月）
胡口靖夫「律令軍団制の軍事訓練制度」（『続日本紀研究』二一一、一九八〇年十月）
胡口靖夫「律令軍団制の軍事訓練制度（続）」（『続日本紀研究』二一六、一九八一年八月）
胡口靖夫「律令軍団制の軍事訓練制度（続々）」（『続日本紀研究』二二二、一九八二年八月）
後藤昭雄「宮廷詩人と律令官人と」（『国語と国文学』五六―六、一九七九年六月）
佐伯有清「宮城十二門号と古代天皇近侍氏族」（『続日本紀研究』二―四・五、一九五五年六月。『新撰姓氏録の研究』研究篇、吉川弘文館、一九六三年四月、所収）
佐伯有清「宮城十二門号についての研究―大化前代の軍政研究の動向」（『歴史評論』一一五、一九六〇年一月。『日本古

代の政治と社会』吉川弘文館、一九七〇年五月、所収）
佐伯有清「日本古代の別（和気）について」上・中・下（『歴史評論』一三七〜一三九、一九六二年一月〜三月。「日本古代の別（和気）とその実態」と改題して『日本古代の政治と社会』吉川弘文館、一九七〇年五月、所収）
佐伯有清「日本古代の猪養」（『どるめん』一四、一九七七年七月。『日本古代氏族の研究』吉川弘文館、一九八五年四月、所収）
佐伯有清「馬の伝承と馬飼の成立」（森浩一編『日本古代文化の探究　馬』社会思想社、一九七四年十月）
佐伯有清「承和の遣唐使をめぐる諸問題」（佐伯有清編『日本古代政治史論考』吉川弘文館、一九八三年九月。『日本古代氏族の研究』吉川弘文館、一九八五年四月、所収）
坂上康俊「古代の法と慣習」（『岩波講座日本通史』三、岩波書店、一九九四年四月）
酒寄雅志「藤原仲麻呂政権と新羅征討計画」（『月刊韓国文化』八―一、一九八六年一月）
笹山晴生「毛野氏と衛府」（『日本歴史』一八六、一九六三年十一月。『日本古代衛府制度の研究』東京大学出版会、一九八五年四月、所収）
笹山晴生「日本古代の軍事組織」（『古代史講座』五、学生社、一九六二年十月）
佐藤隆「鷹歌二首」（『大伴家持作品論説』おうふう、一九九三年十月）
佐藤仁「国・郡分割と藤原氏」（『弘前大学国史研究』九、一九五八年二月）
志田諄一「阿倍氏とその伝承」（『茨城キリスト教大学紀要』一、一九六七年十一月。『古代氏族の性格と伝承』雄山閣、一九七一年二月、所収）
志田諄一「鳥取部と鳥養部」（『日本古代史論叢』遠藤元男還暦記念会、一九七〇年四月。『古代氏族の性格と伝承』雄山閣、一九七一年二月、所収）
篠川賢「国司制成立過程の再検討」（佐伯有清編『日本古代中世史論考』吉川弘文館、一九八七年三月）
清水みき「長岡京造営論」（『ヒストリア』一一〇、一九八六年五月）
清水みき「桓武朝における遷都の論理」（門脇禎二編『日本古代国家の展開』上巻、思文閣出版、一九九五年十一月）
清水みき「長岡京の宮外官衙と初期平安京」（『古代文化』四九―一一、一九九七年十一月）
下向井龍彦「日本律令軍制の形成過程」（『史学雑誌』一〇〇―六、一九九一年六月）

菅原征子「養老の隼人の反乱と宇佐仏教徒」(『日本歴史』四九三、一九八九年六月)
鈴木景二「日本古代の行幸」(『ヒストリア』一二五、一九八九年十二月)
関晃「倭漢氏の研究」(『史学雑誌』六二―九、一九五三年九月)
関晃「遣新羅使の文化史的意義」(『山梨大学学芸学部研究報告』六、一九五五年十二月)
薗田香融「承和十三年の僧善愷訴訟事件に関する覚え書」(『関西大学文学部論集』一〇―一、一九六〇年四月。『平安仏教の研究』法蔵館、一九八一年八月、所収)
高垣義実「天平期における地方支配の一断面」(直木孝次郎先生古稀記念会編『古代史論集』中、塙書房、一九八八年八月)。
高橋富雄「平安時代の毛野氏」(『古代学』九―一・二、一九六〇年九月)
高橋富雄「負名氏の系譜とその意味」(『歴史評論』一〇六、一九五九年四月)
滝川政次郎「革命思想と長岡遷都」(『京制並に都城制の研究』法制史論叢第二冊、角川書店、一九六七年六月)
滝川政次郎「清原夏野と双ヶ岡山荘(上・下)」(『史迹と美術』三三―七〜八、一九六三年八月〜十月)
竹中康彦「国例の成立に関する基礎的考察」(『ヒストリア』一三四、一九九二年三月)
竹中康彦「平安前期における国例の展開」(『ヒストリア』一三八、一九九三年三月)
田島公「「氏爵」の成立」(『史林』七一―一、一九八八年一月)
田中史生「桓武朝の百済王氏」(『日本古代国家の民族支配と渡来人』校倉書房、一九九七年八月)
田中正日子「奈良末・平安初期の政治史上の問題」(『日本史研究』四二、一九五九年四月)
谷川愛「平安時代における天皇・太上天皇の喪葬儀礼」(『国史学』一六九、一九九九年十月)
玉井力「光仁朝における女官の動向について」(『名古屋大学文学部研究論集』五〇、一九七〇年三月)
塚本学「生活をめぐる動物Ⅳ―鷹と人間社会―」(『歴史と地理』四三九、一九九二年三月)
角田文衛「軍団と衛府」(財団法人古代学協会編『西田先生頌寿記念日本古代史論叢』吉川弘文館、一九六〇年十二月。『律令国家の展開』塙書房、一九六五年十二月、所収)
角田文衛「勅旨省と勅旨所」(『古代文化』一〇―二・三・四、一九六二年九月)
徳永春夫「奈良時代に於ける班田制の実施に就いて(上・下)」(『史学雑誌』五六―四〜五、一九四五年四月〜五月)

直木孝次郎「律令的軍制の成立とその意義」(『ヒストリア』二八、一九六二年六月)
直木孝次郎「新嘗と大嘗のよみと意味」(『万葉』六五、一九六七年十月)
直木孝次郎「贄に関する二、三の考察」(竹内理三博士還暦記念会編『律令国家と貴族社会』吉川弘文館、一九六九年六月)
直木孝次郎「吉備の渡来人と豪族」(藤井駿先生喜寿記念会編『岡山の歴史と文化』福武書店、一九八三年十月)
直木孝次郎「友と伴」(続日本紀研究会編『続日本紀の時代』塙書房、一九九四年十二月)
中尾浩康「延暦十一年の軍制改革について」(『日本史研究』四六七、二〇〇一年七月)
中川収「光仁朝の成立と井上皇后事件」(『日本歴史』二二七、一九六七年四月)
中西進「万葉集と律令」(上代文学会編『万葉集—その社会と制度—』笠間書院、一九八〇年六月)
中村一郎「国忌の廃置について」(『書陵部紀要』二、一九五二年三月)
永山修一「隼人司の成立と展開」(隼人文化研究会編『隼人族の生活と文化』雄山閣、一九九三年九月)
長山泰孝「国司と軍団」(直木孝次郎先生古稀記念会編『古代史論集』中、塙書房、一九八八年八月)
西本昌弘「畿内制の基礎的考察」(『史学雑誌』九三—一、一九八四年一月)
西本昌弘「初期平安宮にいたる宮城十二門号」(薗田香融編『日本古代社会の史的展開』塙書房、一九九九年三月)
仁藤敦史「古代王権と行幸」(黛弘道編『古代王権と祭儀』吉川弘文館、一九九〇年十一月)
仁藤敦史「古代国家における都城と行幸」(『歴史学研究』六一三、一九九〇年十一月)
仁藤敦史「外位制度について」(『日本歴史』五〇八、一九九〇年九月)
野尻房夫「内厩寮設置とその意義」(下出積與編『日本古代史論輯』桜楓社、一九八八年五月)
野村忠夫「律令制官人社会構成の考察」(『書陵部紀要』二、一九五二年三月)
橋口尚武「鷹狩り」(『考古学による日本歴史』一二、雄山閣出版、一九九八年二月)
橋本芳雄「射水神社」(『式内社調査報告』十七、北陸道三、皇学館大学出版部、一九八五年二月)
長谷山彰「違勅罪について」(『史学』五一—三、一九八一年十二月。『律令外古代法の研究』慶応通信、一九九〇年四月、所収)
早川庄八「律令国家・王朝国家における天皇」(朝尾直弘他編『日本の社会史』三・権威と支配、岩波書店、一九八七年

九月)
林陸朗「長岡・平安京と郊祀円丘」(『古代文化』二六―三、一九七四年三月)
林陸朗「『続日本紀』掲載の伝記について」(岩橋小弥太博士頌寿記念会編『日本史籍論集』上巻、吉川弘文館、一九六九年七月)
林陸朗「桓武天皇と遊猟」(『栃木史学』創刊号、一九八七年三月)
針原孝之「逃げた鷹の歌」(『越路の家持』叢刊日本の文学一〇、新典社、一九九〇年三月)
平野邦雄「秦氏の研究(一・二)」(『史学雑誌』七〇―三・四、一九六一年三月・四月)
平野邦雄「大宰府の徴税機構」(竹内理三博士還暦記念会編『律令国家と貴族社会』吉川弘文館、一九六九年六月)
平野友彦「健児制成立の背景とその役割」(佐伯有清編『日本古代史論考』吉川弘文館、一九八〇年十一月)
古瀬奈津子「昇殿制の成立」(青木和夫先生還暦記念会編『日本古代の政治と文化』吉川弘文館、一九八七年二月。『日本古代王権と儀式』吉川弘文館、一九九八年二月、所収)
保母崇「奈良末期から平安初期の東宮官人と皇太子」(『日本歴史』六二五、二〇〇〇年六月)
前田晴人「河内国『丹比郡』の成立過程」(『古代王権と難波・河内の豪族』清文堂、二〇〇〇年四月)
前之園亮一「隼人と葦北国造の氷・モヒ・薪炭の貢進」(新川登亀男編『西海と南島の生活・文化』古代王権と交流8、名著出版、一九九五年十月)
増島一男「日本霊異記の成立」(『解釈』六―一〇、一九六〇年十月)
俣野好治「権任国司の任命をめぐって」(『ヒストリア』一二二、一九八九年三月)
松崎英一「進膳監と放鷹司」(『九州史学』七一、一九八一年四月)
松本政春「造兵司の復置年代について」(『日本歴史』四二二、一九八三年七月)
松本政春「軍団騎兵と健児」(『続日本紀研究』二二二、一九八二年八月)
松本政春「桓武天皇の鷹狩について」(『市史紀要』五、寝屋川市教育委員会、一九九三年三月)
黛弘道「犬養氏および犬養部の研究」(『学習院史学』二、一九六五年五月。『律令国家成立史の研究』吉川弘文館、一九八二年十二月、所収)
三品彰英「荒田別・田道の伝承」(『朝鮮学報』三一、一九六四年六月)

水野正好「滋賀郡所在の漢人系帰化氏族とその墓制」(西谷正編『考古学からみた古代日本と朝鮮』学生社、一九七八年十二月)
水野正好「後期群集墳と渡来系氏族」(水野正好編『古代を考える　近江』吉川弘文館、一九九二年五月)
村岡薫「延暦十一年、諸国軍団兵士制停廃の一考察」(民衆史研究会編『民衆史の課題と方向』三一書房、一九七八年十月)
目崎徳衛「平安時代初期における奉献(一)(二)」(『史学雑誌』七四―一・二、一九六五年一月~二月)
目崎徳衛「文徳・清和両天皇の御在所をめぐって」(『貴族社会と古典文化』吉川弘文館、一九九五年二月)
持田泰彦「奈良朝貴族の人数変化について」(『学習院史学』一五、一九七九年一月)
森公章「二条大路木簡と門の警備」(奈良国立文化財研究所創立四〇周年記念論文集刊行会編『文化財論叢Ⅱ』同朋舎出版、一九九五年九月)
森公章「二条大路木簡の鼠進上木簡寸考」(『日本歴史』六一五、一九九九年八月)
森浩一「近畿地方の隼人」(大林太良編『日本古代文化の探究　隼人』社会思想社、一九七五年一月)
森田喜久男「日本古代の王権と狩猟」(『日本歴史』四八五、一九八八年十月)。
森田悌『『検非違使式』の研究」(山中裕編『平安時代の歴史と文学』歴史編、吉川弘文館、一九八一年十一月)
森田悌「弁官について」(『日本古代官司制度史研究序説』現代創造社、一九六七年十一月)
八木充「凡直国造と屯倉」(八木充編『古代の地方史』二、山陰・山陽・南海編、朝倉書店、一九七七年九月)
八木充「国郡制の成立」(『山口大学文学会誌』一四―一、一九六三年八月。『律令国家成立過程の研究』塙書房、一九六八年一月、所収)
八木充「七世紀の総領について」(『続日本紀研究』一〇―四・五、一九六三年五月。『律令国家成立過程の研究』塙書房、一九六八年一月、所収)
柳たか「日本古代の後宮について」(『お茶の水史学』一三、一九七〇年九月)
山内邦夫「律令制軍団の成立について」(『軍事史学』一一、一九六七年十一月。『律令国家』論集日本歴史二、有精堂、一九七三年二月、所収)
山内邦夫「律令制軍団に関する研究の動向」(『史元』七、一九六九年一月)

山田充昭「八・九世紀における衛府官人の動向と光仁朝の意義」(『北大史学』三四、一九九四年八月)
山本幸男「桓武天皇と二十二人のキサキたち」(中西智海先生還暦記念論文集刊行会編『仏教と人間』永田文昌堂、一九九四年十二月)
弓野正武「『鷹飼渡』と下毛野氏」(『史観』九三、一九七六年三月)
弓野正武「平安時代の鷹狩について」(『民衆史研究』一六、一九七八年五月)
弓野正武「古代養鷹史の一側面」(竹内理三博士喜寿記念会編『律令制と古代社会』吉川弘文館、一九八四年九月)
横田健一「風土記に於ける国の観念」(藤直幹編『古代社会と宗教』若竹書房、一九五一年二月)
吉井哲「古代王権と鷹狩」(『千葉史学』一二、一九八八年五月)
義江彰夫「日本律令の刑体系」(『歴史と文化』二一、東京大学教養学部歴史学研究室、一九九〇年三月)
義江彰夫「摂関院政期朝廷の刑罰裁定体系」(永原慶二他編『中世・近世の国家と社会』東京大学出版会、一九八六年十一月)
吉沢幹夫「九世紀の地方軍制について」(高橋富雄編『東北古代史の研究』吉川弘文館、一九八六年十月)
吉田晶「和泉地方の氏族分布に関する予備的考察」(小葉田淳教授退官記念事業会編『国史論集』同会、一九七〇年十一月)
吉田晶「地域史からみた古代の難波」(難波宮址を守る会編『難波宮と日本古代国家』塙書房、一九七七年五月)
吉田晶「古墳と豪族」(亀田隆之編『古代の地方史』三、畿内編、一九七九年九月)
吉田晶「『河内飛鳥』の氏族たち」(『講演・河内飛鳥』第五集、河内飛鳥を守る会、一九八八年五月)
吉村武彦「仕奉と貢納」(朝尾直弘他編『日本の社会史』四、岩波書店、一九八六年十一月)
米田雄介「律令的軍団の成立」(『ヒストリア』三二、一九六二年三月)
利光三津夫・上野利三「律令制下の百済王氏」(『法史学の諸問題』慶応通信、一九八七年四月)
和田萃「紀路と曽我川」(亀田隆之編『古代の地方史』三、畿内編、朝倉書店、一九七九年九月)
和田萃「渡来人と日本文化」(『岩波講座日本通史』三、一九九四年四月)
渡部育子「国制の成立」(『日本歴史』五五二、一九九四年五月)
渡部育子「律令的地方支配と広域行政区画」(虎尾俊哉編『律令国家の地方支配』吉川弘文館、一九九五年七月)

渡里恒信「藤原三守についての一考察」（『古代文化』四七―六、一九九五年六月）

あとがき

本書は筑波大学大学院博士課程歴史・人類学研究科に提出した学位請求論文に若干の加除訂正を施して作成したものである。学位請求論文の審査は筑波大学の山本隆志、根本誠二、川西宏幸、芳賀紀雄の各先生にお引き受けいただいた。

学位請求論文の半分以上は新稿であるが、部分的に以下の既発表論文をもとにしている。

・「越中守大伴家持の鷹狩」(『年報日本史叢』一九九六、筑波大学歴史・人類学系、一九九六年十二月)
・「私養鷹禁断令の構造的特質」(『社会文化史学』三七、一九九七年八月)
・「私養鷹禁断令の史的意義」(『延喜式研究』一五、一九九八年十二月)

学位請求論文の作成にあたっては、初出時の持ち味を生かすように心がけたが、全体的に構成を練り直し、加除訂正を行なった。

筑波大学大学院生時代の五年目に博士論文の作成について指導教官の根本先生よりお話があった。まもなく作成に取りかかり、なんとか形を整えてみた論文は、それまでに発表したわずかな論文や書きためて手元にあった論文をつなぎ合わせただけで、満足のいくものではなかった。それを一応提出してみたものの、案の定あまり色よいご返事をいただけず、その後数年間にわたって何度か書き直し、ようやく原稿用紙五百数十枚の論文にまとめることができた。これだけ長い論文を書いたことはなく、初めての挑戦である。書き直していくうちに時折当初の論旨を踏み外して迷走し、その都度軌道修正を繰り返した。論文全体の輪郭を朧気ながら思い描くことができるようになったのは、大分後のことである。

校正刷りを読み直すと、まだまだ不十分な点、不明瞭な箇所が目に付く。これで研究が終わるわけではないから、本書の内容を発展させていく宿題が出来たような心持ちである。この間、山本・根本両先生には、大学院入学以来、実に気長にお付き合いいただき、特段の感謝の念を込めてお礼申し上げたい。川西・芳賀両先生には論文の審査をお引き受け下さり、数々の有益なご助言をたまわった。深甚の謝意を申し上げる。

本書の研究テーマは、今から十年近く前の卒業論文以来のものである。卒業論文の作成にあたっては、母校埼玉大学教養学部の田代脩、岡崎勝世、籾山明の各先生に大変お世話になった。当初のテーマでは平安・鎌倉時代の鷹狩と政治権力の関係、特に鎌倉幕府の鷹狩禁止政策について考察しようとしたが、そのテーマを扱った先行研究がまったく見当たらず、史料を博捜することに全力を注ぎ、ついに矢折れ力尽きしまい、論文執筆に十分な意を尽くせなかった。

そのことがどこかに重しとなっていたのか、早くから卒論の研究テーマを発展させたいという思いが強くなっていた。博士課程五年一貫という珍しい特色のある筑波大学大学院に入学して、じっくりと研究を練り上げていく機会を得た。研究対象の時代は卒論を踏襲して平安・鎌倉時代を中心に考えていたが、卒論執筆の頃から漠然と平安・鎌倉時代の鷹狩について明らかにするためには、もっと古い時代に遡及して考えねばならないと感じていた。指導教官の根本先生が古代史担当ということもあり、平安・鎌倉時代から時代を遡って奈良・平安時代初期の王権と鷹狩の関係を研究対象とすることを決めた。しかし、古代史を本格的に研究したことがなく、指導教官は前年に赴任してこられたばかりであり、指導大学院生は私一人であった。入学当時、大学院のＯＢであり、平安初期の儀礼研究をご専門とされる黒須利夫氏が大学の技官としておられ、身近に研究上の疑問等について質問することができた。

筑波大学の諸先生や大学院日本史研究室の先輩・同級生・後輩の皆さんからは、ゼミやその他の活動を通じて常に新鮮な刺激を受けてきた。また、学会活動等はまったくの不得手であるが、黒須氏に誘われて入会した延喜式研究会は、筑波大学古代史ＯＢや他大学の古代史研究者の方々が何人も参加している。主鷹司に関する延喜式は存在しないため、延喜式研究の王道からは逸れているものの、現在に至るまで学問研究の厳しさや面白さを学んでいる。

今振り返ると、紆余曲折もあったが、学内外でのさまざまな交流が自分自身の研究の糧となっているのだと思い当たることも多く、感慨深いものがある。こうして得た糧を無駄にせず、これからも研究の進展を目指して生かしていきたいと思う。

本書の校正にあたっては、筑波大学大学院の後輩である長谷部将司、佐藤英雄両氏の力を借りることができた。二人とも古代史研究を志す学究の徒である。但し、本書の文責はすべて私自身にあることを申し添えておきたい。また、地図の作成は現在の職場の同僚である林謙介氏にお願いした。三人には記して感謝の意を表したい。

本書の出版にあたっては、思文閣出版の林秀樹、原宏一、後藤美香子の各氏に非常にお世話になった。ここに厚くお礼申し上げる次第である。また、本書は平成十五年度科学研究費補助金（研究成果公開促進費）の交付を受けている。

最後に、私事にわたるが、研究の道に進むことを許してくれた両親に対して、この場を借りて感謝の言葉を贈りたい。

二〇〇三年十二月吉日

秋吉正博

人名索引

か

き

く

け

こ

さ

事項索引

秋吉正博（あきよし・まさひろ）

1970年埼玉県生まれ。1993年埼玉大学教養学部卒業、
2001年筑波大学大学院博士課程歴史・人類学研究科単
位取得退学。博士（文学）。現在、芳賀町史編さん室嘱託員。

主要業績：「『日本霊異記』にみる天皇像」（『説話文学研
究』34号、1999年）

日本《にほん》古代《こだい》養鷹《ようよう》の研究《けんきゅう》

2004（平成16）年２月25日発行　　定価：本体6,500円（税別）

著　者　　秋　吉　正　博
発行者　　田　中　周　二

発行所　　株式会社　思文閣出版
京都市左京区田中関田町2-7
〒606-8203　TEL 075-751-1781

印刷所　　亜細亜印刷株式会社
製本所　　株式会社渋谷文泉閣

©M.Akiyoshi Printed in Japan, 2004 ISBN4-7842-1181-0 C3021

既刊図書案内

律令国家の展開と地域支配　　西別府元日著

思文閣史学叢書　律令国家における、土地に対する国家的管理の実相、民衆掌握の様相、地域社会と国家との関係――この三つの視点から８～９世紀の諸政策を検証し、律令国家支配の理念とその構造的変化を追究する。

▶A5判・400頁／本体8,200円　ISBN4-7842-1111-X

日本古代地域史研究序説　　西別府元日著

「地域の視座」という古代地域史研究の方法論的深化を模索する試みの成果。再生産の構造と展開、統括の主体、政治的・社会的秩序の形成過程、産業行為との関わりなどを究明する。

▶A5判・320頁／本体6,800円　ISBN4-7842-1142-X

日本古代即位儀礼史の研究　　加茂正典著

思文閣史学叢書　大嘗祭はもちろん、剣璽渡御儀礼・即位式という広義の即位儀礼をとりあげることにより、桓武・平城朝における即位儀礼の儀式的意味を明らかにする。

▶A5判・480頁／本体8,600円　ISBN4-7842-0995-6

禁裏・公家文庫研究　第１輯　　田島 公 編

勅封のため全容が不明であった東山御文庫など近世の禁裏文庫収蔵の写本や、公家の文庫収蔵に関する論考・データベース・史料紹介を収め、近世の禁裏文庫本を古典籍研究に役立てるべく編まれた共同論集。

▶B5判・402頁／本体9,800円　ISBN4-7842-1143-8

王権と神祇　　今谷 明 編

古代神祇祭祀と杵築大社・宇佐八幡（岡田荘司）北欧神話のフレイと日本神話の大国主両神との一比較（ガデレワ・エミリア）社寺行幸と天皇の儀礼空間（嵯峨井建）六壬式占と軒廊御卜（西岡芳文）中世王権と鳴動（西山克）神判と王権（今谷明）『渓嵐拾葉集』における王権と神祇（田中貴子）伊勢に参る聖と王（阿部泰郎）中世密教における神道相承について（伊藤聡）合身する人丸（大谷節子）中世神道の天皇観（高橋美由紀）神国論形成に関する一考察（白山芳太郎）「食国」の思想（中村生雄）

▶A5判・348頁／本体6,500円　ISBN4-7842-1110-1

古代日本の輝き　　上田正昭著

日本の歴史と文化を支えている「古代的精神・古代的要素」とは何か。折口信夫の民俗学を継承し、考古学でも古代史でもない独自の「上田史学」を樹立した著者が、広くアジアをも視野に入れてまとめた一書。

▶46判・300頁／本体1,700円　ISBN4-7842-1167-5

（表示価格は税別）